孤獨的喜樂

丁松筠神父的靈修筆記

1942

2017

「我在救恩史中有一個非常特別的小角色。
我不是做偉大的領袖或是教會管理者，
也不是知識分子或是改革者。
簡單來說，就是以很小的方式，
透過媒體和我個人的關係及牧靈工作，
映照出耶穌基督的喜樂和愛。」

丁松筠神父，寫於一九九九年避靜

「我們感謝天主

給了我們丁松筠神父，或是傑瑞叔叔，

他以這個名號在台灣、在中國以及亞洲為人所知。

我們感謝丁神父

獻身於把平安和兄弟之情的價值帶給大家。

對許多人這是一個很大的禮物，

鼓勵我們繼續推動對話和和平的使命。」

教宗方濟各得悉丁松筠神父逝世，

於二〇一七年六月一日致函悼念

CONTENTS

第二部

CONTENTS

推薦序一

丁神父，Father Jerry, Uncle Jerry, 傑瑞叔叔，你在「那裡」還好嗎？

今晚我一個人在家。好想念你。約四十年前，我曾為你的第一本書《一個不像神父的神父》寫序。我清楚記得在序文中，我提到你是一位開心的神父。好快樂。因為有些人是抱著犧牲奉獻的心情修道的，更有些人是抱著殉道的心態當神父。而你卻能抱著快樂的心情，享受天主的呼叫，做了很多事，幫助了很多人。

現在我要為你的內心世界作見證。因為這本新書有很多你的內心深處的特質。那是從來沒有人知道的。例如：

你每年避靜時是那麼願意真誠的自省！

你會具體的請求天主賜給你愛心。其實你已經愛心滿滿了。

與其他神父發生了不愉快的爭執，一般人最多能做到原諒或忘卻。而你卻滿懷自信，主動的去與他和解，甚至恢復合作。要做到這是點真難。

你的內心世界，你與天主的親密關係，都在這本書中表露無遺。我雖然與你交往超過五十年，但還是從這本書中，才能獲知你內心深處一直希望自己能持續成長的強烈願望。

你走了後發生了很多事！首先是，你正式成為中華民國的公民了。你在這塊土地上生活五十多年，早就可以領到身分證了。頒發典禮就在你奉獻了一生的光啟社攝影棚。由內政部長主持。監察院的孫大川副院長和我都按你原訂計劃，上台致詞。只可惜主角已經不在了。

接下來在聖家堂的追思彌撒更是按照你的意思，不要辦得哭哭啼啼的（想不到你還預先留下了遺囑）。你弟弟說，你希望你的朋友知道你愛他們。但還是有好幾位朋友在談到你的時候，忍不住哭了。特別是從大陸趕來的電影公司的導演、製作人。他們是拍攝你製作的紀錄片，徐光啟、湯若望、郎世寧、利瑪竇而與你交往。他們真的好激動。

在追思彌撒中奉獻酒餅的是李百齡[1]與我。簡文秀教授唱的〈奇異恩典〉更是令人難忘！

你已經走了好幾年了。我想，很少人知道，我一生的最大轉捩點，是因為遇到了你。也就是說你是我一生的貴人。

雖然你在一個那麼遠的地方，恐怕現今活著的人當中沒有一個人去過的地方，但我相當有把握你在「那裡」一定很開心。

你把寶貴的五十年歲月奉獻給了光啟社，奉獻給了台灣的媒體界。唱〈燒肉粽〉、

1. 本文作者夫人。

〈補破網〉。主持兒童節目，社教節目。演利瑪竇、郎世寧、方濟各．沙勿略等人的記錄片。到泰北邊界去扛病人看病（《殺戮戰場的邊緣》）。你得特別貢獻獎真的是當之無愧。

天主教耶穌會的神父們，像湯若望、南懷仁是藉由探索天文地理來傳播福音。利瑪竇會循文化學術交流來傳教。郎世寧更是以繪畫藝術傳教。而你卻很相信福音可以藉由媒體節目傳揚。我很清楚記得你有一次跟我說，根據你在輔仁大學教學的經驗，在真善美的道理中，中國人最會受感動的是美。

這本書的封面是你坐在河北一個小村莊的小丘上，帶著微笑祈禱。你前面就是那棵「德日進樹」。傳說這樹是發現北京人的耶穌會神父德日進所栽種。你的日記突顯了你非常敬佩德日進神父的理論：天主的大能潛移默化的讓宇宙逐漸演化成形，包括神似祂的人類。

當然，最重要的是這本書透露了你的內心世界，至少是其中的一部份。我最佩服的是，你是天生的「卡內基人」。你承認自己有缺點。與他人有了不愉快的事後，你會去找他溝通，道歉。你也接受自已的優點，長處，因為是天主所賜。應當好好珍惜，發揮。但你常在避靜中再三提醒自己，別人可能會嫉妒。

你敢於給別人挑戰——不知為什麼，雖然光啟社的工作薪水只有我當時薪水的三分之一，你還是很自然、自在的邀請我去光啟社工作。雖然那時我們已經認識十幾年了，但朋友之間要有什麼樣的交情，相知深到什麼程度，才會向他提出這樣的挑戰呢？

以我們二人為例，你最早是經由一位汪德明神父介紹認識的。那時你還是一位修士，正在學中文。我在空軍，二十九歲。真可謂是萍水相逢。現在回想起來，我當時就覺得我們很談得來。於是開始交往。你寫了一本有關溝通與群體動力的書，需要翻譯。於是我就自告奮勇的接下這「大任」了。大概是翻譯得還不錯，以後光啟出版社就一本接一本的書找我翻譯。我們接觸的機會也就多起來了。例如邀我到輔仁大學演講，或一起參加大學生的活動。後來你接任光啟社社長，需要找人幫忙，特別是具有管理領導能力的人。有幾位朋友推薦我，於是你就來「挖」我了。

就這樣吧，從四十歲進了光啟社開始，我的人生轉變了。工作對我而言，不再只是賺錢而已了。工作也不是朝九晚五的去上班，然後做到六十五歲退休了。工作開始變得有意義，有價值，當然，也更有樂趣。像與企畫同仁一起討論新節目。向新聞局要到了只有三台才能有的晚上九點檔聯播時段。有機會上張小燕的「週末派」，主持「新武器大觀」。

更重要的是我對光啟同事們有了正面的影響。搭景班的工人跟我一起有說有笑，覺得受到尊重。好多年輕人得到升遷，證明了很多人都有潛力成為更有價值或更好的人。每逢過年，我要寫一封個別的信，給每一位同事。謝謝他這一年來的付出、貢獻，或對他的某一優點、特質表達肯定。於是，漸漸的，大家對工作的投入程度提升了很多。節目也越做越好，越來越多。

每當你遇到我們共同的朋友，包括我太太，你都會對他們讚賞我。我不知道是不是溢美之詞。我只能說每次他們轉告了我之後，我都好開心，想做得更好。

其實欣賞他人是最快樂的事。怪不得很多人說你是一位快樂神父。政治大學前校長周行一稱，有調研指出，人的天性較偏向嫉妒。需要經過學習，才能欣賞別人的優點。而你卻天生的會欣賞別人好的表現。

當然，我們沮喪的時候也不少。多年後有一次我們一起吃中飯的時候，你還提到每當我們遭遇挫折，像提節目企劃案被拒，或受到不公平的對待，大家都情緒低落，愁眉苦臉的時候，我常常會問，這次我們學到了什麼，我們下次要怎麼做得更好？我們這次的收穫是……坦白說我已經記不得了。我曾問你我有這樣嗎？你再次提醒，有！有！

連你在你的最後一本書[2]都提到我的另一特點：彈性。一九八二年你為我在羅耀拉大學爭取到了一個獎學金。在美國的那段時間，為了維持全家人的生活，我開始打工。不是在餐館，而是包下了一系列工廠、學校、倉庫的飲料、香菸、餅乾販賣機。每天到這些地方去補貨、收銅板。有的管理人員態度很差，會罵人。有的會要回扣。機器有時會出毛病，也需要清潔。那真的是一段難忘的經驗。

你在書中提到，與一般大學畢業出國留學的年輕人相比，我已經四十多歲了，在台灣也算是個有頭有臉的人物，還能這麼有彈性，忍受這樣的勞力工作！你覺得很佩服。我雖然不喜歡那份工作，但現在回想起來，能夠熬得過來，可能與貧困的童年生活經驗有關。也就是那麼苦的日子，那麼多不可思議的遭遇，包括羞辱，都熬過來了，這一段歷程必能安然度過。今天的年輕人最缺乏的就是這種心路歷程。

人生是那麼的奇妙。我相信有天主的安排。也可能天主透過你影響了我的一生。以上只是在光啟社的一段。至於後來做卡內基訓練的三十年，你也一直在我身邊。也很精彩。由於有知名度，卡內基訓練一開始就推動得很順利。我想我的書銷路不錯，也一定與此有關。你成全了我後來的發展。這不就是貴人之助嗎？

此刻我不想跟你說拜拜！我只希望有一天我們能在「那裡」相見。

2.　《我的一生很平凡，只有愛而已》，天下文化二〇一七年七月二十五日出版。

本文作者黑幼龍為中文卡內基訓練創辦人。現任卡內基訓練台灣地區負責人、光啟社董事長。

推薦序二

祂在他的字裡行間

「哪裡有兩個或三個人，因我的名字聚在一起，我就在他們中間。」

《瑪竇福音》第十八章二十節

該從何說起呢……

就從那棵樹吧。

德日進神父親手種的那棵樹……

我曾經非常生氣，當我知道丁神父才作完心臟手術，就跑去中國工作，覺得他真是太不注意自己的身體健康。然後，他們給我看丁神父在德日進神父親手種的那棵樹前靜坐的照片，我突然懂了，對他，就是這一瞬間，一切都已值得。

送神父聖經

教友前輩介紹我一本新譯的聖經，從解放神學的理論詮釋，我讀了非常喜歡，買了一大堆分送友人，當然也立即贈予丁神父分享，他收到後笑著說，妳沒有想到送聖經給神父的含意嗎？意思就是他需要再多精進，讀好他的教科書。這讓我倆笑出眼淚……

音樂與淚水的避靜

喜歡參加丁神父主持的避靜，在耶穌會的彰化靜山，因為它充滿音樂和祈禱，幾乎完全不說教，只有屬神的音樂和天主的詩篇。有一天碰到那次曾在一起避靜的遠方教友，互相介紹時，他猛然想起：「噢，妳就是那位從第一天到最後一天，無時無刻不在淚流滿面的姊妹……。」嘻嘻，我和我那不爭氣的紅鼻子。

陪妳走一段……

我家與光啟社只有幾條巷子的距離，所以常常會遇到在路上散步的丁神父；我也常常路過光啟社時，上去找丁神父聊天，不管多忙，臨走時他一定要送我，他總說：「陪妳走一段吧。」到現在，從外面回家時，我總會刻意繞過光啟社那條巷子。

妳的眼淚，讓一位神父開心

某年在台北，與光啟社同仁負責招待來自世界各地媒體福傳相關工作的耶穌會士和教友，連續好多天的研討會，每天早上都有不同的神父主禮當天彌撒，一天一位在教會中德高望重的世界知名傳播學者神父負責講道，我從他開始說話到他講完為止，道理內容讓我感動得完全無法控制，淚流不止，然後紅著眼睛鼻子排隊領聖體。當天趕緊找神師丁神父訴說，覺得自己太沒面子，丁神父安慰我說：「妳的眼淚，會讓這位神父開心一整天，那是對他講道最大的肯定。」

流淚的感動，聖神在妳心中

我最喜歡的聖經章節，首推這段：耶穌被釘死在十字架後，兩位門徒在途中趕路，耶穌來到他們中間，與他們講論道理，但他們並未認出是祂，直到後來耶穌在他們眼前隱沒了，二人才開了眼，互相說，當時我們的心不是火熱的嗎，原來是祂與我們同行。後來，丁神父告訴我，「當妳感受到愛或感動且心中火熱、眼中泛淚，那時聖神正充滿著妳、耶穌與妳同在。」我終於釋懷，開始放心大膽地痛快流淚，不再介意任何別人。

陪你走一段

最近出國前夕，出版社寄來丁神父這本新書的電子檔要我寫心得，我帶著它在十數小時的飛機上拜讀，分享了他孤獨自處時，與天主相遇的洞察與喜樂，哇～好像重新更認識了這位二十四歲就來到台灣、在台灣甚至亞洲各地媒體福傳了五十多年、人人口中的傑瑞叔叔。在數萬英呎的天際，丁神父的深思文緒伴我同行；我也願意將這本書推薦給各位他的知音，讓丁神父陪你走一段心靈的旅程。

聖家堂教友、光啟社董事、丁松筠神父鐵粉／**王念慈**

推薦序三

另類神父——丁松筠

如果說丁神父（1942－2017）在台灣是家喻戶曉的人物，大概沒有人反對。他生命的最後四十年，在台灣，甚至在國際間，在媒體上出現和表演的次數，超過任何其他的神父。由於他講國語異常流利，會唱、會舞、會導、會演、會教，使他成為一個勁道十足的電視明星。他從不拒絕被邀請參與這些「高調」的活動，因為他知道他在大眾場合出現，會使更多人認識天主教，進而願意瞭解這個宗教。為這個目的，他選擇了做神父，也選定了大中國這塊土地、這個文化與人民，作為他一生服務及奉獻的對象：「我感到一種對華人很深的愛，以及很深的願望——能更好的服務他們。天主要我成為祂聖愛的彰顯。」（頁137）

我們知道：天主教的神父是不能結婚的。但神父也是人，有人與生俱來的「食、色」需要，不結婚的人如何在缺乏「色」欲滿足的情況下，做一個完整及不失衡的人呢？何況這些投身於信仰而放棄婚姻的人中，不乏俊男美女，他們是許多未婚者心儀的對象。他們為何要選擇度獨身奉獻的生活，他們如何使自己的身心靈發展得到平衡呢？丁神父在七十五年中是怎樣活過來的？

《孤獨的喜樂》是丁神父被派遣到光啟社工作後，第二年開始寫的避靜心得。避靜是避開俗務、專務祈禱、省察及改善自己的靈修生活。它的原名是「神操」，由聖依納爵寫成和推廣。耶穌會士一生須作二次三十天的完整的神操，另外每年須作八天的避靜。本書是作者在他到光啟社工作後，四十年間作神操或避靜時的記錄。由於避靜期間要離開本來的住所，且保持沉默，可說是生活在隔離與孤獨中。所以丁松青神父[1]（大丁神父的弟弟）在編著此書時，選用了「孤獨的喜樂」一名。

人人具有「身心靈」，其中只有「靈」是隱微的。如果本人不公布，都不會為人所知。丁神父在避靜中寫的心得，透露了他較少為人知道的某些心情和思緒。在安靜的環境中，他的潛意識逐漸上升，彰顯了一些他的不為人知的內心乾坤。讀了本書，可對他有一較整全的瞭解。

大丁神父是家中長子，五歲時父親去世。他於二〇一三年在泰國拍郎世寧記錄片後，去一個安靜之處做八天避靜。避靜中他憶及亡父：「我感到我父親的愛和存在如此強烈。已經七十一歲的我，我的童年和早年生活場景持續地進入到我的腦海，我深感一種愛的、感恩的、奇妙的意識。」（頁373）父子深邃的愛銘刻在長子的童心中，所以雖然父親早亡，這份親情繼續發酵，使他與天父易於締結血緣性的關係，也使他對一切人際關係抱持一種正向的、信任及愛的態度。

他在避靜中，多次體會到耶穌同他在一起。耶穌聆聽他、安慰他，也降福他的事業。一九九八年避靜的第二天，在彌撒中，「我突然感到神慰的感動。耶穌就正坐在我前面，

1. Barry Martinson, S.J.，一九四五年出生，一九六九年到台灣後，曾在蘭嶼服務。一九七六年開始新竹五峰鄉清泉部落聖十字架天主堂的牧靈工作迄今。也以文字、音樂、油畫、馬賽克鑲嵌畫、彩繪玻璃進行結合天主教信仰與原住民文化的藝術創作。

感謝我為了讓祂的工作繼續進行下去所做的事。祂對我說：我不是一個『鬥士』，但我是一個『堅持到底的人』，所以祂要求我繼續堅持下去。」（頁 292）

一年後丁神父參加馬蒂尼樞機（Carlo Maria Martini）[2]帶領的避靜。第三天上午，他先靜坐一下，再去聽道理，結束後「我感到迫切要找個地方坐下來，和天主在一起；那就好像是耶穌很急切地想要跟我談話一般。我坐在花園裏樹下的石板凳上，然後幾乎立刻被耶穌的愛所吞噬，祂向我說『祂愛我』，來回應我的問題。……在一個美麗的早晨，唯獨停留懸在天主永恆的愛的臨在中，被耀眼的綠草地、樹木、鳥兒、蝴蝶所包圍……」（頁 295－296）。

這是實境或是幻境呢，不知道。應該是一種深度的心電感應吧。天父及耶穌都和丁神父有如此深刻的交流，難怪他勇往直前地去為上主服務，達到像會祖依納爵在《神操》中寫的經文：「求爾教我，慷慨弘量，殫忠事爾，稱爾所當；與不計較，戰不顧傷；苦筋勞骨，不求安康；鞠躬盡瘁，並無他望；知行爾旨，我願已償」。

他同聖母的關係是怎樣的呢？

丁神父入會後二年，結束初學時，矢發了神貧、貞潔及服從三願。許下貞潔，他認為他放棄了許多他渴望有的經驗，如婚姻、撫養孩子、與一個女人有浪漫關係（頁 108）。他承認為他這是「犧牲」，是一個對美麗、豐富、充實的生命經驗的「錯失」。但他還寫道：

---

2. Carlo Maria Martini, S.J.（1927－2012），義大利籍耶穌會士，曾任羅馬聖額我略大學聖經學院院長。

「我應該培養一種態度，就是喜悅地、優雅而有意識地去『錯失』它們。」（頁108）。他一生做到了這個承諾，但要支付的代價不少。他說：「我們每一位都有一些『內在失序』或者基本性格的軟弱處。對我來說，這似乎是過去、現在始終存在著對情感或親密性的需要。不管何時，我感到一種吸引力的時候，或者一段挫折期、或者當一個機會自己出現時，我傾向失去控制，而追求這個滿足，真的做了或者貌似做了。」（頁066）。寫得很含蓄，但我們藉之知道了他為自己的奉獻，忍受了多大的犧牲。

天主教梵蒂岡第二屆大公會議（1962–65）結束後，有很多修道人改弦易轍，這是一個極不穩定的時期。不少還在陶成期的修士修女，亦動改轍之念。丁松筠就如其名「松」，在狂風暴雨中屹立不搖，在一九七三年晉鐸時，向前跨了一步，大聲說：「我在！」這一步決定了他一生，他不再改變。

丁神父在與影視界交往時，有一個護身符，就是聖母瑪利亞。他把自己奉獻給聖母，求聖母引導他堅守貞潔誓願。（頁108）聖母多次出現指導他、安慰他。譬如在本書第112頁中，他說：「晚餐後，我舉行感恩祭，感覺天主非常親近。……很快的發現我在默觀降生奧蹟，並且和瑪利亞對話：她告訴我，呼喚我更緊密的去聆聽祂的聲音。當她看到我有多忙，或不知為何讓自己這麼忙時，她哭了。我把頭和耳朵放在她的肚子上，然後看看我是否可以聽見祂的召喚和指引。」

丁神父是否有很多異性朋友，這是大家對他的好奇。因為報端有這類的報導。但在避靜中，女性朋友很少出現。但他有一些看法，如他說過：「緊密的友誼關係，如果沒有更重要的話，至少也同浪漫的愛情關係一樣重要。」（頁326）。在一六八頁上，竟有聖母給他在這方面的建議：「她帶我看到，我怎樣獲得了一位珍貴、沒想望過、沒懇求過的朋友——這樣的禮物，她告訴我，要珍惜這個朋友，待她以善，溫柔地對待她，幫助她找到喜樂與平安，那將使她成長、開花，把自己和她出色的禮物分享給這世界。她未來也會幫助我更懂得如何去愛、更加適應生命中的艱難、粗暴和冷漠。她讓我看見，我對她的愛有多麼深刻，這份愛是如此純粹，可以存留。」聖母對她愛子的情感經驗開了綠燈。很奇妙啊！

最後值得一提的是丁神父對窮人的關愛。他說：「在我過去的生命中，沒有一件事比為柬埔寨的難民以及那些與其他宗教並肩幫助窮人的人發聲，讓我感到更加滿足和有意義。……幫助他們在尊嚴與信仰方面的成長」（頁244）。他把因貧窮而受苦的人看成受釘的基督（頁246）。他在窮人的臉上看出美麗：「開始看著窮人的臉時會無所適從，但（如同和顏面受傷者一般）越是看著他們，他們就越是變得漂亮」（頁245）。他為柬埔寨的難民營拍了一部記錄片《殺戮戰場的邊緣》，就是把這些受苦、因被關注而呈現「基督之美（對他人苦難產生悲壯、關懷、崇高之情感與震撼）」的面容永久保存下來。這部片子後來獲頒金馬獎最佳記錄片的獎項。

結語

丁松筠神父的靈修筆記的簡介到此告一段落。在他的筆記中，我們看到他不是一個普通的人，他有抱負，有才華，有毅力去完成他的理想。他的理想是什麼，用他自己的話說，是渴望更多的華人認識基督、愛慕基督、並與基督合一。

他用馬蒂尼樞機的話說：我們的使命並非傳教，而是幫助他們以行為肖似基督，無論他們的信仰為何，意謂助人活出更無私、更彼此相愛的生命。

希望本書的讀者都能體驗並實踐丁神父的理想，使華人世界邁向一個有真正幸福的未來。

陸達誠 神父 S. J.

本文作者為天主教耶穌會士，耕莘寫作會會長、輔仁大學宗教系創系主任。

推薦序四

在無能為力的軟弱中找到恩寵

我喜歡去宜蘭礁溪，那裡有五峰旗瀑布、聖母朝聖地清晨七點鐘的平日彌撒，我喜歡被指派念讀經一、答唱詠、阿肋路亞，我喜歡在彌撒禮儀中領聖體、聖血。還有，彌撒之後下山可以泡湯、逛朝市、品嚐宜蘭小吃。

一位我的朋友問我，「馬紹，為什麼你這麼喜歡去礁溪？」我想了想，以上都不是我真正想回答她的「標準答案」，直到我閱讀了《孤獨的喜樂：丁松筠神父靈修筆記》（*Joy in Solitude*），我找到了答案。

「我之所以喜歡去礁溪，是因為——避靜。我想去到一個沒有人認識我的地方——喘息，獲得平靜。我喜歡進入自己寂靜之樂的旅程。」而且，凌晨開車從台北到礁溪，來回只要半個小時。

將近十五年，我至今持續這樣子的「孤獨旅程」，並且從國道3的南港交流道匯入國道5的隧道入口，開始整個靈修（避靜）的儀式——唸完一串玫瑰經。穿越雪山隧道之後，我會打開所有的車窗，讓自己被清新空氣還有天主的愛全然擁抱與更新。

二〇一六年聖誕節前半個月，我在世新大學的研究室接到光啟社董事長丁松筠神父的電話，原以為他要召開臨時董事會，親自打電話來通知。

「馬紹董事，有一件事，我們考慮了很久，覺得你是其中最適合的一位人選……」神父在電話另一端帶著些微靦腆、緊張的語氣。

「神父，您請說，只要我能夠幫得上忙。」我比神父更緊張，心想是什麼事情搞得神父這麼「不像丁神父」？

「就是，光啟社的幾位董事正在考慮未來新任社長的人選，我詢問了幾位董事的意見，他們覺得你是幾個人選當中，最適合的一位。不過，未來還是要通過董事會的表決，才能決定。」神父像是鼓足勇氣交出考卷的學生，等待我的回覆。

「神父，如果這一件事情要發生，可能會在什麼時候？」我問。

「大概會在明年的七月！」他說，「但是，明年三月我要做一個非常重大又危險的事情（後來知道是第二次的冠狀動脈手術），你先幫我保密。在此之前，我們一起為這個意向祈禱好嗎？」

二〇一七年五月二十六日，丁神父人在北京越洋交辦祕書將人事借調公文寄達世新大學。他三月的手術非常成功，即使出差還是心繫我的人事借調令。五月三十一日，丁神父回到台灣，他當晚就在光啟社的耶穌會會舍心因性心臟病發作離世。

按照神父的計畫，他原本要和我在二〇一七年的六月、七月和他一起進行社長任務的交接。四月份，我接到光啟社企畫部同仁的邀約，要在利瑪竇紀錄片的募款晚宴上與丁神父一起唱歌。這也是我第一次正式來到神父的辦公室與他討論未來的營運方向。但是，神父更興奮的是討論募款餐會上我們要表演的節目。後來他決定我們交換身份，由他扮演阿美族人唱〈馬蘭情歌〉，我扮演神父唱〈Hallelujah〉——這是丁神父最後一次的公開演唱。

二〇一七年六月十七日，我以光啟社董事的身份參加丁神父的告別彌撒，並隨同送行隊伍搭上前往彰化靜山的巴士。一上車，我選最後一排左邊車窗的位置。後來陸續上來一群年輕人、以及看似我未來的光啟社同事們。他們嘰喳的按照神父的遺願把教堂裡的幽默、擁抱和喜樂帶上車來。我像怕吵的老人，逃到前排隨便找一個靠窗的座位。直到巴士開動前，原本的「主人」上車了。他一聲不響地坐在我旁邊。至今，我們兩人都很震撼於這個「玩笑」，一定是丁神父頑皮的計謀……

巴士開到土城交流道附近，兩個彼此陌生的「丁神父的朋友」開口打招呼了。我先拿出名片自我介紹：「我是馬紹．阿紀。」拿到名片的人像觸電的說：「啊？你就是馬紹？你知不知道，丁神父在北京的最後三天，都與我和家人在一起。但他開口閉口都很興奮地向我提起馬紹！」他是上海長頸鹿美育（語）學校的唐智董事長。至今，我變成了唐智在台灣的哥哥。丁神父，變成我們在生活上祈禱、傾吐獲得安慰的天使。

我閱讀《孤獨的喜樂》，是在寂靜的深夜，點燃香氛蠟燭、輕聲播放美國民謠歌手瓊．拜雅（Joan Baez）的〈Forever Young〉的房間。這是丁神父最愛的一首歌，也是我在光啟社社長任內規劃拍攝丁神父紀錄片預定的英文片名。後來因為Covid-19疫情，遠赴加州聖地牙哥、Los Gatos初學院的拍攝計畫全部暫停。

我發現，除了同樣接任光啟社的工作，很多地方我和神父是神似的。包括一開始閱讀，就決定用「禪坐盤腿」的姿勢進入他的靈修世界。沒想到，翻到一半，發現丁神父在靈修、默觀也是在做瑜伽、禪坐，忍受筋骨拉扯的疼痛到舒緩……還有，二〇二一年十一月，我的心血管也裝了兩根支架。

神父在耕莘醫院動手術之前，寫了一篇幾乎是遺言的文章（後來刊載於《天主教周報》）。再看一次他交待的遺言，就會明白他為什麼會很享受「孤獨的喜樂」——因為「**在無能為力的軟弱中，恩寵，就藏在那裡。**」（May God bless and keep you always... and may you stay Forever young.）

光啟社顧問、光啟社前社長、世新大學助理教授／**馬紹・阿紀**

推薦序五
「孤獨的喜樂」推薦

「我感到喜悅因為光啟社正在變得更加整合，進入台灣教會的福傳、牧靈、社會工作中，也繼續做它在台灣和中國的文化工作。」（丁松筠神父）

「退省」、「避靜」或「退修」基本上是相同意義的活動，是基督宗教教徒或慕道者的靈修活動。作為一個天主教耶穌會教育培養的平信徒，專業為醫學人文、神經認知領域的臨床醫師，我如何去告訴別人什麼是「退省」：（Retreat）這樣的一個活動，我願意用五個「R」來說明。

1. 「Rest」：必須在身體及心智上從忙碌的工作暫時退下來，就是說避開人群而進入寧靜，可能是幾小時、幾天或幾個月。（在本書《孤獨的喜樂》丁松筠神父三十五次退省筆記中，有三十四次是八天為主，有一次是三十天，這部份有深厚的耶穌會神修基礎，請讀者在書中尋找答案）

2. 「Review 及 Reflection」：既然是靈修相關的活動，就是參加者必須對過去生活經驗與他（她）自己的人生價值，「天」、「人」、「物」與「我」的關係作一個「回顧」，但更重要的必須要有深入的「反思」。「在邪惡的力量中，我清楚地看見了大眾媒體，特別是電視的巨大催眠力量，以及它所經常灌輸的物質主義態度……特別有害，因為它們瞄準了人類的最低共同點：渴望在不付出任何努力的情況下被娛樂。這幫忙我看到光啟社節目的價值：即使他們成功地維持了現狀，他們也在做一項服務。但是當然，為此，並沒有獎勵，只有批評我們沒有做更多。在光啟社真的有很多機會，在貧窮和貶抑中服侍基督。』（p.079）

3.「Response及Reaction」：在靈修指導（一般稱作神師）的協助下，參與者可能經過分辨後作出一些「回應」及「行動」。（祂的方向與原則絕對是「質」優於「量」。在這方面我必須更努力效法祂。P.058）

經過這樣的詮釋後，讀者再來閱讀丁松筠神父的靈修筆記，可能有多一點幫助。因為無論是丁神父的八天或三十天退省，大致上都會找到這樣的脈絡，耶穌會的「依納爵靈修」有其獨特的神學及心理學背景，推薦者就不在此多延伸。

靈性健康（Spiritual health）被認為是全人健康（Holistic health）的一部分，與身體（Physical）、精神（Mental）、社會（Social）健康同等重要。在健康促進的概念下，定期及有規律的體能鍛鍊（Physical exercise）、精神心理鍛鍊（Mental exercise），被認為是必備的健康促進面向，因此靈性的鍛鍊（Spiritual exercise）更是全人進康不可或缺的元素。本書《孤獨的喜樂》所分享的個人（丁松筠神父）靈修筆記實在是一本極為寶貴的紀錄，值得更多人參考。

《孤獨的喜樂》整理了丁神父三十五次靈修活動的筆記，橫跨丁神父從三十三歲到七十五歲、四十二年間的信仰及修道心路，特別是丁神父投身在大眾傳播工作，光啟社的領導，對台灣及華人文化的貢獻，包括利瑪竇、郎世寧、沙勿略等。建議讀者在閱讀本書時，可同時尋找相關的Youtube影片，進一步認識丁神父在退省中心心念念的華人文化、福音傳播的負擔及工作。

被邀請為丁松筠神父的靈修筆記作推薦者是一個極為意外的插曲，我個人對丁松筠神父認識及交往不多，但在人生及信仰的成長過程中受耶穌會會士的影響甚多，我的第一次靈修活動就是在香港長洲耶穌會的思維靜院發生，至今仍然在我的記憶中。丁松筠神父在三十五次靈修活動多次在台北淡水聖本篤修院及彰化靜山進行，多少喚起我的靈修記憶，在此也一併說明。特別感謝丁松青神父（小丁神父）的邀請，讓我有機會進入「大丁」神父的靈修世界，一起愈顯主榮。

輔大醫學院、耕莘醫院神經科／**葉炳強** 醫師

推薦序六

《孤獨的喜樂》是丁松筠神父留給我們的靈修新書，一本引領眾人歸向愛與平安的好書。它教導我們從萬事萬物中，領悟天主的臨在與慈愛，鼓舞我們實踐愛主愛人的人生使命。丁神父已經回歸天鄉，他的愛仍然存留人間，和我們一同讚美天主，讓我們不再孤獨而喜樂常在！

前副總統、梵蒂岡宗座科學院院士／**陳建仁**

導言

丁松筠神父（Rev. Jerry Martinson, S.J.）驟然於二〇一七年五月底於臺灣逝世，當時，他是亞洲最廣為人知、最受愛戴的神父之一。他之所以這麼出名——特別是在華人世界——是因為他上過電視節目，還參與長期播出的英語教學節目，這個節目數十年來在亞洲各地持續播放。

他的電視觀眾暱稱他「傑瑞叔叔」（Uncle Jerry），這個名字家喻戶曉，陪伴著他們長大。對於收看他英語教學節目的人，他是個投入且充滿魅力的主持人，魅力無窮的吸引著觀眾。但是很少人能察覺到他的內在生活。他的話語、他所做的事——坦露在這些靈修筆記之中，來自於他與耶穌基督的親密關係。他正是在每年一度的大避靜中找到他窮盡一生服務他人的激勵和力量。這些避靜筆記展現出獨處中的喜樂，來自與天主在祈禱中合一的靈魂深處。

傑瑞在耶穌會早期生活的細節讀起來跟任何一個耶穌會士沒有兩樣。直到他在二十四歲以傳教士的身分到了臺灣，他的生命開始綻放出迥異於其他耶穌會士獨特的姿態。以下將呈現丁松筠神父極其豐富和極有影響力的人生當中的一些輪廓。

喬治・傑若德・瑪汀森（George Gerald Martinson，中名即其暱稱傑瑞的由來）

一九四二年十二月二日出生於美國加州的聖地牙哥，是家中三個男孩中的長子。父親在他十歲時因癌症病逝，之後他承擔了關照其他家人的重擔。他是個勤勉的學生，取得了聖奧斯定高中兩年的獎學金，在學期間一邊在聖地牙哥動物園打工，以支付另外兩年的學費。一九六〇年，他十七歲，在加州洛思加圖斯（Los Gatos）入耶穌會，懷著能到異國傳教的熱火。在此之前，他對耶穌會的認識其實大都來自書本，他那時候的英雄典範是在非洲行醫的史懷哲醫生（Dr. Albert Schweitzer）和在亞洲的湯姆．杜里醫生（Dr. Tom Dooley）。

傑瑞在耶穌會學習七年後，取得華盛頓州斯伯肯的公撒格大學（Gonzaga University，紀念耶穌會聖人內思．公撒格）哲學碩士學位。由於他請求到國外做傳教士，一九六七年，他被派到臺灣，開始在新竹市的華語研習所學習華語。傑瑞對語言非常有興趣，學習進展神速，獲得了臺灣舉辦的外國學生華語演講冠軍。他在來臺灣的商船上學會彈吉他，沒多久，藉由歌聲他表達出對音樂的熱愛，後來也使得他變得非常出名。

學習華語兩年課程結束之後，他在新竹又待了一年，在當地的天主教社會服務中心工作，參與協助推動臺灣儲蓄互助社，組織團體動力會議，協助年輕的工廠勞工。在那一年裡，傑瑞得到准許，住在一個臺灣家庭裡面，目的是要增進他的語言技巧，並且更了解他所要服務的人們。他已經和臺灣的年輕人培養出持久的友誼，學習了他們的風俗、傳統和歌曲。

傑瑞在位於臺北縣[1]的輔仁大學讀四年神學。在那兒，他組織神學院的同學成立了一個民謠團體，使得他的溝通技巧和唱歌的造詣更上層樓。於是乎很多校園活動來邀請他們演唱，甚至上了全國性的電視節目。他也在臺北一家咖啡廳駐唱，他把中文版〈天主經〉

1. 二〇一〇年改制為新北市。
2. 一九二五年出生於中國北平，一九四七年放棄醫學，在上海徐家匯入耶穌會。一九六〇年於臺灣新竹晉鐸。二〇〇八年逝世。

的一個版本納入了他的歌單。他發現，他的聽眾特別喜歡聽他唱臺灣和中國民謠。因為傑瑞很重視當地的民歌，他在一九七〇年代席捲臺灣的民歌風潮中也占有一席之地。那個時期的聖歌藉由他的傳唱，繼續不斷地流傳在華人世界。

在讀神學的最後兩年，傑瑞以校牧的身分陪伴輔仁大學的教友學生。他還教了一門課「哲學與人生」，在課堂上大量地運用了音樂和歌曲。三十歲那年，一九七三年七月十日，在臺北聖家堂晉鐸。

儘管傑瑞陪伴輔大學生非常成功，他自己也覺得很滿足，一九七四年完成神學課程後，耶穌會中華省省會長朱蒙泉神父[2]派他去台北市的光啟社，這是耶穌會經營的一個頗具規模的傳播中心。當時傑瑞問神父為什麼派他去，朱神父回答：「因為你懂怎麼跟人溝通。」傑瑞一開始是管理光啟社的視聽部門。一年後，他被派主管整個光啟社，委派為社會傳播的使徒。一九七八年，他成為光啟社的副社長，兩年後被派代理社長，擔任國際天主教電影及視聽協會[3]的副會長。

傑瑞在社會傳播頭一個任務是為光啟社新建九層（預定）[4]樓建築募款，內部包括最先進的電視錄影棚和傳播設備。當時的光啟社社長單國璽神父（日後的單樞機）要傑瑞親自去聯繫歐洲和美國的捐款機構。連續數月出差歐美，風塵僕僕，拜訪了超過兩百個基金會，傑瑞回到光啟社，滿載而歸的是出乎意料之外的成功、令人心力交瘁的挫折，還有人生中幾乎整整一年徒勞無功的故事。雖然他拜訪過的機構九〇%不感興趣，傑瑞還是募齊了興建新大樓所需的款項。

在一九八〇年，傑瑞和其他地區耶穌會的社會傳播工作者在泰國開會。他和其他與會

---

3. 全稱為 international Catholic Organization for Cinema and Audiovisuals，縮寫為 OCIC。
4. 完成後是地上六層、地下四層。

者中斷了既定的研討議程，去幫助數千名流落在泰國邊境的柬埔寨難民。由於他們參與了這事，直接催生了「耶穌會難民服務組織」[5]。幾年之後，傑瑞回到泰國，領著光啟社一組團隊，拍攝柬埔寨難民的記錄片《殺戮戰場的邊緣》[6]。這部影片在臺灣電視上播出後，引起巨大的迴響，觀眾深深同情柬埔寨難民（難民當中有許多是華裔），紛紛慷慨捐款。影片並且贏得了該年金馬獎（相當於奧斯卡獎）最佳紀錄片的殊榮。

他從柬埔寨拍完影片，親眼目睹難民的苦難和心酸，回來後，傑瑞說，他感覺自己的心「碎了」。接下來他利用安息年[7]，在洛杉磯的羅耀拉－瑪利蒙特大學[8]進修電視製作，期間動了一連串手術移除心臟周圍動脈的阻塞，前後共計十三個之多。神奇的是他在恢復期間從未缺席，也沒缺交過任何一次作業。

一九九〇年，傑瑞被任命為耶穌會亞太暨大洋洲傳播協會（JESCOMEAO）的祕書長，這個職位使得他必須在亞太地區頻繁的出差，協助天主教在這個區域的大眾傳播計畫，包括建立東帝汶的社區電台、以及在密克羅尼西亞、東南亞及其他地方開展工作坊等等。他很願意協助天主教媒體團體取得資金，透過他的教學和舉辦的研討會，他和亞洲各地的主教、神父、修女、神學生和平信徒有個人的聯繫管道，於是傑瑞在亞洲的教會圈裡越來越有名。

傑瑞頭一次去中國，是跟光啟社的攝錄小組在一九八九年去拍攝名為《勁草》[9]的紀錄片，主角是受迫害的中國天主教徒。後來他也拍攝了中國耶穌會史中的重要人物，包括徐光啟[10]、湯若望[11]和郎世寧[12]的紀錄片。這些是由臺灣的光啟社和中國最大的電視台央視共同製作的。在中國的電視頻道上播出時，數以百萬計的中國觀眾首次有機會看到，天

5. Jesuit Refugee Service，縮寫為 JRS。
6. *Beyond the Killing Fields*.該片榮獲第二十三屆金馬獎最佳紀錄片（光啟社）、最佳紀錄片導演，以及第三十二屆亞太影展最佳短片等獎項。
7. 猶太民族律法規定，土地耕作六年後次年必須休耕，神父在服務六年後可以休息一段時間進修，稱為安息年。

主教會在他們的土地上的角色未添加偏 見的陳述，更好說，他們看到的是耶穌會士及中國天主教平信徒在他們的歷史中正面的角色。

傑瑞也撰寫劇本、製作及共同導演了四段式劇情式紀錄片《追憶沙勿略》[13]，搭配了完整的配樂和插曲。在劇中，他戴上鬍子、身穿黑色的袈裟，扮演到東方傳教病逝於中國上川島的聖人，演技傳神到他的媽媽看到她兒子演到最後一幕死亡那場戲，感動得淚如雨下。

他特別關懷窮人和無助的人，他的關心也推及不同信仰的人們。傑瑞和光啟社團隊撰寫腳本製作披露泰國及其他移工在臺灣工廠遭受不公平對待的紀錄片，另外一部紀錄片，是描述亞洲不同地區信仰對話的故事[14]。

他在光啟社的那些年裡，演出了許多受歡迎的電視劇，包括飾演耶穌會藝術家郎世寧和利瑪竇。他廣受台灣社會敬重，因此經常受邀代表教會在電視播出的座談性節目發言，甚至主持過綜藝節目和頒獎典禮。但是傑瑞最出名的角色是在光啟社和長頸鹿美語聯手製作的英語教學節目中扮演「傑瑞叔叔」。這個節目很有創意，也很有娛樂性，傑瑞叔叔不只是在台灣家喻戶曉，在中國大陸也聲名遠播，這節目在中國一再重播，使得傑瑞成了光啟社的活招牌。除了台灣和中國大陸，光啟社的教育性節目在超過五十國播出過。

傑瑞持續不斷的促進台灣海峽兩岸的關係和善意，不受意識形態和政治的影響。他是台灣和中國大陸「靈性」橋梁的絕佳範例，在教會和世俗間，他也搭起了橋。他以溝通者的角色，闡釋了靈性的訊息既要有料、也要有趣的重要性。誠如大眾傳播的先驅馬歇爾・麥克魯漢[15]所說，「媒體即訊息。」那麼，傑瑞的生命便是他所傳達的希望與愛無與倫比

8. Loyola-Marymount University，縮寫為 LSU，是加州學生人數最多的天主教大學。
9. *Irrepressible Catholics*，後來正式的英文片名為 *Living Temples*。
10. 中國明朝官員、學者、天主教徒，與耶穌會士利瑪竇合作翻譯《幾何原本》等西學。本書作者耕耘的園地光啟社即是以這位對天主教會意義重大的中國天主教徒命名。

的見證。

在二〇〇八年，他主持了光啟社五十週年的慶祝大會，每個人都顯而易見的是他對光啟社的工作夥伴——從昔日到今日都滿是愛意，從知名的電視明星到化妝師、搬道具的、乃至於接電話的總機人員，而這些人也回報他的愛與讚賞。在光啟社三十五年，傑瑞對每一個人都表達出善意，而這，或許是他最大的禮物。

在他人生旅程最後那幾年，傑瑞主持了非常受歡迎的電視節目《*Oh My God*》，呈現出台灣對教宗方濟各呼籲和窮人及需要幫助的人一起工作的回應。他也著手策畫拍攝利瑪竇傳記紀錄片[16]，他並協助拍攝了以德日進神父為主題的一部紀錄片。同時，他和他的傳播團隊一起通力合作，繼續為東南亞、大洋洲以及中國大陸偏遠省分的神學生、修女和天主教平信徒舉辦媒體工作坊。他格外受到年輕的教友和教會神職人員推崇，藉著他的團隊，他們學習如何在他們的福傳工作上運用不同形式的媒體。

傑瑞對亞洲媒體貢獻良多，他把自己和他的傳播資源和亞洲人民（他把他們視為他的堂區教友）分享——包括他具有創意的電視出品和饒具啟發性的紀錄片——他始終如一的笑容和越挫越勇的樂觀，傑瑞充實和引人入勝的人生影響了台灣和世界各地人們。可是，在這樣的成就底下是很深刻的靈修，給他的使徒工作提供能量和眼光。這靈修扎根於聖依納爵的神操[17]，在傑瑞的年度避靜中進行徹底獨處時表現出來。

耶穌會士的避靜。要更深刻體會傑瑞的避靜筆記，必須要先懂一點點神操，因為它是這些避靜的根基。在耶穌會頭兩年的初學時期，還有在完成全部培育之後，都會在靈修輔導的指導下，做三十天的大避靜。這種避靜是遵循著十六世紀由耶穌會創辦人聖依納爵制

11. Adam Schall，其生平請參見光啟社拍攝的《湯若望紀錄片》。
12. Giuseppe Castiglione，其生平請參見光啟社拍攝的《郎世寧》。
13. *In the Footsteps of Francis Xavier*，一五六六年～一六〇二年，耶穌會第一位到東方傳教的會士。
14. 該片片名為《越界交流》（*Pilgrims in Dialogue*）。

訂的大綱進行。

運用關鍵的默想，比如：「原則與基礎」，以此呈現人類受造的目的，「基督的王國」以及「兩旗默想」，確認耶穌基督是我效法和追隨的理想選擇，做避靜的耶穌會士受到引導，願意將自己的生命委身於服務天主在基督內。其他的默觀像是：「三種人」、「三級謙遜」，邀請做避靜的人棄絕自己，如果這是天主旨意，甚至願意接受羞辱，為了是讓自己更肖似耶穌。這些經過整合的關鍵默觀，其實就是在默觀基督的一生。在做這些默觀時，花時間和耶穌互動，或僅僅只是陪伴耶穌，會改變並且堅固做避靜的人。

「分辨神類」（Discernment of Spirits）是依納爵用來釐清，某個靈感究竟是來自天主還是「惡神」。聖神可以在做避靜的人的靈魂內創造和平、和諧和愛，另一方面，惡神則會引發恐懼、焦慮和憂鬱。神慰和神枯是做避靜的人必須察覺的兩個決定性因素，不只是在默想中、也要在生活中落實，方法是在日常生活中每天練習做簡短的省察。

神操結束在避靜的高潮體驗，徹底沉浸在神充滿愛的臨在——體現在大自然和人身上。這段最後的默想有個名稱叫做「為獲得愛情的默觀」（*Contemplatio ad Amorem*），此即為聖依納爵的靈性焦點——在一切事上找到天主。

此後，每一位耶穌會士每年都會做一次精簡版的八天避靜。可是在晉鐸為神父後會再做一次三十天避靜，是時間較長的靈修更新的一部分，稱做「卒試」（tertianship），通常為期六到九個月，然後耶穌會士會繼續使徒工作，或是開始一個新的使命。

傑瑞卒試時，在做三十天大避靜之前，一位靈修大師教導這批卒試者基督徒禪修的技巧，如果他們有這個意願的話，可以把這個方法運用在他們默觀當中。這是亞洲的祈禱方

---

15. Marshall McLuhan，加拿大哲學家、教育學者，現代傳播理論的奠基者。
16. 正式名稱為「東方西儒——利瑪竇」，二〇二〇年二月發行。
17. 拉丁文*Exercitia Spiritualia*，英文為*The Spiritual Exercises of St. Ignatius*。

法，融入了傳統的禪坐和凝神，以達到把靈魂集中於天主，「排除」一切外在分心事物。在寧靜和靜止中，感受到天主會將祂自己最清楚的顯示給靈魂。傑瑞於卒試前幾年自學了瑜伽，他一輩子都使用禪式祈禱，配合瑜伽運動。儘管這些技巧主要功用是準備進入默觀，它們卻常常傾瀉而出進入傑瑞稱之為「*alpha*狀態」，某種意識改變，類似當天主自由的顯示祂的臨在，傳授給神祕經驗者灌注的默觀。

當傑瑞默觀後，會立即寫下所思、所感，或是他得到的光照，或是祈禱中得到的體驗。儘管這些反省是極度個人性的，下筆當時壓根沒想過要寫給任何人過目，他的筆記每一頁都寫得極其整齊，左手寫的字跡優美，文法錯誤極少。他的避靜筆記絕非倉促寫就，可說相當完整，且思慮周詳。因此，整體來看，這些筆記可以視為某種靈修文章，能幫助那些想在生命中找尋天主的人提升自己。

天主給傑瑞豐富的想像力和表演的天分，推動他在傳播事業和影視媒體成就突出，當他默觀基督的生活，經常像是在腦海觀看「短片」一般，他還會把自己融入劇情扮演其中一個腳色。這種默觀的過程相當符合聖依納爵自己的體驗和教導。依納爵教導做避靜的人，把自己投入默觀之中，如果能夠，也許想像自己是加納婚宴上的僮僕，或者是在耶穌降生時的牧羊人。用這種方式，做避靜的人不只是看到場景在眼前開展，同時更成為其中真實的一部份。特別是在傑瑞三十天大避靜中，在陪伴耶穌生命中的事件裡，這些默觀成為與基督同行的神祕旅程。

傑瑞在台灣媒體的工作壓力大、步調快，他又要在亞洲各地開很多會議和授課，因此他內心深深渴望能找到一個安靜的地方做他的年度八天避靜——在那兒，沒人認識他，他也不會被認出來。東南亞遠離塵囂的海灘自然而然成了避靜的地點，通常在某個他主持工作坊或是參加會議的國家。在那兒，沉浸在大自然裡，他深愛的海洋近在咫尺，傑瑞可以找到他渴望的獨處。

這些避靜地的海灘給他喜悅和驚奇，一部份來自他在潛水時體驗到水下世界令他入迷（他在七十歲拿到浮潛執照），他也對熱帶樹木、植物和魚擁有豐富的知識和好奇心。在這些筆記中，他觀察到大自然的神奇，和他在避靜中獲得個人的洞見、靈感和決心竟然天衣無縫的交織著。

德日進的影響。傑瑞在耶穌會初期培育階段就深深受到法籍耶穌會士哲學家、科學家和神祕學家德日進（Teilhard de Chardin, 1881－1955）的靈修和眼界吸引。德日進的人類史觀朝著最終精神上愛的合一，在那裏基督會是「是一切並在一切之內」（《哥羅森人書》三章11節），激發了傑瑞的使命感。他感受到天主召叫他參與促使天國在地上的事業，如同德日進所詮釋的那樣。在他讀哲學的時候，他的碩士論文就是聚焦在德日進的宇宙論。因此，德日進的論點持續地推動著他，特別是在大眾傳播的工作，他認為那是促進天主的國非常有力量的工具，可以讓人們更緊密連結、增加共識和和諧。

德日進的著作為傑瑞釐清了依納爵對「在一切事上找到天主」和「平心」的概念。德日進用「增加」和「減少」來表達這兩個概念。在一篇文章中，傑瑞提到天主在他生命中如何召叫他，他把這些名詞做了個人的引申：

「世界上好的東西能豐富我們的生命，讓我們更有人性、加深靈性，幫助我們提升、

『增加』。另一方面，『減少』也同樣重要，在我們生命中也無法躲開這件事。當我們窮困時、受壓迫、生病、寂寞、受到阻撓、肉體或心靈受傷，我們卻會體驗到心靈有了不同的提升。基督的十字架告訴我們，這其中有深意。我們體驗到減少，確認了它對心靈成長、對愛的能力和同情心的意義和必要性不亞於正面的經驗。就像約伯說的，『天主給的，天主收回。願天主的名受讚美。』正如基督在十字架上說的：『不要照我的意願，但照你的旨意。』」

傑瑞跟德日進有好些地方很相似，兩個人都是在中國人當中學習及工作的耶穌會士，兩個人都成就出色而出名，兩人都經歷過失敗、沮喪和因成功而招致的嫉妒。

確實，傑瑞避靜的基礎導出的「加」、「減」概念就是：渴望為天主做極其偉大的事，同時願意接受因為完成偉大的成就而可能產生的受苦。在傑瑞的一生中，這兩個主題始終緊密連結著。他下定決心兩樣都要，要為天主成就大事，要去愛人，不計代價。

傑瑞的愛與受苦的主旋律隨著他的成就和受歡迎而變得明顯。伴隨而來的衝突，經常是和一起工作的夥伴或是與他同一個團體的弟兄。或許這些人看到他越來越受歡迎，而感受自尊受到威脅，進而感覺在傑瑞非凡的人物形象面前，自己被忽略了。令人痛苦的專業上的意見不合，當想法和計畫似乎是不合理的被棄置或是反對。儘管如此，來自他避靜筆記的一段文字相似於聖保祿著名的愛的勸言（《格林多人前書》十三章），傑瑞寫道，按照耶穌的教導，若他甚至只是沒辦法愛弟兄中的一個，他所有的成就便什麼都不是。對傑瑞而言，這份愛超越一切。即便有人把他燒死，他也會原諒並愛那些人，無一例外，即便是受苦到這個地步。否則，他感受到，他如何能堪稱是基督的門徒？

傑瑞死前最後一次旅行，是去到了鄂爾多斯沙漠，距離北京兩小時的顛簸車程。他受邀請協助拍攝德日進的紀錄片，近一百年前，德日進在那個地區做考古挖掘。儘管傑瑞才剛做過疏通心血管阻塞的大手術，他充滿喜樂地接下這個很有挑戰性的計畫，他曉得他是向他極其敬重的耶穌會士致敬。回到臺灣後不久，他因心臟病發而逝世。

對德日進如此的愛慕和景仰，形成了傑瑞身為耶穌會士這段人生的重要支柱。他在耶穌會完成初學沒多久，第一次閱讀德日進的著作。透過他的碩士論文，他在臺灣從事的媒體工作，他最後去到了鄂爾多斯沙漠，傑瑞覺得和德日進神父志同道合。

光啟社（Kuangchi Program Service）。傑瑞的司鐸生涯（超過四十年）幾乎都在耶穌會管理的光啟社生活、工作著。一九五八年，由另一位眼光遠大的耶穌會士卜立輝神父（Rev. Philip Bourret）創辦，光啟社發展成為亞洲最大的天主教電視－電台製作中心。當傑瑞在一九七四年開始在那兒工作時，臺灣經歷了電視的黃金時代，光啟社為臺灣主要的電視台製作題材廣泛的電視節目。在傑瑞的領導下，光啟社著重宣揚基督信仰的價值和社會意識，特別關注社會當中沒那麼幸運的人們。光啟社在臺灣以節目品質和高價值標準聞名。

傑瑞以光啟社為他的根基，有餘力去主持英語學習節目，製作關於臺灣及中國教會的紀錄片，視角甚至觸及亞洲其他部分貧窮和有迫切需要的人。他是受歡迎的電視主持人兼表演者而出名，他也因影片得獎的製作人廣為人知。

傑瑞主持的英語學習節目，很快使他成為「傑瑞叔叔」。這節目是由光啟社發軔，後來是由長頸鹿美語接手，後者在臺灣和中國大陸各地廣設教室。光啟社製作的英語節目著重於以想像的方式呈現英文單字和狀況，各地的華語觀眾收看的人非常多。長頸鹿美語系列則注重基督信仰價值，編入英語學習的內容當中。這些節目有雙重目的，一者鼓勵在愉快的氛圍學習英語，同時提升良好品行和固有的基督宗教倫理。

儘管當時無法在中國這類國家「實體」宣講福音，傑瑞卻能以各種不同型式的媒體「進入」那些國家，讓他得以呈現基督愛的訊息給學校家庭裡面數以百萬計的觀眾，若不是透過這種管道，這些人當時無法接觸到這個「好消息」。傑瑞說，他堅信，如果偉大的傳教士聖方濟．沙勿略[18]是在今天工作，他會使用大眾傳播媒體，去觸及比四百多年前他長途跋涉到亞洲各地傳教更多的人。

由於傑瑞的避靜和他忙碌的生活和光啟社的工作緊密連結，他的日記也是光啟社的日記。當每件事情都平穩地運行時，他的避靜便很祥和、令他精神煥然一新。可是，當衝突在光啟社或是在他的團體內產生，他的避靜通常是在動盪中開始，然後，總是在和諧中結束。有時候，傑瑞的整個避靜都籠罩在他工作或是團體的某個他需要時間和恩寵來化解的問題之下。當這種狀況發生時，避靜就像是個救生圈，把他拉回去，了解天主對他此生的旨意，無論成功或是受苦，都給他智慧和平安去面對眼前的危機。

逐漸地，傑瑞看到了深化社會正義可以是光啟社的主要焦點。他推廣的電視節目類型一者是讓窮人和弱勢者得以發聲，二者是有意義地表達宗教的價值。這些價值不只是形成了傑瑞工作的基礎，同時也是他生命的基礎。他一直愛窮人和缺乏的人。他最享受在黃昏時，和光啟社附近的原住民勞工或是外籍移工一起唱歌，這些人就住在還在施工中的捷運

18. 或稱方濟．薩威（St. Francis Xavier），耶穌會第一位前往東方傳教的使徒。其平生參見《追憶沙勿略》（光啟社）。

工地底下，或是正在蓋的高樓地下室。光啟社周圍的路邊攤小販和乞丐認識傑瑞，他也都認識這些人，有些人變成了他的好朋友。

對傑瑞來說，推廣信仰和正義，是光啟社的兩個主要基石。這兩重重點催生了一連串傑瑞製作的光啟社紀錄片。以社會正義、跨宗教對話和中國大陸教會為重點主題，包括了他參與演出來中國傳教的知名耶穌會士的類紀錄片。

為了籌募拍攝這些紀錄片的資金，也為了讓光啟社與其技術科技升級，傑瑞的募款工作非常繁重。一開始，資助大多數來自歐洲的傳教組織，大事焦點逐漸地轉向臺灣本地的捐款者（benefactor有的翻譯為恩人）。儘管募款餐會和拍賣會都募集了需要的經費，財務問題始終是傑瑞始終存在的重擔。除了光啟社的節目和紀錄片，傑瑞和團隊在其他國家舉辦的媒體工作坊也要用錢，再來就是亞洲各地的天主教媒體專案，他也受邀請協助提供專業諮詢和募款。

傑瑞是亞太傳播網絡（Asia-Pacific Communications Network）的創始成員，參與國際天主教電影視聽協會，後者整併成SIGNIS，由傳播媒體的跨國專業人員組成。他擔任耶穌會亞太暨大洋洲傳播協會（JESCOMEAO，整合耶穌會在東亞和大洋洲的傳播機構）祕書長多年。逝世前一年，傑瑞擔任馬丁・史柯西斯的電影《沉默》[19]的宗教顧問，該片是在臺灣拍攝。

在歐洲募款，在亞洲舉辦媒體工作坊，傑瑞投身天主教媒體的國際事務，使得他幾乎整年都在出差。加總起來他去過六十個國家，到哪兒都結交朋友鞏固連結，在亞洲各地的天主教媒體發展不可缺少的一個支柱。

19. 譯註：改編自日本作家遠藤周作一九六六年的同名小說。電影在二〇一六年底上映。

傑瑞有三項特別的天賦，使得他和華人建立特別的關係極為出色。首先，他說中文的能力，幾乎和當地人差不多好。其次，他唱歌演戲都行，又會彈吉他，使得他成為臺灣電視台和電台的固定來賓。第三，他個性很開朗、友善又正向，與全世界各地非政治圈的人都有好交情。他的生命本質就屬於大都會型，使傑瑞到哪兒都能適應，說他是個世界公民，這用詞非常實在。

當傑瑞受邀在二〇〇九年的耶穌會加州省議會講道，他提到，必須提高想像的層次，才能挖掘使命隱藏的機會和新的可能性，還要增加渴望、動機和主動出擊，活力充沛地追尋那個使命。我們若要達成這件事，他說，「我們需要一個打不倒、壓不扁的希望，在我們回應天主召叫時，不論遇到什麼樣的障礙、失望或是無法否認的失敗，要微笑以對，平靜前進，懷著信賴天主的眼光。」這種不動搖的樂觀主義，傑瑞一直滿滿都是。

這本傑瑞避靜筆記的文集收集了他這些年來他奉派到光啟的歲月，包括他在卒試期間做的三十天大避靜，每年做的八天避靜，從他到光啟的第一年一直到他過世那年。有些情況是他某年的避靜筆記找不到了，那一年便從缺。這些避靜筆記經過編輯，刪除了與避靜無關的內容，也刪除了若干名字為了保護隱私的緣故。章節的名稱是由英文版編輯者加上的，為了讓每一次避靜的主題更加清晰。

就誠實及深度，傑瑞內在生活的故事描述了為造就一個靈魂令人難受的過程。然而，這也讓我們看到一個喜悅滿溢的人，天主的愛臨在他身上，進而散發給所有與他相遇的人，不論是親自見到他或是透過他的媒體節目。他的避靜筆記從不曾淪於負面或是怨恨，特色是正面的感恩，引述傑瑞最後幾次避靜筆記中有句話：「我沒有任何事可抱怨，每一件事都值得慶祝。」

他服務他人的生活辛苦、勞神、有時候甚至筋疲力竭，避靜對傑瑞來說是受歡迎的喘息。在這些筆記中，可以瞥見如此不可思議的忙碌生活方式，渴望孤獨油然而生，可以看到——而且感受到。雖然十分地個人，經常是內省式的避靜旅途，非常獨特地屬於傑瑞神父，可是在他的筆下通透的人性，卻使得這趟旅程對我們每一個人都有了共鳴。從這些避靜筆記中，我們聽到他向我們說話的聲音，做我們的嚮導，鼓勵我們，引我們進入我們自己寂靜之樂的旅程。

丁松青神父
Barry Martinson, S.J.
於臺灣新竹清泉

《神操》23〈原則與基礎〉

人受造的目的，是為讚美、崇敬事奉我們的天主，因此而拯救自己的靈魂。

世界上的一切都是為人而造的，為幫助他追求他所以受造的目的。結論是：對於取用世物，常該看自己受造的目的；它們能夠幫助多少，便取用多少；能夠妨礙多少，便放棄多少。

因此，我們對於一切受造物，在不被禁止而能自由選擇的事上，必須保持平心和不偏不倚的態度，就是：在我們這方面，並不重視健康甚於疾病，不重視財富甚於貧窮，不重視尊榮甚於屈辱，也不重視長壽甚於短命，其他一切，莫不如此。

總而言之，我們所願意、所選擇的，只是那更能引我們達到受造的目的事物。

第一部

一九七四－一九七六

和我一起更常走入沙漠，

我會告訴你那些你想聽到的，

且迫切需要知道的。

在那裏，獨自在那裏，

我將顯示給你，我對你的那份愛的豐富與美麗。

這份愛有一天將成為你的完整體驗，

且永永遠遠。

一九七五年避靜

1 進入沙漠

一九七五年九月二—十日，臺灣蘇澳

一九七四年，傑瑞的工作有了改變，從原本在輔大的學生輔導和教書工作，轉換到光啟社的媒體工作。想念著之前和學生一起有著各式活動的生活，也因為他在光啟社的角色比較受限，他對不再能夠服務他人感到愧疚，他感到基督的手臨於他，「釋放我的罪惡感與懷疑還有挫折感，讓我清楚看到我的軟弱與無能，並且深深以祂的愛鼓舞我……療癒我，再一次以力量充滿我。」

第一天

當我進入這次的避靜，我的主要問題似乎是一種失敗感。這並非是因著我看似或多或少成功的外在工作，而是因著在「慷慨」這一點的失敗。我已經開始拒絕許多教理講授、團體輔導、在學生活動中擔任顧問或是輔導……等等事項的邀約。但我確實有時間去游泳，去玩樂，一週兩次在咖啡廳演唱和拜訪我的勞工朋友們（這些事我經常能找到精力和興趣去做）。

許多其他的活動，比如說，和學生在一起，似乎成了一種負荷。為什麼呢？難道天主告訴我放棄他們，而轉移到另一方向（的工作）嗎？我有一種罪責感：愧疚是否我工作或者玩樂太多而病了……愧疚是否我休息或者娛樂太多而不去幫助另一個人……我似乎在工作方面是成功的，但被罪責感困擾著。

我是需要極度感恩能夠輕鬆地適應光啟社，還有感恩天主給我機會成為祂的見證者和工具。

我已經增進同時處理幾件重要的事情的能力，準時完成，並且還保持合理的平靜，甚至還能夠在完成前停下來和休息一下。但我在這方面仍然還有很長的路要走。我的自信感隨著工作的增加而上升：經理、代表人、長上，並且將會持續做這些。我已經做得不壞，並且我想我從未主動要求、極力爭取或是曾想要任何這些工作，從一開始就沒有興趣，或許成了減輕我花時間在音樂、運動、宗教與社交活動的罪惡感的鑰匙。

我個人的選擇和自然性向總是一個比較寬廣的、而非深度的－有很廣泛的興趣和能力而不是窄的、專精某一些方面。

我已經有過經驗，在我剛到光啟社的幾個月，外在活動和人際聯繫受限，導致一定程度的孤獨和煩躁。但至少目前我可以使用更滿載（太過度？）的精力並且得到許多寶貴的經驗。

第二天

我祈求恩寵來分辨我真正的罪在哪裡，以及我的缺點、軟弱、錯誤是什麼。突然間，我被打敗了；一種深深的感覺到自我的軟弱、身體的、情感的、靈魂的方面；還有從上一年理想我與現實的不對等產生的挫折感。軟弱感是這麼深，以至於我越是想到今年的許多失敗，還有想到壞了我所有成功的缺失，就越哭越厲害。看到和感覺還有意識到這樣深的軟弱，是個很折騰人的經驗，並且是這麼生動的回味一年的挫折……我哭得更久更厲害更痛苦，我開始感覺到好一點了。

然後逐漸地，我經驗到基督俯視著我整年的成果，它們像是木工店裡的許多不完美的作品，祂為它們謝謝我，把它們變成很漂亮的物件，並為我找出我覺得我做的失敗的、或者遺落的、或是忽略的作品。

我感到祂的手臨於我，釋放我的罪惡與懷疑還有挫折感，讓我清楚看到我的軟弱與無能，並且深深以祂的愛鼓舞我……療癒我並且再一次以力量充滿我。

第三天

當我還是個年輕初學生時，我總是擔心如何準備自己的使徒工作。我想要以各種可能的方式發展自己，為了服務我的君王。而發生了什麼？我想我過度發展我自己了！我想這是我現在的挫折之一。我國語講得相當好，並且善於公開發言。我因為這緣故（語言），也因著我陳述哲學、神學、訓導的方式等等，總是被邀請去演講、帶避靜和講課。也因為我的音樂天分，團體魅力和幽默感，我能夠帶動氣氛和幫忙形成團體。所以我很適合所有的學生活動、營隊、派對等等。

但是，因為我在光啟社的工作還有擔任長上的職務，我已經拒絕了大多數上述的邀請。我很挫折，因為我無法用上我為這麼多的時機，所發展的天賦能夠展現出來。我覺得我沒有真的為我的君王燒盡我自己。

與我為學生的工作相比較，我對我目前的工作少了點興趣、興奮感和情感上的能量。在這裡一開始的著迷和興奮感和成功已經沒了；很可能永遠沒了。例行工作已經開始設下了，也會越來越成為每一天的規則。

或許我會越來越需要依賴靈修的能量：更多祈禱⋯⋯如果我還想慷慨的持續答覆君王的召喚。然而，是否靈修的熱火也會開始減少？下一步會發生什麼事呢？

彌撒當中，我被至少已經有三年的洞察所碰撞，我已經感覺一樣的問題（情感能量的減少）。一般來說，是因為太多活動帶來損耗所致。削減一些活動，有休息，有多一點時間祈禱和默想，我就會做得好一點。默想在祈禱的耶穌，我看到祂多麼常離開群眾，去單獨一人的地方⋯⋯甘地一週也花一天在安靜當中。

在默想天國時，「隱藏自己」和「成為標記」擊中我，因它們在我生活中明顯的矛盾讓我泛淚。我可以同時看到它們兩個：在我生活中的貧窮感，經常掙扎於保持貧窮，但以對基督的見證而言，也是成功的記號：我以成功的使徒角色被人所知。

而且，我其實從這些成功本身感到非常少的喜悅，似乎是這麼微不足道。我對無法做到更多感到很深的憂傷，甚至是痛苦。我感覺做真正的大事或是有意義的事，能夠給我更深的滿足感。現在我感到的卻是這麼重的失敗。我所有的成功似乎是這麼微小。

基督回答我說，我應做更多……但是多的含意是把我現在的工作做得更好：對我的團體服務得更好，更好更認真的做我的英文節目還有光啟社的非常態工作，在這些領域更好更認真的工作……而非更多的活動。我應該藉著更把自己放到這些工作當中〈更完美的做這些工作〉，同時標記化自己和隱沒自己，並且限制、規範自己免除會使我分心的太多其他活動。

我的隱匿生活將會是我的「納匝肋」。我所剩的時間可以花在休息、祈禱、省察和閱讀上。如果天主計畫更加「標記」我，甚至把我用在更戲劇性的、明顯的路上，那是祂的選擇權。我應該更偏好待在納匝肋，並在平安中找到我的喜樂，即是在那裏與祂同在。

第四天

再一次，我的整個默想似乎指向納匝肋，指向在我的生活與工作中，保持一個更靈性的向度。耶穌在祂的塵世時間中只花了一點點在活躍的使徒工作上。祂的方向與原則絕對是「質」優先於「量」。在這方面我必須更努力效法祂。

1 ——— 進入沙漠

耶穌今年召喚我不只到納匝肋度著日復一日的木匠生活（光啟社和我的視聽工作），同時也進入納匝肋外面的沙漠；那裡、孤獨、冷清、寂靜，因此祂可以對我發言。

在一個清晰生動的默觀裡，祂用大白話告訴我：「如果你總是和其他人玩在一起，我如何能親近你，對你說話，告訴你我愛你？你對他們說『是』而對我說『不』。和我更常往沙漠裡去，而我會告訴你那些你想聽到的，且迫切需要知道的。在那裏，獨自在那裏，我將顯示給你，我對你的那份愛的豐富與美麗。這份愛有一天將成為你的完整體驗，而且是永永遠遠。」

之後，祂以一個美麗且極度真實的方式告訴我，祂有多愛和祂為何愛我；讓我明瞭我為祂做的一切工作、我為了見證祂的名的付出，這些事的價值……但同時命令我從現在起對其他事說「不」而對祂說「是」，去和祂進入沙漠。

這對我是困難的，因為我這麼常以我一天做了多少事，或是我有了多麼美麗的、感動的或是非凡的經驗，用這些來評斷我的每日成就。我似乎有個檻阻礙我尋求靈性的安慰。但假設我不如此做，靈性的現況將乾涸。此外，這一次祂如此清楚的命令我對別人說「不」，而對祂說「是」……在黑暗的沙漠裡我將尋獲祂。這樣再次地經常與祂會面是否可能成為真實的、感情的、美麗的和不一般的經驗，而給我的日常生活賦予意義和成功？

第五天

如果我（我的存在）是為了更小心地照管天主給我的葡萄園，去做更好的工作——意指從我的大眾傳媒工作的同仁眼中，移開那個隱藏了生活、文化、藝術的超越的不可見盾牌……如果我真的要放比較多時間，在個人的默想和省察（針對廣播電視的提升和基督在我個人的生活兩方面），我必須裁掉許多「學生活動」。這會傷害到我、讓我感覺不受歡迎，甚至有時候覺得孤單。但我必須努力在我的能力內用方法來這麼做。

今年有一個成功的例子是我的廣播稿，和它們在節目部的影響。還有，藉著我的面談和促進同仁之間的關係。如果我在我的長上職分上、在大眾傳播上，在我有限能受邀參與的牧靈活動，都更專心一意，這方面的成功就會更多。這個核心（關鍵）是提升的面向以及經由基督對我的時間和關注下的命令，給我的靈性能量。

第六天

我對於迴避、規避、防範和逃避任何聞起來有攻擊性或是批判性的事，已經非常在行。我真的怕極了這些，所以竭盡全力去避免誤會，來緩和我怕被批評的恐懼……我實在不該因我無法參與活動或是社交場合而受論斷或批評。有些人會說我變得自私、驕傲、冷漠、老了、懶惰等等……。當我可以為自己申辯的時候，我應該做；我也會做。當我無法的時候，我必須單純等待直到有機會來證明…而在那個時候，在納匝肋、在沙漠裡、和受苦的耶穌在骷髏地，找到我的安慰。

閱讀福音已像是在讀我自己的生活故事，或者是反映我過去以及現在的生活，可以這麼表達；生活是透過跟著福音被刻印或者被滲透般的表達出來。我花了這麼長的時間來經驗到這種深層的、真正的、情感的默觀方式。我確實感到被恩寵浸透，並且被召叫當我回家之後要繼續保持這種祈禱方式。

我回家之後真的要立即開始實踐，特別是在我的夜間和假日，用這樣嚴謹的、長時間默想——默觀，並祈求在當中帶著情感、福音的內在知識，並且再一次和耶穌基督生活出愛的關係，這樣便會賦予我的日常生活意義和能量以及分辨。

第七天

我全部的很有感情的深度默觀，引入一個更深的愛和洞察力及了解基督的奧蹟，還有更加能接受苦難。

我不知道我可以做這樣的感情的祈禱多久。如果我欠缺時間為了做這件事，那勢必我要開始降低活動和邀約的量。但是若我真的拒絕使徒工作的邀請，我必須好好使用這些時間來休息和整合自己，還有做帶感情的默觀（祈禱）。唯有做到這些之後，我才能做其他事。

關於我的團體（耶穌會）：它提供我敬拜天主、能更完整做見證的機會。所以，我不該把自己看做是在為團體犧牲奉獻，或是沒做到時有罪惡感。實在地，長上的工作給我一個特殊服務的責任——幫助其他會士能夠自由做他們的使徒工作，但我自己也要保持自由。

第八天

我對這次八天避靜感到深刻的感激之情，這真是一次治癒的經驗。它更新了我的堅信，也就是只有深刻的、情感的默觀與祈禱，可以把我從反覆的挫折感和罪惡感當中解救出來（當我發現不可能答覆每一個邀請時）。

我明天就以此做為開始：必須拒絕為清晨七點五十的小兒麻痺兒童拍攝團隊彈吉他唱歌。這是這麼困難，但在祈禱中我看到我的主要工作（特別是在教育電視節目），從長遠看，能夠影響和幫助這些孩子更多。在祈禱中，獨自地，我可以清楚看到天主的旨意並且接受它。

Suscipe
主，請收納

聖依納爵禱詞

吾主天主，請收納我自由，取我意志、理智並我記憶。
我身我靈，所有皆主恩惠，飲水思源，敬將所有奉回。
一切所有，由爾管理支配，唯命是從，聖意永不違背。
唯望吾主，恩賜聖寵聖愛，吾心已足，此外別無貪圖。

2

三十天避靜

一九七六年十一－十二月，台灣彰化

在光啟社工作兩年之後，傑瑞去了輔仁神學院，在那裏和另外十二位同伴一起完成耶穌會會士培育的最後階段：卒試（又稱為第三年）。要被依納爵靈修浸透還包含了一次個人引導的「長避靜」，這次是在中台灣彰化靜山靈修中心[1]舉行。在三位有時間擔任退省神師的人選之中，傑瑞選擇了嫻熟東方靈修的甘易逢神父。在避靜正式開始之前，聲譽卓著的諮商專家巴理西神父（Frank Parisi）、James Gill神父以及基督徒禪修大師愛宮真備神父[2]（Hugo Enomiya-Lassale, S.J）與卒試會士們，為了增進他們對靈修生活的理解與實踐，做了前導的課程。

避靜前導筆記

我感到我的生活需要有更多的深度、更穩定、更有靈修的能量、更多知識、更多的動

1. 譯按：英文名稱是 Manresa House。彰化靜山以茫萊撒 Manresa 為名別有寓意：Manresa 位於西班牙加泰隆尼亞區，是耶穌會會祖聖依納爵居住過十一個月的地方。在那段時間當中，聖依納爵更新了他的靈修生活。對耶穌會士而言，到 Manresa 意味著朝聖與回到靈修根源的更新之旅。

機和愛。為此，我需要時間來思考、研習、祈禱與反省。在過去的兩年裡，我所有的力量皆來自年度八天避靜。

我總是感到我應該工作多一點，完成多一點事情；所以我討厭停下來。但是事實上，我過去五年多裡一直很穩定的工作，幾乎不休息。這七個月的卒試階段將不會是浪費時間，也不是不需要的，或是太早做：我現在正需要。這是祂的旨意讓這個機會到來。現在就是適宜時機。

我非自願的離開光啟社，某部分來說有點感傷——我喜歡在那裏——就某部分來說是享受在那裏的行動（指工作），怕錯失一些興奮的事，也知道我可能會失去一個常態性綜藝節目的曝光機會。但，更重要的是去準備好我自己；作為一個人、一位司祭，以及作為一個為了天主更大的榮耀而用大眾媒體為工具的專業人士。

即使在過去幾年像奴隸般工作、等待和準備將個人的生活作祭獻，我準備好了……為了這個聖神安排的特別時刻，當天主將在我手裡使用這工具；我已經成為的這個工具。

這意味著犧牲我的人際關係和跟一大群人的聯繫，但它還是值得的；我準備好了。耶穌會團體已經給了關於我的開創性構想的「型」「貌」，也提供我完成它們的方式。耶穌會教導我如何去認識與愛耶穌基督；它也讓我能夠去發展我的人類潛能。

在一次與卒試會士的談話中，巴理西神父將救恩和使徒工作承諾描述成一個「在神貧、服從和貞潔中的完全的、個人服務，為了滿全這個需要即復原那些被恐懼、挫折和怨懟所碎裂的人們；那些人因此之故生活在罪惡與罪的後果中。」

2. 德國籍耶穌會士，代表性的基督徒禪修大師，極罕見的獲得禪師資格認證。在日本工作多年，是一位在當代深入遠東文化與和平議題的耶穌會士與天主教會神職。一九九〇年以九十四高齡安息主懷。

我必須去觸及到人們的需要的「核心層面」。為此緣故，很重要的是我把每個人當成都需要這樣的解脫，並把我自已定位在，所言所行的每件事都為了滿足這個需要。

我坐下來，將耶穌置於我眼前，看著祂和人（包括他的門徒、罪人、法利賽人）交往的方式，祂只對一件事感興趣：把人從罪的影響當中救贖出來；我看到祂的關注與焦慮：這些人要被拯救；看到他為這些人的自我犧牲。

在我的祈禱中，基督告訴我在此「第三年」[3]要擔負起的責任便是停止自私，只關切自己本身，而是要為弟兄們做點事——這是我目前的使命。

第一週

我重讀我過去六年的避靜筆記；我之前的生活是如此撕裂與破碎，我感覺沮喪……為過去的自己感到難過，也為所有一樣（心靈）被桎梏與破碎的人們難過。

我們每一位都有一些「內在失序」或者基本性格軟弱處。對我來說，這似乎是過去現在始終存在著對情感親密性的需要。不管何時，我感到一種吸引力的時候，或者一段挫折期，或者當一個機會自己出現時，我傾向失去控制，而追求這個滿足；真的做了或者貌似做了。

對於這個問題，如同我所身處的環境的影響（一種「新異教主義」），我感到天父、基督和聖母瑪利亞向我顯示兩條路：

3. Tertianship 又稱「卒試」或「第三年」，是耶穌會士培育的最後階段。

在外在行為的層面上：「接受你的責任」意思是說，像一個男子漢般的做事，面對問題、解消問題、扛責任、承擔失敗的風險。

在內在的層面上：「坐禪的方式」似乎最適合給我整合、平安、客觀、內觀的深度、以及內在的「眼睛」。打禪帶我下到外在的失敗與誘惑的層面，深掘「內在失序」的層面，觸及我的核心存在；那是我真正生存的位置，並且只能被寓居於此的神聖本質所滿足。

在我過去的默觀和避靜中，我選擇嘗試在深刻的感性默觀的「黑暗沙漠」中找到基督。在光啟社，這方面沒有被付諸實行，但我和基督的關係支持我度過這一年。自今年一月以來，事情到了最棘手的地步。當我的工作量增加，我所有的自由時間也用在做辦公室的工作，或是用一些方法補償我缺乏的自由與情感生活。或許現在「黑暗沙漠」是「坐禪」而非感性的默觀。

從前，這樣的「內在失序」好像是我必須接受或是拿出的。它像是一個我奮力隱藏在衣物裡面，讓它存在於視線之外的巨大、醜陋的痛苦或是畸形物；它是這麼恥感與痛苦，光是去想到它，我都幾乎無法忍受。

聖母瑪利亞請求耶穌拿走它。去年我的「受難期」時，她站在我身邊，一如我在她聖子的「受難期」時，佇立在她身旁。

耶穌告訴我，祂是為了我的好處，而延遲這麼久才除去我的「畸形物」（……祂潔淨了那些與祂在一起的人[4]）。也許祂這麼做是為了鍛鍊我與此奧祕一起生活，或者給我一個經驗以便之後可以幫助他人、給人希望。

4. 譯註：原文引自《希伯來人書》12：6－12。

我真的極度感謝祂拿走我身上的鎖鏈。現在我可以站在聖山上；被潔淨的（我），夠乾淨的，有資格進入上主的聖殿……與天主聖父相遇。

然而我還在圍籬之外：一方面被感性默觀和情感關係所吸引，另一方面被寂靜、孤獨感、深度、黑暗與沙漠所吸引。甘易逢神父鼓勵我朝向後者，因為（1）它不會摧毀我的情感性，但會增加深度、嫻熟、掌握，並且（2）唯有藉著划向深處的內在自我，我才能超越出淺層的吸引牽絆層級、還有內在失序層級，還有我的工作與生活的拉扯等等。

我必須往深處走。耶穌要與我相會的「沙漠」並非只是一個物質界的地方，也不是感性的默觀，而是寂靜、安靜和深度默觀的「空」。當我工作的時候，我感到非常需要這個。這可以帶我緩慢地到達靈修的深度和我需要的自我控制。

在我的默想當中，聖母帶我進到一個貧脊的沙漠，在那裏我找到基督，祂坐在深度的靜默當中，與天主聖父聯合一起。我坐在祂身後。瞬間，祂消失了而我一人獨自在沙漠裡。我感到在平安當中並且隱遁空虛自我，為了與天主聖父在一起。

在空無的深度當中找尋祂，將使我熟成，轉化我，或許燒灼我、堅固我，直到我準備好並且配得上與天父合一。

我將停止計算默想（時間）。我想這在以前是必須的，當我那時嘗試在祈禱生活中放進更多嚴謹的規條時。然而我將留意我在正式祈禱與省察的時間，確保除了彌撒與日課之外，一天不少於五個小時。

一種我心深處基本「失序」的「內在治癒」正開始發生。我甘願等待，並且按所需要的（要求），不去尋求感性的慰藉。我再一次感到這極可能是為我的工作、我目前的生活型態和心理狀態，最合適的祈禱方式。

相形之下，屈服於我對情感慰藉的需求，其原由（1）在工作與人際關係上的私心；對於滿全我的職責和服務他人的怠惰，以及（2）對我的靈修生活，倦怠和缺乏運用和關注。

因為我上一個默想是完全靜默的，或許現在是進入第二周的時候了。

第二週

基督君王的召喚（默想主題）。耶穌在榮光與群眾的喝采中，坐在驢駒上進入耶路撒冷。我眼中的他像是一位強壯的、堅定的，並且對他的存在根層有所信諾的人。而我想跟隨祂。祂召喚我跟隨祂；將我的所有遺留在背後。我捨棄我的所有，跟隨祂，祂領我到一個洞穴，告訴我進去並等待。祂把我留在那裏。

我的耶穌圖像是靈修的而非外表的魅力，是一個完全被天主所襲捲的人，在他眼睛唯有天主父。聖母、德蕾莎姆姆、德日進神父、雅魯伯總會長……或許甘地和馬丁路德金恩博士，在他們的根層上也都被天主父所襲捲。耶穌告訴我，我也必須到達這樣。這是「基督意識」[5]，專心一意與天主父相契。

瑜伽練習很幫助我靜下來往禪觀方式的祈禱：在愛中靜默，渴求，有時候敬畏。

聖母領報（默想主題）。我看見基督在聖母內，之後透過她的眼睛，我看見基督在我

5. 譯者註：在此傑瑞神父用基督意識，有其深意。

內。我們表現出需要死於我們自己，這樣祂將誕生於我們以及我們相遇的人身上。

聖母訪親（默想主題）。聖母與她的表姊依撒伯爾是密契者（mystics）相互敏銳而意識到彼此的狀態。藉由神祕的方式，她們知道她們在救恩史上有重要且具挑戰性的角色，請求「深根」於天主內。在安靜中，我懇禱並等待這「根植」成長。除淨空我自己，解開我自己，等待與聆聽，其他我還能多做什麼呢？

我突然感到懷疑禪觀。但是當我在祈禱中問天主用哪種方法時，我被神慰與再次確認所淹沒，那便是「在等待與在平和中你將會被救贖。」我試著從聖神的手中放下我自己，領我經過用想像力的默想進入安靜的默觀，我要祂來決定這個比例。

我想我的禪觀練習正在進步，且我發現一個重複的過程模式：舒服，早期不適然後是輕微的不安定，然後是深度放鬆和平靜，之後是更大的不適。最後的過程發生在當我接近半小時的設定時。如果我看我的手錶，我就結束了！不適感立刻增加，而神慰就沒了。或許我實驗時，該用我的鬧鐘。

在省察中，我感到我不該被這樣的誘惑所誤導，就是我的默想沒有結出果實。在我以往所做的每次避靜，總有一個立即的失望，那便是當我一回到平常的生活，發現我自己並沒有改變。

我必須記住，一個很棒的、淨化的改變已經在我身上發生了。我感覺比以往更加能自制（聖神的果實。）同時我被一個方式裝備與武裝起來，它能夠（1）保有我的自制，不戀棧，客觀，在忙碌生活中有一定程度的平安；（2）將慢慢地，不知不覺中（但一定會）準備我為了或是領我到一個更深的根植在天主聖父中的體驗。我還要求其他什麼更對的呢？

威廉・強斯頓[6]的書《寂靜之樂》對我很有幫助，在以下幾方面給我很多鼓勵：禪修、對密契的興趣、有更大的信心在神祕和強有力的宇宙性的、確實的祈禱功效。

奉獻耶穌於聖殿（默想主題）。我再一次感覺到被召叫來準備自己，為了之後如果更全心全意跟隨基督而必須承擔的苦。聖母與聖若瑟囑咐我，以讓自己更深的紮根在天主上做為準備。在禪修練習中我在鬧鐘問題方面以及坐滿一個完整的半小時的定志方面，有了好的結果。我想忍受疼痛以及最後幾分鐘的不舒服，是有益的。

避難埃及（默想主題）。聖母與聖若瑟突然必須離開白冷，他們在那裏才剛剛穩定下來而已。我感到並敬佩他們的不眷戀；立刻行動並犧牲他們的簡單、美麗、合理的舒適，為了實踐天主的旨意。他們告訴我一件事：我必須像他們一般地不眷戀。以這樣的準備和訓練的態度，我坐了禪。再一次，我感覺到最後幾分鐘的疼痛是特別成果豐碩的。

基督的隱匿生活（默想主題）。極度疲倦並且很難專注。思索我在光啟的工作情況；如果我想要真正成為活生生的見證，實踐天主的旨意……，而非體系中奴隸、完全被各種情況所宰制，我在那裏需要耐心、抽離、客觀和自我控制。

在聖殿裡找到耶穌（默想主題）。耶穌也甚至曾經被迫從祂所深愛的瑪利亞與若瑟身邊抽離。祂知道為了實現天父的旨意，祂必會傷到他們二位。我非常需要這個能力：將天主的旨意置於情緒、情感和他人的感受之上。

耶穌和祂的父母團聚之後，祂向我解釋為何祂必須離開他們，並且向我表現出祂的懼怕，這懼怕是關於未來祂的使命將會要求祂作的事……特別是害怕為祂的母親以及祂所愛

6. Fr. William Johnston S. J., 靈修大師，並精研禪修。

的人帶來痛苦。我渴望跟隨基督的這個使命並且訓練自己總是堅定地、不被撼動地與天主的臨在並坐，以便我能夠做出一切應有的犧牲……我感到深深地渴望與耶穌同在；一日之中時時刻刻地……。

若瑟之離世（默想主題）。我一再地感到被瑪利亞與若瑟吸引，將他們視為通過奧祕性的祈禱（天使、夢境、啟示）而與天主和彼此合一的人……並願意為順服天主而犧牲一切。我對若瑟的死亡、我父親的死亡、若瑟對耶穌和我自己的保護……以及耶穌對死亡的接受、對瑪利亞的保護以及在這次經驗中與我的緊密感，深有感觸。訊息：現在我們必須長大，成為成熟的、天主的人，接受我們的責任和去實行我們的使命。

聖家的祈禱生活（默想主題）。我看到了耶穌藉聽瑪利亞與若瑟閱讀聖詠、先知書等等，逐漸意識到自己的使命……逐漸明瞭這些對祂的意義。聖家三口在奧祕性中與天父連結。耶穌與我分享祂的恐懼。當我閱讀聖詠時，我想到了它們曾對耶穌有的意義。我看到祂與祂的父親神祕地結合在一起而神魂超拔。而我和祂一起敬拜天父。

準備耶穌的受洗（默想主題）。當耶穌和瑪利亞在夜間做睡前誦讀聖詠時，耶穌明瞭到祂的時間近了。我和瑪利亞去拜望洗者若翰，並接受他的洗禮，聆聽他的宣講；之後回來聽耶穌講述他的未來愛的使命。我注視著他開始了夜禱，並決定和祂一起夜禱下去。我想和他一起四處旅行。我要祂與我一起生活。

當耶穌為了祂的洗禮與公開生活做準備，我和祂做了一次半夜的徹夜祈禱。祂解釋了祂的使命比若翰洗者更加激進，真的已經是一個很激進且危險的使命。耶穌會有更多人反對祂，因為祂的福音不是法律，而是愛。祂向瑪利亞告別，在黎明之前啟程。

耶穌受洗（默想主題）。我們抵達約旦河畔，聆聽若翰宣講；之後若翰認出耶穌是天主子，默西亞，是以聖神施洗的那一位。祂受了洗，充滿聖神，更加意識到自己的使命。

我注視與傾聽著耶穌與若翰的對話……，看著當若翰宣告耶穌是天主子的時候，群眾的反應。但是在他們可以靠近祂之前，充滿聖神的祂告訴我，祂必須先往曠野裡去，去跟祂的父在一起，為了做準備。我也去做準備。

耶穌在曠野受試探（默想主題）。我在光啟社生活的感想，自然而然地浮現出來。我要如何來維持身體和心靈的健康？有氧運動？慢跑？瑜伽？坐禪？無論哪種組合，成功與否取決於我進入「感官之夜」的能力，也就是抵抗來自魔鬼「把石頭變成麵包」的誘惑——享受麵包而不是天主的言語！

我在光啟社工作時，經常為未能收穫豐碩的祈禱生活極其失望。但也許，我一直誤解了祈禱生活對我的要求。此刻似乎我應該坐在空無和黑暗中，在感官、記憶、理解和意志……的黑夜裡，寂靜和定止會清理我的心靈，補充我的力量和神經系統，我也會在黑暗中緊緊抓住天主，只以信、望和愛作為我的堅持方式。這，當然，是十字若望[7]一次又一次推薦的最佳方式。

基督告訴我，名聲的誘惑是很大的；但就像祂的情況一樣，我應該只為信仰服務而執行具有能引發關注的活動。祂治癒人並以奇蹟來加深祂的追隨者的信仰。我也應該為了一樣的原因做；絕對不要為了自己或虛榮的緣故。

關於權力，耶穌是一位領導人。憑著祂的神恩，祂本來可以從羅馬人、大司祭、法利賽人等等，獲得極大的權力。但是，相對地，祂將不得不被他們所利用。祂將不得不妥

7. 十六世紀神祕主義大師，請參看星火文化出版《聖十字若望・心靈的黑夜》。

協，淡化祂的愛敵人的教導、愛的律法等等。他拒絕這樣做。祂告訴我，我絕不能只利用人或「培養」人作為達到目的之手段。（例如：教會的光榮，幫忙光啟社）我必須首先對他們的救贖和對正義的要求感興趣；其他所有的是次要的。

我再回到光啟社的團體生活。團體中的一些人強調全心全意地工作是最好的祈禱。其他人則強調要花多點時間在靈修操練上。或許共同的基準是在我們的生活中整合祈禱和工作。

在小聖堂裡祈禱，我被寂靜和臨於我內的基督所深深感動。開始以禪修的方式呼吸，進入特別深的情況有半個小時。短誦（*mantra*）：「為了你，我死了」，似乎來自我內心的一個聲音。是基督的聲音。

耶穌召叫門徒（默想主題）。耶穌從沙漠回來，在會堂裡教導人，並召喚了祂的首批門徒。然後耶穌召叫我，這一次與祂建立更深、更親密的連結。瑪利亞也告訴我去尋找祂，在我內找到祂。

當我默想瑪竇的蒙召時，我相當累，並沒有太多的默觀。但這樣默觀可能是以後日常生活中的常態，即是在信仰、希望和愛的黑暗中緊抓住祂。

我看到耶穌對每個門徒的細心關注和愛：伯多祿、雅各伯和若望，尤其是……他們的工人心態，他們不同的人格特質……我很高興能身處他們當中。我在耶穌祈禱時休息了。早起和祂一起祈禱。陪伴祂教導門徒，回答他們簡單、誠實、稚氣的問題。耶穌對自己的身份仍抱謹慎，但告訴他們，「上主的神為我傅油，派遣我去向窮人傳揚福音……」祂向他們表達了祂對生活的基本看法。

加納婚宴（默想主題）。耶穌帶著門徒到婚筵去和祂的母親相會。我問候瑪利亞，告訴她耶穌一直在做些什麼，我向她描述每個門徒。然後耶穌介紹他們。他們開始吃飯，瑪利亞在廚房裡幫忙。當她看到酒喝完了，她向耶穌提起。兩人都意識到祂的時刻已經到來。在這個奇蹟之後，耶穌和瑪利亞的心很沉重，因為知道酒，即羔羊之血，很快便會傾流。若望請教耶穌何謂轉化，耶穌向他解釋了酒的象徵意義……溫順的羔羊、山羊、逾越節等等的救贖之血。

花了一天的大部分時間看著耶穌與若望談論施洗若翰被監禁的原因。若望是一個年輕的有信仰的人，他感到內疚，因為他無法遵守經師和法利賽人規定的所有法律。耶穌告訴他「法律是為了人所制定……」以及什麼是真正的宗教戒律。祂離開後，我繼續與若望交談，被耶穌深深感動。

開始將瑪利亞也視為耶穌的門徒；她熟悉祂的想法，並渴望為祂，把祂的想法傳給人們。

耶穌在加納行的神蹟對群眾和「信祂的」門徒有什麼影響？在回答他們的問題時，祂引用了經上的話，「上主的神為我傅油……」並告訴他們要悔改。而後，隨著節期的延續，耶穌對祂的母親說話，邀請她到葛法翁住幾天。我默觀了耶穌和瑪利亞的對話，討論了祂在納匝肋會堂宣講成功的些微機會。

我認為納匝肋的人心胸比較狹窄、驕傲和自私（參考納塔乃耳的評論：「……納匝肋能出什麼好事嗎？」[8]）。當耶穌提醒他們的不公正、虛偽等等的罪時，他們變得憤怒。也許他們從來沒有與聖家三口太親近；聖家三口拒絕沉溺於這些人的輕浮。他們控告耶穌是

8. 《若望福音》1：45－46。

褻瀆者，因他自稱為先知，卻沒有為他們行奇事。他們想把他滾下懸崖給他一個教訓，但他們卻不能碰觸他。祂斥責他們，然後和瑪利亞一起回家，兩人都接受了失敗，並對不願反思、改變或悔改的盲目、冷漠鄰人的感到沮喪。

在聖殿中驅魔（默想主題）。回到葛法翁後，我和耶穌談到他在納匝肋的失敗；他的批判言語被置若罔聞，激起了敵意而不是悔改。我在基督生活團的工作、教學以及與處理光啟社的員工和演員的事務都有類似的經驗。對一些人來說，似乎沒有任何效果。為什麼？耶穌解釋說：「支配人心的標準有兩個……」當後者掌控時，天主的話就被拒絕了。但就像在納匝肋一樣，我們仍然應該施教；給他們機會；可能會在之後才產生效果。

我和若望討論了耶穌告訴我的關於納匝肋的失敗、兩個標準等等。我看著附魔的人在被潔淨後，憤怒並被照顧。（我在生病的人身上看過這樣的臉。）畢竟這團體比納匝肋會堂更開放和真誠，基督透過他們的信德和愛德，願意行治癒的奇蹟，向祂們顯示祂的能力凌駕撒旦之上。祂知道它會結出果實。

前往西滿的家，臨行時老人家們表示感謝，並且宣揚耶穌是真先知。所有人都讚揚他。在路上，若望和我請求耶穌釋放我們內在的黑暗勢力，他告訴我們（1）要傾聽他和他的父說的話，還有，（2）持續專注於他在我們內的臨在。

西滿的岳母（默想主題）。去的途中，我們一起走著，我繼續向耶穌傾吐我的悲慘處境。當我們到達西滿家，耶穌迎向西滿憂心忡忡的妻子，聽說西滿的岳母病了。西滿是個好人，自然是；可是有時候他很容易爆發脾氣、很固執、很不講理（有時候還喝醉了）；他挺討人喜歡的，很慷慨，通常對別人很公正很誠實。知道他的短處，他很尷尬地請求耶穌的幫助；可是，耶穌立刻跟他說，別緊張；她會沒事的。他治好了她，西滿因此深受感動；發誓今後要一直跟隨耶穌。他們用了晚餐。

耶穌離開葛法翁和治好癩病人（默想主題）。清晨，耶穌去到一個沒人、僻靜的地方祈禱。我陪伴著他。同時，門徒們和病人們急著找他；耶穌派我去告訴他們他在哪裡；他們到了耶穌身邊，要他回去；然而他說他在葛法翁的工作已經完成了。他的父親派遣他去其他的城鎮。他的門徒必須要夠不眷戀才能跟隨他。門徒們發現很難懂、好難接受他所說的。

我也好難接受、好難解釋，特別是當我看到所有悲傷的病人聚集在那兒，等待耶穌伸出手治癒他們。他們寄託在耶穌身上的希望如此之高……以至於伯多祿和雅各伯非常不開心、很尷尬，對耶穌沒有繼續在葛法翁的工作忿忿不平。我試著緩頰：「『人子沒有枕頭的地方……拋下一切來跟隨我……』耶穌說，我們得按天父的旨意做事，還有其他人需要我們啊……我們還會回來這裡的。他派了伯多祿和安德肋轉回去通知那群人，勸說他們要有耐心、堅忍和信心等等，然後跟上我們大家。

在路上，耶穌跟我和若望討論，除了天主的旨意之外，我們必須如何從其他所有的一切中抽離出來。祂讓我看到我是多麼常過度忙於我的工作，而沒有反思天主的旨意。當我們抵達另一座會堂時，一個可憐的痲瘋病人進來了，耶穌治好了他，那時若望和我明白了。我離「基督意識」太遠了，我一面說，「算了吧」……但若望敦促我更加熱心與專注。

耶穌治癒了這個痲瘋病人，因為他有很大的信德（向耶穌要求治癒）、愛（他的家人在那裏）和謙卑（進到會眾的面前）。雖然耶穌指示他對治癒保持沉默，他認為這是謙虛，而告訴了每個人。從那時起，耶穌花很多時間在城鎮外，以便整合自己並聆聽天父的話語。我伴隨著祂夜禱。德日進神父的《在世界祭台上的彌撒》[9]啟發我更熱烈地與耶穌一起夜禱。

耶穌回到葛法翁並治癒一個癱子（默想主題）。門徒在看到耶穌所行的奇事之後，現在重拾滿滿的熱情。當祂選擇回到葛法翁（在一大早，在一個僻靜的地方花很長的時間祈禱之後——特別是現在祂已經變得有名），因門徒們提前傳話；所以當他們抵達時，屋子裡已經擠滿了病人、相信祂的人和觀眾。耶穌開始醫治，當癱子從房頂上被垂墜下來時，我們現在明瞭了耶穌，除了祂的其他能力外，祂能夠赦罪。

耶穌召喚肋未（默想主題）。當耶穌沿著加利肋亞湖邊施教，靠近肋未的辦公室，肋未無意中聽到「釋放俘虜」、「使受壓迫者自由」、「貧窮的人是有福的」。肋未是一個聰明、暖心的猶太人，他讓自己相信與羅馬人合作，是達到幸福、安全、成功的最好方式。他不得不堅定自己去對抗自己的人民和傳統；但他受到其他稅吏的尊重。耶穌的講道和個別召喚，轉化他去看他必須做什麼。他離開了他的工作並跟隨耶穌，看著祂行治癒。若望和我解釋了我們對耶穌和祂的使命的瞭解，並描述經歷過的事情。肋未慷慨地邀請耶穌和祂的夥伴們住進他的家裡，並邀請所有人參加隔天的感恩宴會。耶穌接受了。耶穌為什麼不要求門徒們像洗者若翰那樣禁食？因為祂是「新郎」……洗者若翰洞察到世界是耶穌的新娘，在祂的子民以色列當中期盼地等待祂，在大自然中服侍祂。耶穌與人和自然完全在一起，彷彿與他們訂婚或結婚。因著這種氛圍，我們期待著宴會。

9. *La Messe sur le Monde*，德日進著，光啟文化出版。

在肋未家的宴會（默想主題）。耶穌與罪人和邊緣人一起吃飯，而法利賽人則批評他。我聽祂講浪子、法利賽人和稅吏的比喻，宣講天主的慈悲等等。我愛那些人。我經常試圖與他們在一起（因著不那麼純粹的動機）。我注意到和欣賞耶穌對他們深度、純粹的愛，只在乎他們的救贖。

耶穌治癒了一個手枯萎的人，此舉激怒了法利賽人，他們開始反對祂。祂徹夜祈禱，然後揀選了祂的十二位門徒。

兩旗默想[10]（默想主題）。我似乎比以前更清楚地感覺到邪惡的巨大而陰險的力量，它如此微妙，肯定（有），引人注目，以至它似乎確實是一個聰明的存在！我可以看到撒旦在我生命中無處不在，永無止盡的活動，著實讓人害怕。我可以看到，在大多數人身上（當他們年輕時如此純真，充滿希望和理想）金錢如何逐漸地軟化他們；對權力和聲望的渴望進入並硬化他們；最終，他們成了自私的囚徒。我祈求，為了信仰、希望和愛，在貧窮、真理和自我捨棄中對基督更一心一意的承諾，將有助於對抗這些破壞性的邪惡詭計。在邪惡的力量中，我清楚地看到了大眾媒體，特別是電視的巨大催眠力量，以及它所經常灌輸的物質主義態度……特別有害，因為它們瞄準了人類的最低共同點：渴望在不付出任何努力的情況下被娛樂。這幫助我看到光啟社節目的價值：即使他們成功地維持了現狀，他們也在做一項服務。但是當然，為此，並沒有獎勵，只有批評我們沒有做更多。在光啟社真的有很多機會，在貧窮和貶抑中服侍基督。

為什麼撒旦陣營中有那麼多人揮舞著殺傷力強大的武器，諸如冷漠、壓迫等等……？而這麼少人願意真正履行基督的標準：完全地將自己交給聖神嗎？

10. 依納爵在《神操》告訴我們，惡神如何一步一步透過牠的旗幟來引誘我們：財富、尊榮、驕傲。相反的，基督透過祂的旗幟引導我們進入聖德和更快樂的生活：貧窮（自由）、謙遜與侮辱。

極少人真正克服了他們的自私，進而能完全向聖神開放（像是：德蕾莎修女，聖人們）。我如何能克服自己被瑣事、細節、次要的工作、感性所奴役？（我看出來，如果我對時間的使用，真的夠客觀，真的夠熱忱，我本可以做得更多）。唯有藉著在黑夜裡，向荒野中的基督走去……這樣的捨棄是一個（先決）條件。

關於許多無法捨棄自己於基督，從而讓自己彰顯出來的，他們固著在平庸、瑣事、感官或不重要但令人安慰的工作中，我突然為他們感到遺憾，並懷著敵意轉向萬惡的魔鬼。他們似乎真的被一股極強的、極邪惡和極聰明的力量蒙蔽雙眼與蠱惑。

三種人[11]（默想主題）。問瑪利亞、耶穌、天父：我應該如何處理自己：我的才能，人格特質等等？我應該做出什麼抉擇（選擇）？再一次，答案似乎是：在黑暗中，在沙漠中，在寂靜中和等待中，我將聽到我的召喚。靜默的祈禱。

納因的寡婦（默想主題）。耶穌讓寡婦的兒子起死回生，為祂的奇事又增添一筆：復生死者。仍然，他最神奇和最令人羨慕的力量是祂對所有人巨大、無限的開放和愛，並且一心關注他們的得救。

潔淨聖殿與三級謙遜[12]（默想主題）。耶穌必須向聖殿裡的買家和賣家顯示，對真理的激進追求會引發爭議。瑪利亞向我顯示了，我如何在工作中潔淨了聖殿，並遭到誤解與批評。雖然我要求賜予我更多誤解批評，但我請求是如此不帶感情，強烈感覺到自己的弱點。

耶穌平息風浪（默想主題）。在以播種者的比喻教導他們關於信德之後，門徒們和我很快發現，我們是只有淺層土壤的礫石地，在這地上面對試煉時，信德快速枯萎。使徒的

11. 依納爵《神操》指出，第一種人對什麼事都無感，第二種人堅持己見要天主配合我，第三種人「平心」隨從天主的旨意。

生活確實是危險的，滿布碎石的。不需在任何地方尋找，就在責任義務中的刺激和挑戰，以及成長和往真正成熟男性的機會之中。

附魔的人（默想主題）。在革辣撒，耶穌為一個附有好幾個魔鬼的人驅魔。我默觀這個驅魔事件，豬群溺水……感到這個人的瘋病或是被魔挾持，在某種程度上與革辣撒的封閉與自私有關。當我看到他們要求耶穌離開時，這個想法得到了證實。我抗議他們在乎他們的豬甚於一個人的靈魂；但是他們如此頑強，所以耶穌「甩掉祂鞋上的灰塵」。被治好的人既感恩耶穌，又迫切想離開這個自私的團體，但耶穌要求他留在那裡好作見證。當然，我很難過，原本希望他來和我們一起。當我們離開時，我安慰並鼓勵他。

在船上，我問耶穌，他能否讓我像洗者若翰一樣。（如此肯定天主的計劃和耶穌的偉大，「不配解開祂的涼鞋」）和瑪利亞，她歡欣踴躍，當耶穌說，「那些聽了天主的話並遵行的，就是我的母親和我的兄弟」……知道藉著這些條件，她是最有資格成為她的母親；而祂自己是與地球與人類結婚的「橋接者」。

我問祂是否可以給我這個恩寵，去徹底經驗我現在微弱的感受與相信。然後耶穌消失了，留下我孤獨一人在船上與我口中的祈求。而我知道這些方法便是恆心的靜默祈禱，這方式要求捨棄，而且必須以此優先於一切。我將學習更深的捨棄，也就是說我花園裡的雜草必須拔除。只有持續的祈禱才能給我這個答案，並引領我到我深深想去的地方。我不習慣在沒有光照和神慰的情況下堅持祈禱；我越來越覺得這就是兩旗默想，三個等級的人和三級謙遜在召喚我，並為我的選擇提出建言。

血漏的婦女和會堂長雅依洛的女兒（默想主題）。在巨大的痛苦和絕望中，這個婦女

---

12. 依納爵《神操》將謙遜分級，第一級謙遜：謙卑自己並服從天主。即使人們立我做世界的主宰，或為保存自己的性命，我也決不肯犯一個大罪。第二級謙遜：為得全世財物或為保全性命，就連一個小罪也不肯犯。並且如果可以相等地事奉天主並救靈魂，我不願意也不動心去追求財物勝過貧窮。第三級謙遜：假使為光榮天主，有同等的光榮，只是為更相似吾主，我選擇貧窮而捨棄財富，只是為和貧窮的耶穌在一起受窮。

穿過人群；她被推擠，跌倒，差點被踩死；但她找到了祂外袍的衣擺，突然間她的痛苦停止了；她感到一股新的力量。當耶穌問是誰摸了祂時，我們四處張望著。我們聽到還跌在地上的女人的啜泣聲。耶穌和我彎下腰轉向她，她述說了她的故事。

因著她的信仰、她的勇氣、良善和她對家庭的愛（對她的家人而言她曾是非故意造成的負擔），她已經被治癒了。我陪伴她回家，我對壓迫人的、自私的群眾感到惱怒。她催促我去求耶穌給我靈性上的「醫治」。我回到耶穌那兒。雅依洛的女兒死了，這延誤我歸咎於自私的群眾。耶穌溫和地斥責我。祂治癒了女孩。

派遣門徒們（默想主題）。我跟若望一起，教導人、以耶穌的名驅逐魔鬼。且，夜間在安靜中祈禱。

增餅和增魚（默想主題）。從「使徒工作」回來，並向耶穌報告。我的奇事不像祂的那般偉大，因為我的信德和奉獻度和祂的相比，弱多了。祂在船上向我們發言。祂向群眾宣講，並且增加了餅和魚的數量，雖然有人指出此舉並不是那麼必要；人們可以去附近的村落買食物。但是耶穌說「麵包」對祂來說有更大的意義，就如同食糧在沙漠中對以色列人有過的涵義。祂現在發送祂的「瑪納」。之後祂將再一次這樣做。現在還沒有人明白。

耶穌步行水面（默想主題）。在把門徒們送回船上之後，耶穌避開群眾去祈禱。在祈禱當中，耶穌發現祂的門徒們需要更進一步的試驗來加強他們的信德與對祂的信心；所以，海上的暴風雨第二次發生。他們（和我）這一次比較堅強了，但仍傾向於恐慌和失望。

當耶穌從水面上走過來時（創造的新郎，事物的本質），我們有一些人驚嚇到了。若望和我很興奮，被此景安慰。伯多祿狂喜激動，滿懷信心地把自己投入水中，這信心維持到一股巨浪浸透他，幾乎將他淹沒為止。他的信心動搖了。耶穌救了他，進到船上，平安瀰漫開來。我們的信德有微微增強一點。

伯多祿的告白以及耶穌顯聖容（默想主題）。門徒們感到困惑，一方面看見了如此的奇觀和能力，另一方面聽著耶穌教導關於十字架苦難的必要性，祂在耶路撒冷的死亡。祈求耶穌的弔詭性可以住在我內。

復活拉匝祿（默想主題）。默觀門徒們關於回到伯達尼的反應和它的危險；多默慷慨的答覆；瑪爾大、瑪利亞和耶穌的傷痛，之後凌駕死亡之上的勝利。

第三週

在伯達尼受傅油（默想主題）。瑪利亞[13]充滿愛的用香油塗抹了耶穌的腳；門徒們為越加凝重的死亡氣氛焦慮起來；猶達斯的挫折感增加，他做了他的致命選擇。

耶穌進入耶路撒冷（默想主題）。門徒們以一種慷慨的勇氣伴隨著耶穌，這勇氣在祂所有的跟隨者、耶路撒冷的人民以及最近看到他復活拉匝路的人中傳播開來。他們的熱情是如此之大，似乎沒有什麼能澆熄這股熱情，沒有什麼能阻止他們得勝。但我已經學習到，這種安慰是如此短暫。沒有任何事可以取代在痛苦、乾枯、試煉和空無之中，跟隨基督。這便是可以獲得真正深度和成熟度的地方……如果我將自己以合適的態度和條件沉浸

13. 教會認為這位也較瑪利亞的婦女名為瑪利亞瑪達肋納，有人主張她是拉匝祿跟瑪爾大的姊妹。

在其中。

耶穌洗門徒們的腳（默想主題）。默觀當耶穌為猶達斯、斐理伯、西滿、安德肋、雅各伯、若望、我自己等人洗腳時，祂的面部表情、情緒和不同的動作。有些人悲傷；有些人怨懟，失望，憂傷，而唯獨伯多祿是謙卑和愛。我在靜默中默想當祂洗我的腳時，祂祈禱我能夠在我的生命中做一樣的事，特別是為我的團體。

猶達斯的背叛（默想主題）。耶穌指出猶達斯就是那位將要背叛祂的人。我跟著猶達斯出去進入夜幕之中，並且試著勸說猶達斯改變想法，但是他很堅持，他要我跟他走，用金錢和享受的生活誘惑我，這與耶穌正在步上的死亡之路剛好相反。他無法聽曉永恆的生命的意義。一切都是現在。他可憐我們那些留在耶穌身邊的人（尤其是多默），認為我們是傻瓜。我憂傷地回到其他人那兒。

一條新命令（默想主題）。我默觀了基督，之後默觀做卒試的每一位，個別擁抱每一位，表達我對祂的愛。

一天三次，禪坐已經日益深刻，受到光照，免於干擾，宛如我的心靈是專注的，包裹在棉花當中，淨空與放鬆。我好高興。沒有淚水或哀傷去對應耶穌的受難。甘易逢神父說不要緊，不要強迫；無論如何，靜寂與深度更為重要。

我明瞭禪坐已經變成是我合適的默觀方式，而不只是一個序曲。我認同甘易逢神父所提及，更微妙地說禪的方法更深、維持更久、更加珍貴。

我發現我的默觀經常把我自己捲入到群眾，各個門徒、各種角色當中，我和他們說話、對話。顯然我的大眾傳媒背景、還有對電影、鏡頭角度和觀眾反應的興趣（更別提其他特殊的效果！）都幫助了我！不過把聲音和燈光切掉也好，讓我跟主要「演員」在靜默、漆黑與奧祕之中。而我將前來認識祂，在我內，更加深刻地。

耶穌告訴門徒們：「因我的名號不論你們求什麼，都會得到。」我以基督的名問天父，要成為真正的使徒，真的竭盡所能去做比耶穌所做「更大的事」，如同祂曾要求我們應該要如此；去把祂真的當作道路、真理、生命，一切受造的元首，在一切的一切，宇宙的「身體」，世界和所有生命力量，在我的聖盤上與在我的心裡；所有死亡的力量終結，這力量在我的聖爵[14]和我的心中遞減與漸漸更新。

「我在父內。你在我內，而我在你內。」默想耶穌向我們說的這些話；之後我感覺經驗到祂在我內的臨在，特別地強烈。我最近的皈依，淨心，真的讓我更加與基督和天父以一種新的、出乎意料外的方式，緊密地聯合在一起。我必須持續這樣的淨化，同時讓所有的門為祂敞開。

我懇求「淨心」，關於受苦和特別關於我的工作。德日進神父全神專注於他的工作，工作為他而言就像祈禱一樣。我真的也能如此嗎？

感恩祭（默想主題）。耶穌給我祂的體、血，讓我成為祂的一部分，成為祂的司祭。祂對其他的宗徒以及若望也做了一樣的事，若望在神魂超拔中了解到祂是「萬物中的首生者」，宇宙的始源、終點和內容。祂決意將祂所見所聞和所碰觸到的東西傳遍世界。至於我自己，我很感動也很願意，但還是如此膽怯和意識到我的弱點和缺點。

我求耶穌進攻我，將我肉體和心神的頑強障礙踐踏於地；使我真的與祂成為一體，成為祂和天父的延伸；一個真實、專心一意的、心地潔淨、熱忱的司祭，渴望所有人都能夠

14. 聖盤是在彌撒聖祭時用來盛裝麵餅，在祝聖後成為耶穌的聖體。聖爵則是盛裝葡萄酒，在祝聖後成為耶穌的聖血。

透過耶穌基督而經驗到救恩。

我感覺需要多對感恩祭做默想，因為它如此緊密與我的神職生活相關，如此容易被埋沒在我的光啟社工作裡。

再一次，基督給我麵包和酒（祂自身），告訴我去重複祂的行動來紀念祂。重要的是我充分了解自己，在我眼前清楚地設定務實的目標。我希望去做「更多」，在我能力範圍內盡可能的多，為了祂的王國；不過，實際是，我在道德和聰明才智方面，受到我的背景、我的現況、我的人格特質、我的天賦的限制，所以我只能做這麼多。

我希望將修會交付給我的任何事放在第一位，並且儘可能地做到完美。我感覺除此之外的事，都將會透過天主的「旨意」而發生。而耶穌會首先期望我成為一位神聖的司祭，一位熱心的使徒……這些我尚未開始做好。願祂來到我這兒，帶我更靠近我的根源，讓我「徹底」成為祂的司祭，祂的使徒，隨時隨地都是祂聖言的聆聽者與實踐者。其他都是次要的。其他一切都會隨之而來。我必須成為祂的體和血。

預告伯多祿的否認（默想主題）。很容易了解伯多祿的自信。他在尚未完全了解自己的時候，說了充滿自我奉獻與熱忱的話。這熱情在恐懼的面前消逝的如此之快，事情的意外轉折、身體上的疲累或情緒上的沮喪。不管「淡旺季」，我必須學習「觀看和祈禱」，不管處在哪些狀況或是結果。

默想德日進神父的《在世界祭台上的彌撒》的某些段落，給我留下深刻印象。祈禱一個深刻的、宇宙性基督的內在經驗；因此這個經驗影響了我的感恩祭。

山園裡的痛苦（默想主題）。耶穌在和伯多祿、雅各伯、若望和我一起進入山園之前，深情的向其他的門徒們道別。我們都充滿了好的意向，但隨著時間的推移，我們對耶穌的困境失去了同理心和熱火，而睡著了。耶穌溫和地責備我，提醒我，從現在開始，我必須答應看顧祂，與祂一起祈禱，不管有沒有神慰。我祈求一個恩寵：無論要花多長時間等待，讓我耐心地為了深刻經驗到基督和聖父。

當我試著去經驗基督的「幾乎要粉碎祂的巨大憂傷」時，我幾乎感覺不到任何情感（感應）。我用客觀的冷漠（態度）想到自己生活中的危機和分離。最後，我只是專注於耶穌基督，並高興祂選擇我來守望祂，與祂一起祈禱；沒有淚水、焦慮、熱火等的神慰。這些，我自由的獻上。我知道祂要求的是我的靜默，十足的順服與忠實，此時彼時都在純粹的祈禱與等待中。這是我的抉擇。唯有如此，我才能證明我對祂的忠實，我對祂的愛。唯有藉這安靜祈禱的習慣，我才能進步成一位扎根於天父的使徒。

耶穌被捕（默想主題）。特別注意到伯多祿的反應。他是一個很純樸的人。他只知道「戰鬥」或「逃跑」。他的原意是要去捍衛耶穌，而他被駁回了。他還不知道關於被動抵抗，默觀者的無聲自我犧牲的革命。（他在蠻久之後才知道這一點。）他單純的不知道該怎麼辦，為他和其他門徒來說，安靜地坐著讓他自己被帶走是不可能的。我在祈禱中也是這樣；如果我不能走自己的路（勝利），我會從那兒跑掉，無法承受被反對、擊敗和被「迫害」的感覺。我必須學習放棄自己，溫和地、信任地，進入全能者的手裡，在祈禱中，還有我生活的所其他層面裡。如此我將是自由的。

伯多祿的否認（默想主題）。當耶穌在裡面受審和污辱時，伯多祿在大司祭的庭院裡否認了耶穌。我默觀伯多祿和若望的愛和關切。他們不被允許去為耶穌戰鬥，但是他們也無法離開耶穌，他們從一個安全的距離觀望祂的審判結果。我同他們一起觀看。

基督在大司祭面前（默想主題）。感覺到被呼喚來從頭到尾安靜的默想，經驗到好的結果。有一篇關於靜默——歸心祈禱的文章，作者給出四條幫助人進入靜默祈禱的規則，這四個規則作者認為大多數的修道人是準備好的。（1）坐直且放鬆；（2）閉上眼睛；（3）重複禱詞，經常返回禱詞；（4）使用呼格禱詞來表示闖入的思緒和圖像。

基督在蓋法面前（默想主題）。基督在這些屈辱的景況中的尊嚴對比著伯多祿的困惑，真的是無法在這個舞台上，交出祂自己到這種不光彩的對待方式；祂本來可以接受一場戰鬥或慘烈死亡，而不是出於愛而被動抵抗的更難的一條道路。感覺漸漸增強的推動朝向靜默的祈禱。

基督被判死罪（默想主題）。離開蓋法府，我看到伯多祿可憐的反應；他才剛剛發誓他不認識耶穌（耶穌看了他一眼之後，他痛哭起來）；若望和我自己的可憐是，做了一些無用的嘗試安慰耶穌，卻得到打擊的回報。（但明白耶穌的道路是「愛你的敵人」，並設法對抗我們的自然傾向）；還有猶大的悔恨和絕望的反應。我無法阻止他自殺。耶穌仍然愛著他。

鞭笞（默想主題）。我平靜地靠在柱子上，帶著些許感情，而有很大的整合、渴望和平安來接受打擊的一部分……並感到一種特權分享那些必須的、救贖的、淨化的鞭打、這樣的貶抑對耶穌也是必要的。

戴上刺冠（默想主題）。我試著安靜的在耶穌的悲傷中和祂在一起，給祂一杯水，接受無特殊冤仇的士兵的毆打。……明白必須以此方式：「人子必須受苦且死去……」，我也必須如此，如果我和我四周的人想要成聖的話。我想到幾年來天主在我身上成就的改變，我對抗邪惡的新力量，祂為我的意義。

基督在比拉多面前（默想主題）。當耶穌將遭受暴刑時，我想和祂分擔，安慰他。我問我能做什麼來安慰祂。祂說：「注視我，觀察我如何行動，我做什麼……而後跟著我，做我所做的，要相似我……。」

背負十字架與被釘（默想主題）。我陪伴耶穌、協助祂從牢房出來，我幫祂背十字架，遇到耶路撒冷的婦女們（心碎，絕望），還有祂的母親（勇敢，鼓舞）。遇到祂的母親，耶穌收到很大的安慰（也有痛苦），因為她知道祂的使命（很少人有此能力）。

當祂被釘在十字架上時，我充滿恐懼，對正在發生的糟透的事感到反感，也對我完全無能為力為祂做什麼感到沮喪，耶穌，一直以來是我最親密的朋友，最偉大的英雄，……特別是最近的幾個星期，且（將）是我的一生的……。

當在十字架旁守護時，耶穌給我看我有多少次如何分擔祂的十字架，還有祂多麼感激我這樣做……，特別是我擔任司鐸的這三年。但是和耶穌不同，我喝的卻是讓我處於虛幻的「廉價酒」，為了不感受到痛苦。所以我逃過很多痛苦。我下決心在未來去接受天父給我的不管是什麼樣的十字架，我也說有耶穌、聖母瑪利亞（還有德日進神父、大德蘭、十字若望、甘地、德雷莎姆姆、以及諸聖），祢的旨意一定能夠實現。即使是最重的、最可惡的、最令人討厭的十字架，

而我想去用澄淨、沒有受到麻醉的心靈和身體去感受十字架的痛苦。我要帶著這個痛苦在我內往下越來越深，完整的體驗它，直到它抵達我生命的根源，我存在的平台，耶穌

基督，這位「首生者」，與祂十字架上的痛苦連為一體。如此，我將被聖化。

十字架上的耶穌（默想主題）。默想我對痛苦的態度。德日進神父對戰爭的觀點，讓我印象深刻：「文明國家在一場無情的搏鬥中相互糾纏，他們正在違抗著偉大的生命洪流前進，而他早已預見此乃朝向人類種族統一的無法抵擋的進步。」（出自《思想家的誕生——軍人神父書簡》（*The Making of a Mind*）他以旁觀者的冷靜看著它，看到它的「必要性」，很可能就像基督接受自己的死亡一樣。這種熱情的冷靜，只能來自於一個已深刻「歸心」的人。就是現在，這是為我最重要的事情。

基督的死（默想主題）。綜觀耶穌的最後話語，祂的死亡，不尋常的自然現象，從十字架上下來，我的聖母的態度讓我印象最深，深沉的痛苦，但同時為她兒子所成就的事無比自豪；她看到事情是如何走到這一步的。她堅定地相信苦難和失敗是無止無歇的聖化，而天主的旨意必須在我們的生活中是至上的主宰。

我祈求能受聖母的態度所感染：（1）在最深的痛苦、失敗和危機當中，保持「歸心」的態度。（2）去完全接受並深度承擔在我身上所有過去、現在、未來、大的小的、身體的、社會的、心理的十字架，並且讓基督在我內重新設計這些十字架，透過他們來聖化我，提供給我和這個世界有新的救恩能量、力量的積存。

埋葬耶穌（默想主題）。感受到被奪去了基督的痛苦孤獨，祂是我過去幾週的同伴。感謝阿黎瑪特雅的若瑟，他的慷慨幫忙。聖母瑪利亞、若望和我去若望的家過夜。

第四週

耶穌顯現給瑪利亞（默想主題）。安靜地默觀耶穌在若望的家裡顯現給瑪利亞（和我自己）。她的喜樂大過她的驚奇。

耶穌顯現給瑪利・德蓮（默想主題）。瑪利・德蓮告訴耶穌的門徒們（耶穌的兄弟們），祂將在加里肋亞看他們。我回顧之前從基督缺席，我所經驗到的可怕痛苦與安慰。現在祂已經復起，而我被治癒了、拯救了、充滿聖神，我知道我不會再一次被迫與祂分離。祂住在我的存在深處。

基督顯現給門徒們（默想主題）。我們全都感到羞愧而且感覺我們自己不配再繼續當他的門徒。當祂需要我們的時刻，我們全都以各種方式讓祂落敗（辜負祂）。但是祂說祂了解我們，我們的軟弱，並且教導我們要寬恕、去愛敵人等等。然後他給我們赦罪的權柄，將人從罪的影響中釋放出來（恐懼、怨恨、挫折感和罪惡感），藉著愛他們，如同祂愛過我們（整體的，個別的服務的愛，這是使徒性的愛，對所有朋友以及敵人）。

我們辯稱我們是軟弱的。耶穌告訴我們要如同瑪利亞（現在出場了）在信德中所做的答覆：「願爾旨承行」，還有在望德中、愛德中（如同耶穌在山園裡做的）。而祂將遣發聖神來幫助我們。我只需要讓在我內的聖神解放；容許祂經由我衝出去完成救贖。接受！

基督顯現給多默（默想主題）。持續地，和多默，我低語呼喚「主」。在禪坐的最後五分鐘，我更深的經驗到基督在我內的示現。我可以開始用「主」當成一個祈禱的短誦。

基督在海岸邊顯現（默想主題）。到戶外去默觀這個欣喜的景象……在若望的記述中充滿著象徵意義。正如漁網象徵著他們要成為使徒的呼召，現在再見而宣告他們的任務（「餵養我的羊」）。如同之前耶穌為群眾增加了餅和魚的數量，為了那些祂憐憫的人，（「像沒有牧人的羊」），祂現在準備麵包和魚給門徒們，為準備以祂的名派遣他們往外地去。若望非常歡欣當他看到這些圖像全部一起出來；以復起的首生者的位格，以世界的光和救恩的水，以生命的餅和酒。伯多祿不禁想問，為什麼耶穌要他「跟隨」祂，而不是若望，若望一向更有信德且似乎與耶穌更親近。這是個我們永遠無法知道的奧祕，但必須充滿信心地接受。

一切都是虛空，除了天主對我的旨意。我將我自己跟我的未來完全拋進祂的手裡，很高興跟著貧困、默默無聞、謙遜和「短暫的」成就。耶穌一定給了伯多祿新的力量和鼓舞（一個新的邀請）因為，之後就在《宗徒大事錄》的起始處，祂已經開始帶領新誕生的教會。

我也被耶穌對伯多祿說的話所打動：「當你老的時候，你將伸出手來，有人要綁住它，帶你往你不願意去的地方去。」我願意交出我自己去受這樣的束縛。

耶穌在往厄瑪烏的路上顯現（默想主題）。在向兩位哀傷的門徒解釋經文時，耶穌強調「默西亞必須受苦」並死去。我感覺彷彿失去了我以往曾有的，對痛苦的救贖價值的真正信服與信仰。我更怕它了。我必須在所有的形式上把我自己交給痛苦：身體的、社會的、心理的、靈性的……各類的失敗和狀態，即使是那些（如德日進神父在戰爭中所見）泯滅人格的，之後我才能看待我的生命僅是更大的生命洪流中的一個元素（小且無足輕重，但是無可取代），它（我的生命）就是如此。我必須反對心理的機制和合理的逃避，而對每個十字架「伸出我的雙手」，在我內深處接受它。

而後耶穌顯現給我，要求我「伸出我的雙手」，這樣祂能夠綁住它們並帶我往我不想去的地方，但只有在那裏我可以找到讓我被聖化的境遇。我必須每天返回我的力量泉源，為了接受這些十字架。

耶穌升天（默想主題）。我聽到祂的話語，「往各地方的所有民族去，並使他們成為我的門徒。」這是祂給我的命令……這些話是當我還是個高中生時，祂在我心裡說的。如果在當時我還認識祂不深時，祂曾這麼清楚地對我說過，那麼現在我已經如此接近祂，很肯定地，祂一定會更清楚的、更常跟我這樣說。

他並且說：「你將在耶路撒冷、整個猶大和撒瑪黎雅、一直到地極，為我做見證。」我慢慢地用口唸出來《若望福音》的幾個章節，注意耶穌如何描述祂自己：父為我作證、活水、真葡萄樹、好牧人、世界的光……等等，看到這些象徵在感恩祭的禮儀當中——每天都在我眼前，而我卻經常對它們視而不見。我很想純粹從這些聖言、水、酒、麵餅、光的段落，編撰一個聖言的禮儀，反正祭台已經裝飾妥當。《若望福音》看起來是如此美麗和連貫，我想把它整個吞下。最後，我看到基督對我說話，帶著微笑、溫暖、活力四射，祂說：「向你去的每個地方、每一位你周遭的人教導這些事。」我祈禱，希望我真的可以藉著大眾媒體來做這件事。

聖保祿說：「誰可以將基督的愛與我們分開？」我默觀耶穌對伯多祿的道別，祂給了他信心、鼓勵、準則，來指引他如何領導教會。伯多祿對自己的信心已經破滅了，但耶穌告訴他，他必須只依靠望德，而聖神會來在他這位被揀選者內工作（「但如果我們只看我們希望的，那就不是真正的望德」）。

之後祂深情地向聖母瑪利亞、若望、我自己、其他人說再見……吩咐我們去幫助伯多祿直到聖神來。祂走上山丘而後消失。所有的人回到他們在耶路撒冷的家，懷著希望和喜悅歌唱著。但願我也懷有這個希望。

聖神降臨（默想主題）。門徒團體如今在伯多祿不穩定的領導能力所帶領下（在若望、聖母瑪利亞等人的希望和鼓勵中維持著），在他們聚在一起向耶穌祈求力量和勇氣之後，突然間，發生了這樣的事：伯多祿和其他人剎那間被開啟明悟。他們知道了耶穌說的「天主的神臨在我身上……，祂派遣了我……」意指為何。頃刻間，所有的經文都顯得清晰而連貫，且無比珍貴。伯多祿跑到外面，其他人跟著他；他開始經驗經文和耶穌生平的事件。群眾聚集起來，若望、瑪竇、多默還有其他人一個個根據他們所見的基督獨特異象做見證。之後洗禮和基督徒團體開始了……一直到今天。

想到要離開伯多祿、若望、聖母瑪利亞和其他人，我哭了。似乎這三十天美麗的避靜現在要走向結束了；現在我必須再次醒來面對殘酷的現實。但是它（避靜）還尚未完全走到盡頭。我自這三十天當中所看到跟所活出的，只是一個開始。我向他們每一位祈禱（還有聖若瑟、德日進神父、大德蘭），請他們讓我成為一位真正充滿熱忱、忠於承諾的、單純的門徒。我必須每天重返在我內的「生命源泉」，並且時時刻刻看到在我前面的主。

「祢已經向我顯示通往生命的小徑，而藉著祢的臨在，祢將使我充滿喜悅。」

為獲得愛情的默觀（默想主題）。經驗到天主活在一切裡面，從我心靈深處看見，在那裡我可以真的與令人難以置信的豐富的單音符，產生共振。

光，使視覺成為可能，凳子堅固的木材支撐著我，衣物讓我禦寒，（一切都是祂的身體），維持我的生命，分分秒秒，年復一年。祂是在物質最震撼力量的深處。正如德日進神父所寫下的：

「願你受祝福，粗糙的物質、貧瘠的土壤、堅硬的岩石：你只屈服於暴力之下，你迫使我們工作，若我們想要吃東西……危險的物質、殘暴的海、無法馴服的熱情：要不是我們馴服你，就是我們被你們吞噬……若不是你把我們連根拔起，我們會一輩子保持惰性、停滯不前、長不大、不認識自己也不認識天主。你暴打我們然後為我們包紮傷口，你來看我們且向我屈服，你們工作並建築，你們把人上銬又鬆開枷鎖，我們靈魂的元氣、上主之手、耶穌的肉身：是你，物質，我祝福你。」

（出自*Hymn of the Universe*, p.68-69）

我的心在感恩祭中奉獻和舉揚耶穌體、血的時刻的神祕跳動，在我進耶穌會之前，我經常感覺這可能是比我所了解的更加堅實的祈禱形式。後來，我想我自己是多愁善感，現在我看到我整個存在振動著，與一共鳴，祂是我的生命與一切生命的源泉。在這些日子裡我雖不完整、受傷、但更加完全地向天主給我的任何救援開放，我雖無法明白其方式，但是我可以很深的經驗到。

我默想我的個人特質。我感到我過去最大、最深深欠缺的天賦是在競技運動方面的能力很差，主要是在球類運動方面。換句話說，這個弱點迫使我透過發展其他肢體的、智力的、社交的和藝術技能來彌補。這個傷口或是落差，讓我保持謙虛，渴望取悅和同情其他人。缺憾反倒成了很大的祝福，為此我感謝天主。

其次，我父親的死對我的情感影響最大，也是許多令我感到羞愧的罪、弱點、找不著彌補方法的根源。然而，正是這一個我生命中的事件，藉著最直接的經驗到「物質是會死亡的」，這件事最引我去探索天主。（「你有一天會進行在我們內溶解的程序，將因此強制性的帶領我們進入存有的核心。」（*Hymn of the Universe*, p.69）為了獲得可以滿足的愛，我必須通過並超越每個人類愛而到達絕對者。這一直是我聖召的心理媒介；我為這個巨大的祝福感謝天主。

「生活是基督……我把其他全都當垃圾」我感到很大的更新，更能夠應對生活的變遷，抛下我自己轉向祂的旨意，宣告現在受苦的救贖效果。過去的幾年，我在這些事上一直這麼軟弱。

默想德日進神父所稱世界的「三重」努力：（1）主宰現實（科學、技術……）；（2）導向於社會組織（政治，教育、傳播……）；（3）克服痛苦（心理學、醫學、宗教……）。這是需要被聖化的生活——營養液，那超級適應良好的，必須餵養天主的國使之成長。

在這些努力中，巴理西神父主要首先談到的是關於救恩（從恐懼、怨懟、挫折和罪惡感中解放出來），這些是我們透過牧靈工作和牧靈輔導所做的。但我需要透過福音來省察世界的後兩種努力，因為大眾媒體是一種控制現實的努力（方式）：比如，重新組織物質，使它以更好的方式為人類服務。（將音樂、藝術、文化、智慧、高貴和聖潔的個性帶進每個人的客廳，是一件很棒的事情）；通過公共資訊、教育節目、價值觀的本土化，像是正義、和平、愛……甚至是信仰和大眾評論等等，朝向社會組織——改變靈魂的質地（人類意識的領域）。

我需要保持清醒的頭腦和清楚的目標以免被第一種努力所主宰。並且不要從第二個努力忽視或妥協自己，而對第三種努力維持健康的與平衡的參與。

成熟會帶來更好的平衡；但我不能等到「成熟」。我必須跟這個固有的、在這個世界跟我自己的三重努力（方式）的張力搏鬥…並且征服它，藉著依靠與從我內汲出的基督的生命與力量。

第二部

一九七七－二〇一七

我向你要求，

對人要有比以往有更多的愛、和善、耐心和理解。

這將比你的平常工作更重要。

這將是你主要的使命。

一九九九年避靜

3

我想念祂

一九七八年八月七－十三日，台灣淡水

在一九七七年，當時的光啟社社長單國璽神父（後被擢升樞機）派傑瑞到世界各地去，為光啟社的新大樓工程背負募款的使命，並告訴他（開玩笑地）在募到一百萬之前不要回來。在歐洲跟美國繞行八個月後，傑瑞帶著款項回到他的使命工作。在漫長的募款之旅中，他感到思念，不僅是對台灣也對和基督深刻相遇這件事。「我明白到我非常想祂」，他在這次的避靜中寫道：「我為了以這個方式和祂再度相遇已經等了好久。」

第一天

今天早上我念我的中文日課，做瑜珈，打禪和在小聖堂默想。我對我自己感到一種平安，並感覺我自己從有著身體上的勞苦、情緒的起起落落、孤獨和恐懼、成功和失望這樣的活躍和挑戰的一年中，「減速」下來。

我感覺基督送我出去到一個未知的荒野裡的使命，為了測試我，讓我鍛鍊一下。這個經驗滿足了我內在的一點東西；它幫助我成熟並給了我自信的感覺，它讓我了解到我有多麼愛中國和華人；它讓我對我的聖召有更多愛。

現在更強烈的渴望變得更有華人的樣子，像是使用中文日課，聖經，等等。並且這個渴望帶給我比以往更多的快樂。為這個恩寵非常地感謝。這裡的環境和風景之美麗以及有時間來這裏放鬆的喜悅，都讓我感到平安。感謝天主帶領我過去的一年沒有太多的災難，而還有很多的成長。我感到更多的自信並且對於未來感到樂觀，也就是說承受任何可能遇到的考驗的能力（例如行政工作，等等）。去年我已經成長了，並且沒有失去任何一分我對傳教聖召的愛；相反地，還有所增加。

第二天

我比以前更加感到自然的平安、喜樂、自信、成功與樂觀。我比較不那麼怕司鐸牧靈工作、行政工作、人際關係的失敗。我在這幾方面經驗到足夠的成功。但是最近我覺得有一個領域我弱化了：我跟天主的往來。結果，我在講道或是跟人對話時，有時候不太有洞見或是實質內容提供給人。或許在過去的一年裡，我沒有花足夠的時間來祈禱、靈修閱讀、感恩祭跟誦念日課。在某些時候，我變得被新的、讓人興奮的環境所「過度刺激」，而渴望充分利用這些機會也造成我犧牲了我在祈禱中安靜消化這些事，以及和天主的對話……或者就推遲了它。我這樣做是對還是錯？我尚不知道。它是分辨過、自然選擇還是直覺？

兩個靈修經驗在我的旅程中特別突出：（1）在歐洲，當討論和祈禱下一站我該去哪兒時，我感覺到天主在帶領我。（2）在美國，在我傍晚舉行感恩祭時，天主在我困惑與孤獨的時刻，支持我、領導我。

我默想我過去的生活軌跡，天主如何帶領了我，我與基督的關係的不同類比，從超級使徒到隱沒的木匠，到成功的木匠，到為了從我內心深處的寧靜、無限的水池中湧出我生活與力量的泉源，我「在曠野中等待」。

過去的八個月旅程是一個祂幫我解的謎。我在羅馬相當成功地維持了我的祈禱生活（瘋狂的十五個拜訪行程），在英格蘭，紐約（精疲力盡與文化衝擊的一週時間），威明頓（讓人失望），華盛頓（匆促），密爾沃基（匆促），還有聖地牙哥（更多文化衝擊，情緒緊張等等……）

在那之後，我再也沒有真正恢復過來，但是我改變了我的步調，變得比較放鬆點。找到我的路，會見人，在這個新文化裡了解自己，見老朋友，變戲法般的因應要求和責任；這一切構成的壓力讓我迷失方向。感恩祭讓我稍微讓我有個中心點，還有親近的朋友也是。天主就是不讓我垮掉。回顧起來，我看到我真的只有浪費非常少的時間。

而天主告訴我，祂不僅是派遣我去籌錢，也要我去服務親戚朋友：去治癒和重建關係。這給我（希望對他們也是）一種過去曾經是夢般的關係，有了「完成」和寫實的感覺。祂為我準備了一場宴席，並且在過去八個月的旅程中成就了許多事。我現在清楚地了解我真的多麼希望這一切都結束了。我希望我絕不需要再一次旅行這麼久的時間。

祂也教了我許多事，比如說（1）當拜訪人時，談論我自己和自己的經驗並不重要；只要試著讓他們感覺他們非常重要！（特別是老朋友。）（2）我還不知道如何參訪一些地方；在附近慢跑蠻好的，參觀博物館和看戲劇表演也不錯，或只是在街上走走逛逛。地點本身是空泛的，除非和朋友一起去享受，或者除非它們給你留下一些教育經驗。但是在耶穌會的休閒室裡晃晃是有用的，也是有支持的。

第三天

在旅行途中，我的親密的情感需求顯露出來，受到美國更開放的社會和親友更開放的情感表達的調劑。我確實發展出了一種極端的嚮往（渴望），想去見親戚和老朋友，或是我感覺到彼此喜歡的朋友們。我記得我見到他們時的喜悅之情。這些衝動很強烈，但我想這不是強迫症或失序的。我想他們很健康並幫助、支持了我。我覺得它們是好的且有價值的關係，值得持續和耕耘。他們是我的「本堂」，我的世界「團體」，我的「海外服侍」；他們是我傳教使徒工作的一部分。

偶爾在我的旅程中（在羅馬，紐約或許包括華盛頓），我變得有點「貪婪」，想越看越多。我有時對於在夜間、周六和主日做這些事，感到罪惡感：去看戲劇演出、看電影或參觀地方。在省察時，我不覺得我常走到極端。我所看的都是對我的工作和成熟度有價值的、有益的，有幫助的。這是祂為我準備的盛宴的一部份：一場華人式的宴席，無止盡的上菜，遠超過一個人所能享用和消化的，而讓我有過度飲食的感覺。

但也有一些時刻，我失去某種程度的「平心」，還有與天主的往來，及更敏銳的感知我所見之一切的內在本質或終極意義和價值。因此，在救恩史的脈絡裡，我有了更深地的認識和感恩。我會有更好的情緒平衡，我會更有耐心，自我接納和少一點焦慮。在使用時間和我的精力上，我會做更好的選擇。

但我沒有罪惡感。這是一個學習經驗，我第一次有這樣子的經驗。如果我省察這個經驗並且從中學習，在將來改善，我將會獲益很多。

我現在感覺在一種如聖女大德蘭描述的相同的狀態：「主動的寧靜祈禱」，就像水藉由「機器」從井裡汲出，而意志固著在天主上。（在這幾個月裡，尋求或以祂的旨意作為我的最終目標，這我從未動搖過；這是絕對的（準則），我從來沒有想過要質疑。）當「記憶和理智」無法安定，我正尋求同樣的平靜時，我的思想、注意力和膚淺的感情卻偏向其他對象。需要花點力氣、還有氛圍或是環境，將它們勾在「機器」上，按我的意願把它們統合起來。我有段時間有這種感覺，而這也是為什麼我需要一個避靜。

我發現藉著書寫，我能夠將我的注意力更清楚地、更好的，專注在進入避靜／祈禱的氣氛中。我感到祂要我去消化去年的所有經驗，去找到它們的意義，去整合它們。

在我的默想中，我看到基督像一位在馬上的騎士往我而來（喜悅的、熱情的且堅強的），帶我穿過一條別有一番美麗的通路。我們在野外的一處水泉處停下來，並擁抱。當我跳下那個水池的時候，祂像是融進了我內一般；水池象徵著我最深的自我，我生命的泉源。我正返回、朝向祂，又一次進入到最深的自我。祂告訴我，在我那趟出差時時刻刻，祂都跟我在一起，即使因我在深處，我碰觸不到祂；祂藉著親戚朋友的擁抱以及別人對我顯示的善意和慷慨，表達了祂對我的愛和感情。但是現在我必須再一次在深處尋覓祂。

我感到基督告訴我：去打開聖經，再一次和祂一起重溫祂的故事。我已經很久沒有去那裏了。匝加利亞和依撒伯爾，佳播天使和聖母瑪利亞，他們都顯得這麼栩栩如生、這麼靠近、這麼可愛。在若望福音中，天主召叫我成為如同達味、梅瑟、耶肋米亞、厄里叟跟其他先知一般，祂正幫我準備一位夥伴：耶穌是我的模範和帶領者。若望去到猶太人之中，我則是往華人中走，這是個很光榮的追求、一個冒險、一個不可能的夢、一顆無法到達的星辰；但跟耶穌一起，在天主的旨意內，它成為可能且要實現。我感到如此的內在喜悅，而每個犧牲只像是微不足道的。

第四天

似乎對我而言，世界上的人大致上可以分成三類：

（1）有些人主要是靠本能生活，沒有反思能力，不完全了解或是明白他們正在做什麼，而是靠本能、衝動和習慣的力量生活，像是許多工人、士兵等等。

（2）有些人過著不反思的生活，他們知道自己有什麼能力，想要完成什麼事；他們計劃並充分了解到他們的行為的後果，例如商務人士等。但他們沒有反思他們為何要做他們所做的事。他們賺錢，過著舒適的生活，並繼續為得到更多而工作。為什麼？為了他們自己和他們的家人。為什麼？為滿足和本能。

（3）過反思生活的人，他們知道自己在做什麼以及為什麼做，即他們行為的終極後果。

宗教要對這些人說什麼呢？

第1組：需要一張要背下來的「做與不做」的清單；他們需要制裁和監督；法律和規則（像是孩子；因為像孩子，他們是最可愛和最單純的）。宗教或許應該給社會這項任務：集中精神去幫助他們明白自己是可愛的、被愛的和被拯救的。

第2組：出於自身因素、為自己和家人而行動。如果他們是虔誠熱心的，他們會供給他們的家人（所需）、禮敬神靈和祖先，為了希望確保他們有好的身後。因為福音派團體也呼籲個人得救，現世的健康和未來的幸福，是在這個群組中（福傳）最成功的。

第3組：超越純粹的自身利益，為社會和所有人的好處而行。宗教對他們來說是一個見證；一個好人，獻身的人的態度和行動可以帶來許多善行的連鎖反應。滿足感來自於竭盡全力參與救恩史，一點一點地建設一個更美好的世界，有更多的正義、溫暖、關懷、減少別人手中的痛苦。這就是基督召喚我們去完成的任務和冒險……具有超越的目標和使命。為此，我們必須克服我們的狹隘和自私，而思考我們自己是一個大家庭中的一個小而重要的成員。

第五天

我想到一件事，如果我不是一位耶穌會士，我肯定會結婚，撫養一個家庭，而且會很快樂的在一些國際組織工作（聯合國，商業機構的海外部門，大使館），在藝術領域（廣播、電視）或在政府的商業單位或是用到公關能力的地方。我比以往任何時候都更覺得我可以在外面感到快樂和滿足。我最近的差旅某方面來說讓我看到這一點。那麼，我為什麼留下來？

我過去幾年的興趣、進步、成長、成功似乎都在說明我在對的地方，沒有被召喚去改變生活方式。

我仍然覺得被基督召喚要跟隨祂，不僅是在外在的有意義的服務上，還有在內在的完美（成全）方面。修道生活，如果運作的好，並且如果我們適合這樣的生活方式，它仍然是靈性成長的最佳處境。

我仍然被為另一個民族、另一種文化服務的理想所攫取。

即使我已經開始愛台灣和華人（在這裡與他們一起工作，幾乎感覺不到有什麼犧牲），事實上，我發現比在美國可能有更多的美麗、滿足、挑戰和豐富，甚至，我認為我還找到了我聖召的更深意義：傳播這個好消息給華人；就是藉著他們的傳統、個性和道德準則，講述他們被救了，是可以被愛的，且被愛了；我可以凸顯或指出基督已經在那些當中的幾個面向，並希望幫助東方和西方更加接近一點。利瑪竇、湯若望、郎世寧和其他耶穌會士和他們一起，已經越來越成為我的榜樣和英雄。

我默觀耶穌祂在曠野中的默想時，收到祂的召喚。我走向祂，和祂一起默想。祂告訴我：當我尚未完全到達我的目標的時候，祂是我必須一直努力朝向的典範。

我感覺到有一個需求更大、正在增長，那就是把自己奉獻給「我們的女士」（聖母）。休姆樞機說：當我們年紀增長後，獨身引起的情感和性問題越來越輕微，但是卻在更深或更微妙的層次有更多痛苦。我們感到更強烈的需要想跟一位「陰性的你」有相互給予的經驗，去擁有她或是被她擁有。將自己奉獻給聖母能夠滿全和控制這個獨身的面向。

我確實感到對一些女士有強烈且深刻的愛意，我也知道她們對我很有感覺。不能向她們表達，怕傷害了她們，這是件很痛苦的事。這是我的祭獻。這是我要光榮地成為基督旗手而慷慨作出的犧牲之一。

我有一個缺點，或許是一個很基本的「迷失方向」，討厭錯過豐富、充實的經歷——婚姻關係，撫養孩子，與一個女人有浪漫關係，這一類都是我很想抓住的經驗。我不能壓抑和否認事實（因為我有此傾向），這是一個「犧牲」，是一個對美麗、豐富、充實經驗的「錯失」。我應該培養一種態度，就是喜悅地、優雅而有意識地去「錯失」它們。

我感受到有一個斷裂處，在我的上次避靜和這次避靜之間有個很大的空隙。我應該要找一段時間和一個地方做避靜。即使我必須為了一兩個約會或一些聯絡事項而中斷，我想都比拖的這麼久來的好。如果已經那樣做，就會讓我頭腦清楚，工作上更有效率。我之所以沒有那樣做的部分原因是，焦急著去完成我手邊的事，另一部分原因是那個「貪心」，想看到和體驗一切；討厭錯失，無法把速度慢下來。都是後見之明。我可以從此經驗學習。我大聲朗讀了《路加福音》中關於基督的公開生活那幾章，從第四章開始，越來越感到被觸動。突然間，這樣的念頭出來：是什麼因素讓我深困在此，我為何做這個避靜。當所有關於我的生命（外在的和內在心理方面）都比以往來的更好的時候，我還是不可否認我真的已經有好長一段時間沒有很深的跟基督相遇。當我細讀《路加福音》時，我明白到我非常想祂。我為了用這個方式再次和祂在一起，已經等了好久。

第六天

昨天，我覺得我揭開了主要問題，收到了這次避靜的主要信息：一切都進行得很好，但是「我想念祂」。我需要與祂有更多個別的、親密的來往。雖然保持我的禪坐祈禱很重要，但如果禪坐真的要成為祈禱、深度的往來溝通，我必須「框住」它，把它放在一個脈絡中，用合為一體的「渴望」來強調它。

我之前對聖若望的興趣、感情和奉獻回來了。在我尋找天主的過程中，我似乎在他身上找到了一種巒契合的精神。他被合為一體服侍天主的理想所擄獲，並被基督的方式所啟發和吸納。他以前和我一樣，也有一些虛榮，無法抑制的渴望「在基督王國居首位」，並想「從天降下火來」對付那些破壞他計畫的人。但他忠信而勇敢。且他需要耶穌的愛。

第七天

截至現在，在默觀耶穌的死亡與復活的最大悸動。祂讓我看到我是如何參與祂在山園裡的痛苦的孤獨感（華盛頓特區），受鞭打（在歐洲拖著我的行李穿過雪和雨），刺冠（幾度被迫搬出寄宿的地方，在阿姆斯特丹受指責，像是得瘟疫的乞丐一樣到處被拒絕、被打發），以及離開我所愛的人、地方和工作八個月——這是我在十字架上的「三個小時」（編按，指耶穌在十字架上至死亡的最後三個小時）。我知道我會在避靜時體驗到這種神祕的關聯，當我還正在經歷我的受難時，但當時我幾乎感受不到滿足，只有堅定地向前行。基督讓我看到，在這條路上避靜時我會獲益甚多。下次我還必須這樣做。

第八天

我現在「完全地」進入避靜狀態；而它必須結束了。至少，我收到了我最需要的：

（1）消化我旅途中的事件，與發生的一切事和好，接受並理解；
（2）更新與耶穌的聯絡和個人經驗；
（3）皈依並以祂的眼光重新去看待一切。

4 日常生活的屬靈深度

一九七九年二月十二—廿日，台灣彰化

身為一個在光啟社的「工人司鐸」[1]，伴隨著日益增加的國際責任，傑瑞更加感到在日常生活發現天主的需要。「維持奧祕性地與基督結合的狀態，以免失去我自己。」在一次默觀降孕奧蹟中，聖母呼喚他更加緊密的聆聽她聖子的聲音：當她看到我有多忙或讓自己這樣忙時，她哭了。

第一天

我把我的時間幾乎都花在「慢下來」跟重感冒之後的恢復，還有從光啟社逃離出來。幾乎睡了一整個上午。讀了一點《刺鳥》（快看完了）。在那本書裡唯一快樂的人似乎是那位年輕的司鐸（樞機主教的兒子），二十六歲就死於神祕的心臟病發作，就在他被祝聖為司鐸後不久，在他祈求為主受更多的苦之後。書中其他的人物幾乎都是不開心的，因為他

1. 是指神職人員在工人群體中，從宣講福音到活出福音。

們的愛曾經受挫過，而他們也害怕再一次相愛；或者是因為他們將野心置於愛情之前。

在睡覺和慢跑之後，在晚餐前我能安靜一小時來做瑜伽默想、禪坐和日課。

晚餐和日課之後，我舉行感恩祭，並感覺與天主非常親近，再一次感受到我的使命、工作的意義，感到未來的一年祂願意藉由我工作，特別是透過我的新工作，國際天主教電影與視聽組織（OCIC），我感到一種渴望，就是藉著這工作真的為亞洲的教會完成一些事。

之後我去到小聖堂謝恩，開始禪式祈禱，然後很快的發現我自己在默觀降生奧蹟，並且和瑪利亞對話；她正告訴我，呼喚我更緊密的去聆聽祂的聲音。當她看到我有多忙或不知為何讓自己這樣忙時，她哭了。為了靠近嬰孩耶穌，我把頭和耳朵放在她的肚子上，然後看看我是否可以聽見祂的召喚和指引。我覺得未來一年對我來說很重要也很有挑戰性，我必須更加小心維持奧祕性地與基督結合的狀態，以免失去我自己。以一個男人和一個密契者的角色而言，我正在進步和成長。願我以日增的純粹性和深度繼續這樣做——按祂的步調。我感到比我預期的更強烈和更快地被推進入祂的範圍，與祂緊密相依；比去年八月更快地。這一次我離祂不比重感冒遠。

我很貪心的想經驗各種刺激（情感的，智力的，身體的）因此變得很難把速度放慢來等待祂，向祂開放。我能怎麼辦呢？

第二天

早餐前：默想《路加福音》第一章，天使向匝加利亞預報洗者若翰的誕生，後者以儘可能安靜的方式來做他的工作，為這份恩賜做準備。即使我犯了許多錯，也有許多缺點，我感覺到當我盡量把交付給我的工作做到最好、專注其中、將自己完全獻身在工作上，以此態度去服務天主時，這在許多層面上就跟祈禱一樣，讓我維持靠近著祂。

休息和祈禱之後，我心情上非常想到小聖堂去默想罪，因為環繞著我的不安、嗜睡、孤獨、缺乏平安，似乎就要大肆撒野。但很快我似乎放鬆了下來，進入了一個相當深的、非常平和的禪靜類型的默想，只有一道主導的光：我的罪就是包含在轉身不顧天主，投向對其他受造物和經驗的誘惑。當我重新尋找平安時（還有寂靜），像在天主的祭壇前穩定的蠟燭火焰一樣燃燒，我又開始感受到了，祂是多麼真實，我的首要聖召是要經驗祂。而當我失去耐心坐下來等待時，我會偏離這種平靜多遠。我要如何培養這一點？我要怎麼維持住它成為一個常態，一種習慣？幫助我，上主！

第三天

早餐前，在教堂裡，安靜，有點睡意；當我開始感到昏昏沉沉和僵硬時，回房間做一點瑜伽，準備禪觀，坐下來。感到新的平安和寧靜以及幸福感和存在感。也許這將是在光啟社或其他地方進入祈禱心情的好方法：首先，安靜地坐下來，等待在小聖堂中進入寂靜狀態；第二步，如果無法到達，或是只有部分，那繼續在我房間禪坐。

不知為何進入回顧我的世界之旅，從那時起的募款和活動。讓我震驚的是這一年是多麼的極度滿載。太滿了。滿到溢出來。太滿太快以至於無法以一個舒適的方式去真的吸收和消化。許多次我被過度壓榨和過度刺激而無法空出時間給天主。感謝天主，我有第三年（卒試）的訓練，並且在之後有很長的避靜支撐我，讓我沒有支離破碎。

我對處理這件事的方式不滿意，主要是因為我失去了以往與主碰觸的深度。但是，每次我進入新的生活階段／體驗時，我都會這樣做。我是個學習緩慢的人，比如說在初學階段：情感和友誼；文學階段：文學／藝術方面的／情感的；哲學階段：懷疑和經驗是判斷的基礎；語言學校：傲慢／謙遜／孤獨；社會服務中心：在地化、工作、乾枯；神學階段：整合進入團體；校牧：認識到：我不是超級司鐸；光啟社：工人司鐸；第三年（卒試）：更新生活和祈禱的深度……每一步都讓我驚訝得徬徨不知所措，所以這不是什麼新鮮事。

我的旅程像是一個「新兵訓練中心」，在這些棒透了的機會和經驗裡（非常難得與令人羨慕），我經歷了貧窮、屈辱、錯誤和最微妙和最受傷的對待方式。正如我在對基督君王的祈禱中所祈求的（不知不覺地）。祂顯然地給了我更多的訓練和準備——是為了什麼呢？

在這個避靜中，我察覺到對自己的人生野心勃勃，超過以往，現在似乎延伸出了台灣之外；而我的情感需求似乎吸引我留在台灣。我對走出去或留在這裡感到焦慮和不安全感；但更多憂慮是關於走出去。無論如何，除了實行祂的旨意，沒有什麼是真正重要的，而那真的給我最深的滿足。在感恩祭時，我重發我的誓願，成為一位有自信、誠懇和喜樂的修道人和司鐸。

我仍然被感官享受所困擾，我與基督的深度連結越少的時候，它就變得更加有控制力。我總是用緊張或荷爾蒙需求來將它合理化。但實際上，就這事而言，它不應該比我靜默祈禱時間或運動更重要。我能否下定決心把它放在祈禱、運動和音樂之後的第四順位？也許這可以巧妙地解決問題，而不會變僵化和沒人性。

我深深地感受到天主是多麼的無法被理解和莫名其妙！我無法對祂已經對我做的事或是正在對我做的事，做出正面或反面的判斷。就像騎上狂暴的、狂野的、令人振奮的、可怕的、不一致的、超速的浪潮！我跌落好多次，並被拋到令人暈眩的高度。不管怎樣，我的頭從沒有留在水下太久。避靜把我拉出來，和當我可以堅持的時候，就是祈禱；而運動和音樂就像魚鰭、浮板或救生圈。至少這些是一些不變的事物。

我回過頭去看上次避靜的筆記時，突然出乎意料地被召喚去默觀……只是一個六天避靜。我發現直到第五天我才真正「進入」避靜。然後，遺憾地，在第六天結束避靜，但我確實收到我所要求的——特別是理解到我多麼想念基督。想念著在大避靜時那樣和祂在一起。我突然感到在過去的六個月裡，我有多麼想念祂。和祂沒有深入的接觸，這痛苦何等深沉、幾乎沒有意識到自己在受苦；試圖保持這種接觸並延伸到避靜之外，多麼地白費力氣阿。當我意識到，也許在我的日常生活和工作中，我無法在意識或情感層面上與祂如此深入互動，或者我可能永遠做不成任何事情，永遠不會走出自我，與他人連結。

我不是父親或母親，經濟支柱或是家庭主婦，努力工作直到他或她情感能量丁點無剩，但是每一天，每份工作，是完全出於對家庭的愛。有時我幾乎沒有意識到天主，但我幾乎一整天都在竭盡全力侍奉祂、為祂工作。當我看到自己的失敗、自私、懶惰、感官慾望時，我對自己不高興，但確實，這些只是在枯燥、高標準、令人挫折的工作中，為祂工作的幾個小時中的幾分鐘而已。祂向我表示，相較於我的失敗，祂對那些時間和努力在意得多很多。

祂也再次向我表示：這些為服務祂而費力、讓人虛脫、令人挫折的努力甚至到了沒時間看祂和感覺祂的地步，其實是如何親密的參與了祂的受難——這是祂給我的極大恩寵、榮譽、特權。

我不安全、岌岌可危的生活似乎突然間變得如此肯定，又如此清晰且在控制之下；祂是這麼的靠近，這麼的溫暖，這麼的堅定，這麼的真實，這麼的具體。我不知道我怎麼能夠再次懷疑，而我知道我會……因為那是痛苦的山園祈禱、戴刺冠、被鞭笞、背負十字架，並被釘在架上這一切的一部分。而這將會一點一點地把我變成祂所製作的（非我的）「另一位基督」。

第四天

昨天，當基督剝奪了我正常的防禦，和如同祂有時在我避靜時那樣清空守衛，好能向祂更開放，我意識到為什麼《刺鳥》對我影響如此之大。所有的角色，尤其是賈絲汀，都有類似的情感防禦，這有時讓他們無法開放自己去愛人。多麼幸運，天主在每次避靜時把我撂在地並剝光一切。然後打開，我可以再次看到、聽到、感覺和品嚐生活、祂和我自己。

一樣是默觀《路加福音》，有了一個出乎意料的年輕耶穌的圖像——祂在聖殿裡教導年紀比他大的人，賦予我前往中國並且用廣播、電視去傳福音的使命。祂帶我穿越我生命中的「黃金」面向：首先，我的朋友、窮人、不信者，他們在我的生活中一直是低調、伏流般的存在，但他們是如此重要，因為他們將我與台灣人的主流價值觀連接起來，而且是以朋友關係而不是工作上的關係。我必須保有並珍視這少數而非常重要的友誼。我現在更清楚的看到他們是天主計畫的一部分。第二條伏流：天主教青年專業人士（基督生活團）。而我的跑步和游泳，我的吉他，我的表演——所有這些都是祂的禮物，在其中，祂向我顯示了祂自己，並且一直與我緊密相伴。

我感到無比的感激之情和讚美。祂也警告我，有一天這些都可能從我這裡被拿走。無論我在準備什麼，都可能是痛苦的生活和十字架；但我會帶著我在這裡經驗到的祂愛的寧靜。

第五天

在默想「三種人」中，如聖依納爵建議的，我開始請求天主拿走我在不知不覺中過度依戀的任何東西，比如說，友誼和我生命中有過的好東西（我昨天默觀的那一些）。祂似乎這樣回答：我不應該將自己與這些事情隔離開來，或是壓抑自己，而是在必須與它們分開的時候，優雅地放棄它們（不後悔），比如說，去出差時……我應該意識到曾為了參加會議，而離開台灣時所經歷的不情願……等等。是天主召喚我犧牲這些恩賜嗎，這些祂通常認為適合我去愛之事物。

我的表演也是一樣的道理：我不應當成我自己的娛樂或是尋求名聲（事實上，跟從前相較，我個人現在很少在意這些事，或為這些事感到興奮），而只是為了祂的國。在此意義上，我不太需要去「行銷」我自己，只有當這些蠻值得的機會出現時，我從容地回應，用一種使它們展現出天國意義的方式來做。在唱歌方面，由於我不是那麼有成就和全能的，我應該堅持「安全」的歌曲，我確信——效果要好得多。我最近也看到了在我的生活中保持平安、平靜、深度和體貼的必要性；否則，當我被要求上舞台時，我可能會顯得緊繃、緊張、零零落落，我該是個屬靈事物的見證者，卻有可能無法辦到。

除了這些反思之外，我有一段很長時間的自發性默觀，關於我自己對中國的熱愛（以精彩的午後散步為基礎），還有（默觀）耶穌會（因為回想起我去年拜訪過的許多團體和耶穌會士），他們過著如此不同的生活方式，比較放鬆、舒適，但是骨子裡卻是非常相似。在許多歡樂時光還有參加的宴會中，我學到了很多，收穫極其豐盛。如果我能做更多祈禱和反省，在感恩祭中更加穩定，在路程中安排避靜，不貪求見更多人、拜訪更多地方和看更多事物；那就更好了。（以上是）對未來的好建議。

在默觀瑪利亞和耶穌在家生活的情況時，我使用依納爵的「運用五官」的方式；默觀祂們工作、在寧靜的夜晚讀經；如同我每天在日課時念的經文一樣。耶穌向瑪利亞說晚安，我也這麼做（帶著感情地），然後耶穌和我到外面去祈禱。一會兒之後，我睡著了。早上我起來時，發現祂還在祈禱。祂告訴我祂必須離家去開始祂的工作，並且祂要我跟祂一起走。我們回家告訴瑪利亞，她感到很痛苦，不過她早已知道有這麼一天，她敦促耶穌往祂的使命去，並鼓勵我跟隨祂。我們啟程，前往約旦河沿岸。耶穌進入水中，若翰嚇到了，當天主的聲音宣布耶穌是「子」的時候，所有人都被震驚。到這個點上，我突然必須停止默想，因感到焦躁與睡意——或許是因為不自覺地花力氣和全神貫注在默觀上。

第六天

試著默觀耶穌在曠野裡受試探，但是一如往常在這次避靜中，上午時段我無法充滿想像力或是帶著感情地做默觀。回到房間禪坐，禪坐似乎很能掃除雜念而且很自然地收服我。

這讓我想到了我的長期問題：不願上床睡覺。我老是拖延上床時間，結果造成起床太晚，就像今天的情況。如果我可以準時睡覺，我就可以早一點起床，能夠有比較好的長默想、更好的（舉行）感恩祭、開始好的一天、更有效率的工作、做更好的決定、完成更多的事。這樣我就沒有理由要試著去延長我的一天；除了，我很沒有紀律，對我已完成的事總不滿意。

如果我可以對事物維持一個比較清楚的、比較客觀的看待方式，我會知道我將永遠不會滿足我在任何一天所成就的事，不然就是我必須學會不斷地轉換和重新調整，再次緊緊我的生活，因為它（會）不斷地溜走。又一次，我感到我的錯誤是太貪心，渴求太多經驗。（貪得無厭和變成事物的奴隸）我必須努力和祈禱來控制這個問題，並且在我的生活中維持更多的深度。

當在小聖堂默觀加納婚宴時，我突然感到非常疲倦。我今天跑得比較遠，因為我感覺好多了，但沒想到它會讓我這麼累。我的感冒一定比我想的更加讓我不成人形。

第七－八天

這幾天我沒有發現很多的情緒或外在的熱火，但我注意到一種明顯增長的平安。我的不安幾乎都消失了。我問我自己，基督藉這一切要向我說什麼，我感到祂很可能會說：現在是時候讓你找更多時間祈禱和做靈修，以便在你活躍的生活中越來越找到我。這意味著在控制你對經驗的貪慾方面要更加自律。在過去的兩年中，你已經有了極廣泛的經驗。現在是再一次專注、固化和深入的時候了。

中文日課已經是我避靜中這麼重要的一部分，這件事它也更加肯定了我的感受，關於我的日常靈修必須變得越來越重要且具有意義。天主召喚我度一個活耀的生活方式（而不是隱修生活），並要我在每天的生活中找到靈修的深度，而不是只有在年度避靜當中。

5 去受苦並成長

一九八〇年十月十一十八日，台灣淡水

傑瑞再一次被任命為他的團體院長，以及光啟社的代理社長，這些責任讓他感到彷彿「被釘在十字架上」。不過即使「天主將我放在悲慘的（行政）職位上」，他找到了創造性的和使徒性的出路：在電視劇演出，在東南亞舉辦培訓課程，並與其他耶穌會士一起到泰國、柬埔寨邊境的沙繳難民營（Sakaew）進行工作訪問，這後來成為耶穌會難民服務的發軔。

第一一二天

昨天是個美麗的一天，很棒的天氣和雙十節。我讓這天成為靜觀，為了放慢速度和在工作和避靜之間有個休息。很早上床，很晚起床，上午誦唸日課，這些字句觸動了情感，「我夜間在床上想到了祢，起床時亦然……」

5 去受苦並成長

有時候，我唯一能夠停下（工作）來默想天主的機會便是在床上時，我帶著悔恨和渴望想著祂。並且有信心祂會來救助我、拯救我（即使我自己本身不配），這一點祂一直都做到了。在我生命中最具挑戰的、充滿試煉的一年裡，祂帶著我一起走過。有著一些必須設法從中跳脫的痛苦，我存活下來了，並且在祂的保護之下，我繼續為祂歌唱、舞動。我最後保留的原則是：將光啟社盡可能地經營好；就是我們能持續進步，我們的節目對觀眾越來越有價值並且盡可能接近基督的理想，並且在做這一切的同時，我沒有失去愛人的能力以及向他人表達我的愛。

昨天在淡水海邊游泳，我抬頭看到一邊是觀音山，另一邊是陽明山，一位是慈悲女神，一個是太陽。今天晚上這個地方的美，小雨，平安，相對於我過去艱困的一年，讓我了解到天主是溫柔可愛的，祂如同最溫柔的母親，也同時也超過最嚴厲的、要求最多的父親。

暴露在必須面對一件又一件事的情況裡，讓我很難維持在避靜中所感受到的平安。有時候，我沒有足夠的平安來祈禱，所以我沉迷在有吸引力的分心或者物質享受的「放鬆」之中，這些事讓我能夠度過另一天。我渴望有一天我能擁有平安、成熟和穩定，讓自己脫離這些「拐杖」，但依然是一個有人性的、有愛心的、平衡的人。

直到此刻，我聽到天主跟我說：「把我交給你的工作放在其他事情的前面，唯獨除了持續的愛你周遭的人。」這一年天主要我有「更」[1]的精神，而我尖叫著說：「不要更多了」，但的確我做到了，（並且在我最深處的部分，我一直都知道祂把我放進去的那些悲慘的職位就是祂對我的旨意。），儘管有一些因為設備導致的人為錯誤和失敗。感謝天主給

1. *Magis*，拉丁文，英文譯為more或是to greater extent，中文譯為「更」或「愈」，對耶穌會士，「更」代表不滿足現狀，不斷尋找更光榮天主、更有益人靈的機會。

我這樣的理解。過去的十一個月，祂「把我釘在十字架上」，而現在有一個很深的滿足在我內，在挫折、恐懼和痛苦之下，知道了這一切都是祂的旨意。

第三天

我似乎從默想自己的罪轉向渴望體驗天主上帝的憐憫、安慰和寬恕（還有基督的陪伴和明確的帶領），這似乎是長久以來多麼遙遠的事。一整天下來，有幾件事感動了我，而我認為它們某種程度上是彼此迴響的，即獻身與慷慨，用一個字說，就是「更」。這是我渴望去做的獻上自我：在光啟社或是透過光啟社（或者任何耶穌會派遣我去的地方）以完全的慷慨之心，為其他人工作。

最後，透過休息、運動、祈禱、瑜伽和禪觀，我在一次感到「寂靜」和整合。很美的（結果）。我已經很久沒有這樣的經驗了。我多麼希望它可以在避靜之後持續下去。我知道那是不可能的。不過，現在光啟社已經有比較好的組織系統，我在夜間將會比較有空，……或許。我將試著（在工作中）將每天的默想隱藏其中，或是逃開現實撥出時間給默想。天主幫助我！

第四天

今天早上的對經：（祈求圓滿的喜樂）非常完美的反映我的感受，聖詠八十九首也是我最喜歡的詩篇之一，論到生命流逝何其急速。我似乎完全地進入（從昨天下午）對生命的默觀面，在那裏平和與美麗無處不在，以至於時間似乎停止了，或者失去了所有意義。大問題淡化了，而只有天主的旨意和存在顯得重要。

我今天的反省很簡單：持續跟隨基督君王（如同我多多少少已經有做了），將我自己全心地交給祂賦予我的工作。我不能偏離現在的方式（脫軌）太遠，不然可能會需要花我超過三天的時間，才能將我的平安找回來。

像過去幾天的三天避靜（*triduum*），在未來如果在我工作太多時，或是要把我的身心靈快速的拉回在一起時，可能是有用的。讓人感到安慰的是知道我只花了三天就恢復平安。或許很累的、專心一意的工作也算一種瑜伽或是禪吧！

我制定的三天避靜模式：一天的放鬆和遊戲（海灘，電影，小吃攤）；一天的睡眠和運動；一天的瑜伽和禪坐！

一道靈光閃過：我應該如同管理者一樣的檢查我的生活，以便知道如何改善，比如說：查看哪些工作我可以委託給他人，為了給自己有多一點時間。我真的每一天需要一段默想時間。

第五天

平安和回顧很自然地繼續，而我不覺得被帶到長的、嚴格的默想中，而是往放鬆的、自然的默想，在我四周美麗的自然環境中走路和喝飲料。我真的很強烈地被瑜伽、禪坐和運動吸引。我感受到身體的情況對於我的心理和靈性整合，有多麼重要。

雖然在我很緊繃和充滿試煉的去年裡，我用的放鬆方式不是最好的，但是它們確實帶我走過來了。但我一直很清楚這些是暫時的、緊急的措施，不是我追求的理想方式。現在我希望可以再一次回到讓我自然放鬆的方法。雖然它比較難，但是我感覺它更有意義也更放鬆。至少在某些夜晚，我應該在休息之前花十到二十分鐘做瑜伽和一點點禪坐。我的身體會得到好處。我會睡得比較好，醒來時也會比較放鬆。我還沒有養成睡前做瑜伽的習慣，但或許這是目前最可行的時段。（如果上午我沒有太累，或是晚餐前沒有太忙）

我感覺天主在叫我去嚴謹的思索如何改進我的管理能力和方法，不是為了我自己的舒服和滿足，而是為了（1）保護我的靈修生活和留多一點時間給（會院）團體、基督生活團，還有在與員工個別往來時，更多給出我自己（為了更反映出基督）（2）幫助光啟社更順暢、更穩定，不是為了任何意義上的成就或是名譽，而只是因為這是天主的旨意。我應該迎接失敗、試煉、和羞辱，把這些當成挑戰。就如同我歡迎成功和鼓勵一樣。

我感到天主鼓勵我研究管理守則，當成是一種試驗。我也感覺到祂要我默想今天的兩個標準，鑑於在有壓力和緊張時的「自然的」和「人為的」方式來達到放鬆。

第六－七天

我感到一個要維持更好的整合的呼喚，或許花更多時間在祈禱，以安定的、安靜的、觀想的方式。

我的默想「材料」似乎是清楚又簡單的。我必須祈禱來擺脫我心中對別人的怨憎，起因於一些決定導致了過去幾個月的痛苦。我必須祈求能夠看到天主的手允許了，並且也在這些人性的錯誤和失敗中運作。我必須祈求更寬大的精神去接受這一切事，當作歡迎痛苦的挑戰，並和基督一起成長。我必須祈禱來消除每個痛苦的痕跡，這些痛苦侵蝕了我對耶穌會團體和對聖召的愛。這很困難，因為我生氣這對光啟社工作造成的傷害（它的名聲和它的節目品質），但是我必須記住我們並不是生活在一個理想的世界，並且如果不是為了耶穌會，光啟社不會存在。

親愛的主，幫助我成長並迎接放在我面前的挑戰：把光啟社營運好，同時滿全我做為耶穌會士的承諾，並且如實地效法祢，在我的生活中反映出祢。

第八天

絲毫不費力，平安和整合的精神持續瀰漫著。我在這個避靜中沒有經驗到深刻的或是戲劇性的啟示，而且也很少有情緒的高點。但我的祈禱是平安喜樂的，即使沒啥想像力和感情成分。我沒有想出任何驚天動地的決定，除了一如往常地竭力爭取多一點時間（不管現在還是未來），做平安的默想以便讓身心靈能夠統合一起。我確實感到身體的和靈性的「逾越」（復活）。瑜伽再一次讓我的身體一起恢復，慢跑和睡眠給了它力量。禪坐帶給我平安，而感恩祭、日課和書本成了我的默觀食糧（材料）。我希望可以繼續避靜，但我知道，這只是天主把我再次投入祂的工作之前，給了我一個急需的喘息時間。

我必須嘗試用我的心智和同事的幫助來更加精簡我的生活。把更多的任務交給經理和祕書們，如此我可以花更多的時間在光啟社的目標和方向上，以及公共關係，並尋找需要的人才。

我也必須維持我自己的健康和保持平和狀態，為了履行我的責任。沒有時間把精力浪費在怨懟和後悔。

（避靜結束前）最後一次感恩祭和默想是對整個避靜完美的映照：寧靜、專注、平安、喜悅，但沒有激情，沒有特別的光照。這似乎是基督告訴我要屏氣凝神、認真看待我的生命和我的工作——為了滿全我的責任，必須要客觀和計算。這意味著有時候我必須對朋友有點簡短和「冷漠」。我已經體驗到必須將我的「演出」減少到最低限度，這對我來說已經是很困難了，並導致我去尋求物質享受來彌補。耶穌基督正引領我用其他更屬靈的活動來紓解緊張，將喜悅和平安帶進我的心裡，讓我身體保持健康，我的心智清晰而能夠專注。願祂幫助我成就上述。

6 經驗天主在我內

一九八二年五月十六－廿三日，台灣萬里[1]

團體院長的到來和等待已久的光啟社新大樓落成，某種程度地減輕傑瑞的負擔。他對光啟社節目的觀眾群大幅增加感到很滿意，給他一種可能性來成為「台灣的一分子，每個家庭的一分子……而且是幾乎是每個人的生活——某種程度上」，並且有了看見天主在他內將祂的計畫完成的喜悅。

第一天

抵達萬里時遲到了，選擇「為獲得愛情的默觀」作為第一天主題，為了慢下來和非結構化。立刻進入喜樂和感恩的精神之中。在這美麗的地方的一切事物似乎都帶來了平安、喜樂和欣喜。

1. 作者在天主教達義營地避靜，地址在新北市萬里區龜吼村玉田路61－1號，步行至翡翠灣海水浴場約26分鐘。

第二天

上午的時間幾乎都在屋頂上誦念我的日課，做瑜伽和禪觀。中午我去游泳。再次，這個地點的美麗風景和親切的人們，對我反映了天主的美麗和愛。我必須到台北參加一個晚餐會。這像是離開天堂。但我感到平安，因為知道去服務他人，也是天主對我的召叫的一部份。

第三天

再一次，上午在屋頂上默想，然後下午和晚上在海邊運動、游泳和默觀一切；這很美麗，奇蹟似的，神奇的一切，全都是天主給我的令人欣喜的禮物－也許是為了舒緩在正常情況下非常不自由、受限的和按表操課的生活，產生的負擔和挫折感；而這樣的生活是我樂意為祂而受的。

第四天

平安的、可愛的一天。這次避靜的前四天是一場充滿著陽光、游泳、運動、默觀的野外盛宴。我的身體被曬傷了，全身痠痛，但卻是一種好的方式。起床之後，我散步，誦唸玫瑰經。醒來的時候，定睛在今天的主題，並試著去窺視天主在這一天中將要求我什麼，或是告訴我什麼。我邊吃早餐邊默觀樹木、花朵、山脈、海洋；早餐後我坐下來，帶著很大的平安誦念我的日課，慢慢地祈禱並試著仔細品味每一段經文。在一些工作之後（清理房間，刮鬍子等等……），我在屋頂平台的陽光下做瑜伽，和禪坐；以默觀美麗的全景山脈，海洋，以及海灘和野外的螞蟻般的活動（指遠方看起來小到像螞蟻的人）來做結束。之後，下午或是傍晚我去海灘游泳；去了鎮上買食物和一些東西……，我遇到的友善的人反映了天主對我的愛護，而這成了我祈禱的動力。

這前面的四天，在平安、振奮和喜悅的意義方面，是很精彩的很棒的；幾乎是一種「我成功了」，我找到了生命和我自己！我自由了！——即使我的工作其實讓我很受限。我是台灣的一分子，每個家庭的一分子，每個家，而且是幾乎是每個人的生活——某種程度上（對每個個人來說深入等級不同）。我正在體驗天主藉著我將祂的計劃實現，同時讓我發光和透明。這真的同時是一種內在與超越的感覺——一種「天主」在我內的體驗。

晚上，一位安靜和善的年輕人（很善良深情）邀請我和一位離婚婦女（帶著她的兩個小女孩）到他的地方。這位年輕的離婚女士不到三十歲，很聰明、口齒伶俐、可能很會做事、很有能力且吸引人。她有充分的理由感到快樂。然而，她的人格特質散發著苦澀、不滿、剛硬、仇恨、冷漠，使她成為一個最悲慘、最糟的人——和她兩個可愛女兒還有那位和善可愛的男士形成很大的對比。這恰好是對「兩旗默想」中「惡」（勢力）的最佳默想題材——當她滔滔不絕的從口中發出怨懟的毒藥，對靈魂解脫徒然無功，卻和痛苦、自私和怨恨一起膨脹。我祈禱希望她不會將這些移轉給她的兩個無辜孩子，但真的為她們害怕。

第五天

當我閱讀我上一次的避靜筆記（一九七八－七九），對照之下，再次讓我驚訝這次的避靜是多麼平和。那些日子我所經歷的掙扎，似乎成了破殼而出的努力；當被這些不斷的、新的、令人興奮的經驗和困難且耗費精力的工作所帶來的挑戰轟炸時，能保持心靈的完整與平安（如同我在大避靜中所經驗到的）這些工作對我提出了極大的要求，而我對自己也提出了其他極大的要求。終究，我在台灣的十年造就了一種某些意義上的「捨離」（一種好的、必須的），而復原或補償這種捨離的需求也提出了極大的要求。

陷入這種困境，我不知道我是怎麼在這一切中保持平安的！不可避免地，我為此奮鬥和掙扎，而有時無法完全掌握住它（以及我自己）。但天主是一位好的、信實的老師。藉著評估、重新生活、反思、消化這些經驗，我發現了天主正在導引我的方式。

這些掙扎何時停止了呢？我不確定。重要的因素是我在光啟社新的、很棒的支援和協助，而我正在學習管理學和公共關係。另一件事是我們耶穌會團體來了新的院長——對我而言是極大的解脫和支持。還有一件事，光啟社新大樓的完工（幾乎），並在一九八一年十月舉辦了相當成功的啟用儀式。另外，就是在管理光啟社和 OCIC／ASIA 的事務、旅行方面，相對的成功，以及我從所有這些活動中獲得的支持、認可甚至欽佩，也還包括了我在一個電視連續劇中的演出。（同時，母親、兄弟們還有所有人的平安與幸福。）

不知何故，這一切給了我自信、成熟、一種對自己能力的程度和本質的感覺，以及天主的計劃展現出來領我往前——證明我先前的生活、努力、選擇、方向並不是錯的，或是白費力氣的。

難怪，我在這次比以往的避靜更加經驗到復活的感受。但是我知道，這只是在下一個挑戰之前的短暫喘息！將會是什麼（挑戰）呢？我必須準備就緒，並且將我自己的身體、腦力、靈性維持在好的狀態。

我多多少少對於去年的旅行和會議感到開心。相較於四年前，它們（去年）在比較平和、成熟、受控、屬靈的方式中被執行。而我感覺對於旅行、參觀各種地方、對老朋友有更多的平心和自由度——好像這個世界已經變成了我手中的一顆小球。我是這麼高興回到了台灣，掉落到一個比較規律的生活型態中。

我也滿意我的每日行程表：早上 6:00－6:30 跑步，休息或是默想／日課 7:30－8:15 和 12:30－13:00（當我在家[2]的時候）；晚餐後的日課（當我在家的時候）和睡前大約一小時的閱讀（包含日課，小說，通訊刊物，等等）這似乎後來成了我在每天緊湊的工作、張力和挫折之後的放鬆方式。日課幫我把這些事務放在靈修的角度去觀看，並且讓我有力去應對隔天（的工作）。閱讀，特別是小說，抓住了我的想像力，並且把我放進另一個世界，在那裡我幾乎可以完全忘記我的工作。我覺得這很寶貴，因為它使我能夠在第二天以新的視野和更客觀的態度回到我的工作上。

2. 指在光啟社的耶穌會會院自家。

第六天

每一天似乎都比前一天好。祈禱的精神、親近天主、平安與純淨似乎在每一刻都很靠近。主要的情緒高低起伏和不真實的風景、奇妙的天氣有關－整個地區似乎真的在歌唱，幾乎聽得到（它們唱）讚美偉大的天主。我感到如此光榮能夠被揀選來服侍上主，所有這一切的主人。藉著跟隨祂，我以真實和親密的方式屬於我能見到和經驗的一切，而這一切也屬於我。同樣地，我是每個地方、每個家庭、每個人的生命的一部分。我是如此高興我答覆了祂的召喚！我感覺我真的是為了祂的事工而被創造。

嚴重的耳朵感染使我昨晚無法睡著，讓我感到我身體的弱點，一種無法按我的意願去生活、服務和控制我的生命的羞愧感。但我以服從的精神接受了它。

在今晚的感恩祭中，我很熱烈地、自發地更新了我的聖願。在避靜這幾天的飲食和生活條件，象徵了我對貧窮、村民、當地勞工、孩童……的愛；而不帶慾望的默觀他們的良善和美麗，象徵了我的貞節願。而我接受了昨晚身體的病苦，象徵了服從。

第七天

今天實在不可能去默想「受難」主題，因為是避靜以來最綺麗的一天。我讀《宗徒大事錄》，從第十三章保祿的工作開始。當這些天我被召喚去做這些事的時候，我感到和保祿有了親屬關係；在他的旅程中，在他所做的一切犧牲之中，為了傳遞「聖言」給外邦人，一直到當時所知的天涯地角。他的熱情。他的愚痴。

我知道在一段時間內我的「受難」仍然還會是在光啟社的人事和財務問題方面。我希望我能以成熟和屬靈的方式應付它們，將它們視為我的聖召、我的使徒工作、我的見證的一部分。願天主幫助我迎接批評和缺乏理解，如同耶穌迎接過祂的贖世聖架。

7 與萬物合一

一九八三年六月十八－廿七日，台灣萬里

因著光啟社周邊的建築熱潮，傑瑞和這些住在工地附近的阿美族（大部分）勞工成了朋友。和這些貧窮的勞工一起唱歌和交談，平衡了他在光啟社經常感到「枯燥的行政」工作。在最開始的意外之後，為了進一步的喘息，海灘避靜的幸福體驗帶給他「狂喜還有與萬物合一，身體的輕盈」，他將此當成預嚐永恆生命般的迎接這個體驗。

第一天

第一天應該是一個默觀，但是下著毛毛雨的天氣，我感到好累。我早上去了海邊，下午睡了很長的午覺，然後去游泳。我試著休息並和已經困擾我一段時間的特別的感冒或不舒服對抗。我上床去睡覺感覺好一點。

突然間，大約凌晨兩點半，我急性痢疾或食物中毒發作，這可能是累積好幾天了。我在浴室的地板上昏倒了，弄得一團糟，我的頭有兩處撞傷。我一定是撞到了桌子，接著是地板。接下來整晚在劇烈的頭痛中度過。

第二天

第二天我早上感覺和看起來絕對是糟透了：額頭青腫，眼睛腫，臉色蒼白，腦袋抽痛。原本想要默想「原則與基礎」，但是運氣不好。天氣好了一點；我早上游泳和午睡後感覺身體好多了。午後第二次游泳之後，感覺更好一點。最後在月色之下，有一次很好的散步。這是一個美麗的夜晚，聞著夏日的甜香氣味，看著玩耍中的人們（唱歌、玩羽毛球）我感到一種對華人很深的愛，以及很深的願望——能更好的服務他們。天主要我成為祂聖愛的彰顯。我最近的挫折有一部分是因為我想把這些事的規模擴大到整個國家，而不是只在個人的層級。

我今年遇到一些很大的令人沮喪的阻礙，而幾乎讓我想放棄。如果真是天主的旨意，我會放棄；如果不是，那我會繼續嘗試下去。

在過去的一年裡，我收到了許多稱讚和個人的認可還有滿足。現在這些為我已經不再是重要的。事實上，我發現去接觸窮苦的勞工，更加讓我欣喜。

我必須找到為天主、為華人、為教會、為耶穌會工作的動力，不是為我自己。「我（的部分）必須要減少。」

我可能正在接近一個四十歲的動力危機。青年時期的成就和驚人成果所帶來的興奮感正在消失，旺盛的青春活力也在消失。

第三天

感覺好多了，天氣棒透了。驚險的跑步到野柳，再沿著礁岩、砂岩、綠草如茵的海岸線走回來；中間停下來默觀大海，聽著巨大的白色碟狀砂岩發出的聲音。我仍然感到心裡有一個障礙，直到早餐後下去游泳，我的心進入了狂喜；見到玉米稈彎曲為了挪出空間從節點處長出小玉米，昨天的泥濘小路現在滿是小小的淺紫色十字狀花朵。

我感受到天主如何並且為什麼要通過窘困、怪異的事情來試煉我，就像週日晚上發生的事情，還有從不好的天氣來讓我們記住我們的泉源和終結。之後祂繼續寵愛我們，用如此豐富的事物吞噬我們，使我們忍受得了這段（生命）旅程，並幫助我們去愛祂！

我完全在場，並以所有感官去經驗現實情況。——我的避靜表述。

第四天

身體感覺不大好，不過強烈感覺被召喚去做靜默的、安靜的祈禱。早上試著在屋頂上做瑜伽和禪坐，但是太累了以至於無法繼續長做下去。晚餐前在屋頂上感到平安和安靜。晚上體力耗盡，早早上床睡覺。晚餐後散步時，遇到一些工人。我感到一種新的渴望去更好的服務他們。

第五天

早上和晚上都在屋頂上做了平安的瑜伽和禪的默想。這次的避靜，我進入更深的氣氛和奧祕之中，去年的一些事一起來到我的心裡。

大約從聖誕節起，很多日常的張力從我的生活中被排除了。有其他的耶穌會士被指派來操持光啟社的行政工作、耶穌會團體和節目部。雖然長期以來我第一次從這項業務（的壓力中）得到緩解，但我心理上仍然被光啟社的現狀所困。我獲獎了，但卻沒有真的得到獎勵，反被責怪我們的財務情況，而不是被認為錢花得值得。

在不知道如何解決或減輕我們的財務危機的情況下，以及在新的「空間」容許少一點日常工作；我有了一些原住民勞工朋友。

我深深珍視這六個月與這些勞工們的豐富歷程和溫暖的友誼。在許多方面來說，他們把音樂、感情和基本的生活劇碼，重新注入到我那因行政工作而變得乾枯的生活裡。

我感到我的歌唱、娛樂性、言語、甚至普通的會話，都因為他們而進步許多。

然而，今天我感到，顯然我太投入到他們之中而忽略了我的工作（非常輕微地）。比較算是分心了，而不是減少工作時間。因為和他們在一起時我幾乎完全忘記了我的工作，忽略了我的會院團體（留給會院團體很少的時間、關注和感情），而最糟的是忽略了我的靈修生活。

消滅了我靈修生活的成分，我也開始消滅了喜悅、能量、感情、平安、客觀以及以他人為中心和服務的精神。

我認為我必須中道地處理我和勞工們的活動（時間），並且在晚餐後應該優先做我的靈修操練⋯並且提早上床休息，以便隔天早上可以好好地祈禱。

第六天

閱讀 *A Certain Jesus*[1] 的一些篇章來設定心情——耶穌治癒癩病人；耶穌與瑪麗德蓮；耶穌治癒伯多祿的岳母，耶穌宣報真福八端。我非常喜歡耶穌生活中的人性表現，這些敘述將祂帶到我身邊。

上午跑步到萬里，然後沿著海岸走回來——平安、喜悅和滿足的感覺增加，不過沒有任何戲劇性的或是像去年那般精彩的期待。上午在屋頂上做了瑜伽和禪坐，午餐後到海灘去。正當我感覺越來越渴望安靜，並放下自己去接受神祕體驗走得遠遠的「缺席年」時，剎那間我滑進了那種在去年避靜中時常經驗到的奇妙狀態——在那種狀態中一切都呈現出美麗和意義，一切都披著天主，並且放射出天主。

1. *A Certain Jesus*: The Good news for the People of Latin America (3 Volumes) Claretian Publications, 1996.

7——與萬物合一

游泳後，我坐在海灘上，海水的聲音像是大師的交響曲一般，海浪如同大師級畫家創作的閃亮筆觸。笑容、好話、味道、氣味、禮物、沙子、天空和水似乎在一個統一體中爆炸，它擁抱了我，是以往的我，是現在的我。

再一次我感到被召叫來服務這一切的「主人」是如此榮幸和歡悅。

即使當我的出神狀態被一些海邊友善的人們打斷了，也不要緊。當太陽西下在浪濤上，在我沖澡之後，它還持續著。

晚餐後我再一次持續著，當金色的月亮在海上灑下一片片金塵，並且在黑暗中創造出有著金邊的波浪。我感到比以往（我所能記得的）更加強烈的那一定是天國的、永恆生命的幸福。我感受到那種永恆的感覺，狂喜還有與萬物合一，身體的輕盈（如果永恆的生命就是如此），我全心地歡迎它。它讓我感覺到對於未來、死亡、與天主永遠相遇和同在是如此充滿希望。多美的運氣呀！

為有利於這個默想，感恩祭、晚禱都跳過了。我原本是想要舉行感恩祭和唸晚禱的，但在這個「神視」消失之後，我已經沒有力氣了。在那樣的狀態中所做的每件事，似乎都有相同的靈修價值——不管是誦唸我的日課、看風景、喝啤酒或者在海灘跟一個可憐的小男孩說話！我讓路給聖神是對的！

第七天

為了利用大清早安靜（在學生起來以前）的優點，在屋頂上做瑜伽和禪坐當作開始。平靜的日課和早餐。之後感到一種迫切去唸在《佛陀與耶穌》裡的第六對話（和最後一個），關於耶穌在祂痛苦的時刻的誘惑（幻象和妄想）。

再一次，我被置入到一種狂喜的啟明狀態，在其中我經驗到耶穌對我的愛穿透了我帶到這次避靜的誘惑和幻覺：我在光啟社的工作正在失敗中的幻覺（有少數節目，財務上是赤字）……這與耶穌的誘惑很相似，祂也感到祂的生活是一個失敗，因為達不到一般人的標準。

我現在可以看得很清楚，誘惑是如何讓耗損我的力氣和靈性能量，即使我會說──宣稱正是在試驗的時刻，我們的工作有了真正的意義。

我可以清楚發現人性失敗的事實讓我轉向他處尋求慰藉和快活。（像是我的勞工朋友們，他們也是可憐和「失敗」），但是太過這樣的話……忽略了回到我的靈修生活和能量的源頭。

如果我現在放棄，就在我們瀕臨攀上新的高原、即將抓住一次永恆的機會時，放棄那會多麼可惜（公共電視在台灣，很可能可以啟發整個國家），就在我們擁有全職的五位耶穌會士和一兩個優秀的平信徒（黑幼龍）時，就在我們擁有比我們二十五年歷史上任何時候都更完整的設備和更多經驗累積的時候……而誘惑只是來自有幾個月我們的戲劇和綜藝節目減少，而必須去借款這樣的現況。我覺得在這個誘惑中的魔鬼因素比我一九七九年難民營中所遇到的，感覺還更強。

那麼關於難民呢？我也想忘了他們嗎？

不，光啟社的未來（不管它以哪種形式繼續下去）會很豐富且深具意義：就像在萬里時每天在我面前展現的各式各樣活躍的、絢麗的風景一樣，它們歌唱與分享天主的榮光和智慧的深、高、廣、遠。

我現在四十歲了。我大概能有二十、三十年堪用、讓人受益的光陰去服務基督、祂的教會、耶穌會、華人（或許還有其他民族）服務，假如祂願意如此，並且假設我有好好照顧我的身體、靈魂、心智。但我或許開始了「生命轉變」！我為我的青春消逝感到有些悲傷（在我的外表和我的活力上），儘管它們才正開始變得明顯。

當我在民謠音樂會上激發群眾、在報紙上看到我的名字或在電視上現身時，我沒有感到相同的成就感。我的失敗似乎比我的成功明顯。而且，我也經驗到一些難以超越的成功：我在電視連續劇中的角色，以及拿到金鐘獎……。

隨著每個成功，我知道了我自身能力的限制，還有我的工作上的侷限。外部動機（諸如成就、讚美、欣賞）意味著，更少，更少，更少！之後很快就變成沒有了！

但我還會繼續做。我從哪裡獲得動機呢？「從祢，主，唯有從祢！」在我每日的生活中「絕不讓我與祢分離」。讓我儘可能維持著神奇的「色溫」，它將一切轉變成祢，並以如此讓人驚奇的清澈之光穿透一切。

這又是怎樣的誘惑呀！相信或覺得我的主不會來找我，因為我在祂的受造物（勞工朋友）中尋求安慰，而不是從祂找安慰。我從天主的眼中看到及經驗到我自己——我的辛苦工作、我的會議和枯燥的行政事務、超時、當我需要休息和放鬆時卻要談話和表演、我的犧牲（和我的補償）、還有我的渴望與窮人和普通人在一起。

我在人類生活中尋找天主的特殊恩寵——神恩；在稚青的、未琢磨的、發癢的、被跳蚤咬的、酒醉的、起水泡的，流汗的、受傷的人類生命和各式各樣的人類當中。

這與我容易交到朋友和與人熟識的特殊天分相輔相成，還有當我在帶給其他人喜樂、靈感、啟發時，我日益增加的娛樂和教學能力。

天主今年幫助了我成長和成熟。我在增加中。而誘惑乃是讓我感覺彷彿我已經在崩落。我必須每天找機會看穿這些幻象，破除這些空洞的誘惑。

我必須每天打開眼睛，望向我可以充分利用、更加善用這些天主賜予的魅力和才能的場合……且讓它們成長。我必須反抗這反復出現（可能會）埋沒它們的誘惑。（多荒謬呀！在這些年來費力嘗試培養它們之後）

晚上我重讀以往的避靜筆記，我決定，該下一些重大的決心。我相信當我去年來避靜時，我在比較好的靈修情況裡……並且更加快速地進入到避靜的精神裡。去年我的渴望比較多且更沒有安全感。今年，即使光啟社的財務狀況不好，但我個人卻更加安穩，因為我已經展現出一些成就，並且現在有其他人負責行政工作和節目品質。這些減輕了我的責任……以及我的不安全感和壓力。

另外，也因為有更多時間，我有一個比去年好的「逃脫」系統。這一切都使我漂離天主。或許去年很奇妙的避靜，如此不費力和充滿回饋，也給了我一種偽安全感，讓我比較鬆懈。我現在看到去年的避靜是多麼建基在我避靜前的忠實努力和犧牲。是時候來上緊螺絲了。

第八天

早上慢跑到萬里是一段美麗的過程，之後，悠閒的沿著海岸走回來，中間停下來看看玩得很開心的人們。和印度、非洲、其他東南亞國家、中國、俄羅斯那裡的人們相比較，這些人是多麼幸運且「被復活了」。

在陽台上誦讀日課和舉行一場美麗的感恩祭，讓我感到很強的奉獻精神。閱讀《若望福音》的最後兩章並更新我的聖願。我也決定回到光啟社之後，去辦和好聖事……感覺意識到我的罪愆：忽視了我團體中的每一位，還有其他一起工作的人。我不但要對耶穌會團體的人更加敏銳，也要對光啟社的員工友好和鼓勵他們，他們也很堅定和堅持一整天優秀的工作著。不放縱。要仁慈對待他們，但要求做好。要寬容點。

對其他的電視人，我也要尊重，關心他們的工作，且鼓勵他們……也要儘可能的用幽默的方式和鼓舞他們。對基督生活團團員：盡力參加聚會，並且每週一次諮商談話。關注每一個人。

我應該堅守之前對我來說運作得很好的日常作息表：五點五十起床／七點半到八點做瑜伽誦念日課。午餐後下午一點：誦念日課，游泳（唸〈玫瑰經〉或是做省察）。五點四十到六點：如果可以的話，禪坐／瑜伽。晚餐後：誦唸日課和音樂時間，或者閱讀到八點。試著晚上八點前不要回到辦公室，或是十點之後不要待在辦公室。晚上十點到十一點：閱讀（花半小時讀靈修資料或是教會相關材料）。

這個作息表有許多長期的益處，並且將引領我往屬靈的、藝術的、知性的、以及個人的成長。它將幫助我整合起來和使我更有效率。

它將保留生命中的新奇感，我必須不惜一切代價保有它。如果我失掉了它，生命就會消失，並且毫無意義。

即使當我某些時候需要破例時，我也必須儘速地再恢復過來。

當有了新奇感和平安感，我便不再需要總是找其他方式來替補或是從其他人處得到人性的慰藉；相反地，我有能力給他們更多。

我的價值觀與時間開銷的優先階序，根據我現在所認知的，應該是這樣（排除工作時間之後）：

（1）靈修操練：日課、禪坐、感恩祭、靈修閱讀。

（2）肢體運動：跑步、瑜伽、游泳、騎自行車。

（3）音樂：吉他、新歌；我的曲目已經太舊了，我沒有進步；我正在埋葬可能比其他任何東西都更有價值的天分，而且這曾經是我的發展的關鍵。在許多方面來說，我現在可以比以往更佳善用它。它可以讓基督降生在我內，成為希望、喜悅、生命、樂觀，對文化、人們、不同階層、各種族的自我尊重。

（4）閱讀：與傳播媒體相關的，小說或者具創造力的作品：至少每天半小時。

（5）勞工朋友和基督生活團：似乎同等重要。我能夠給他們相稱的時間嗎？

8 彼此相愛

一九八四年十一月廿一－廿九日，台灣淡水

不單是個人的且是法人（企業）形式的服務，是這次避靜的主要主題。但是當人際衝突阻礙了溝通時，團體性的服務是具有挑戰性的。傑瑞將這種奮鬥比擬成正在進行的柬埔寨-越南衝突和整體的世界局勢。他以此回應了團體成員和他之間的衝突：「如果我不試著去愛他們，我所有的使徒工作是空的，是一個謊言。」

第一天

光啟社的現況和淡水的陰雨天氣使得進入默想罪、人性軟弱和死亡的氣氛中，變得很容易。我感到平靜；滿足並準備好將自己埋在地下幾天，暫時死去，像一粒麥子。事實上，在一年半的緊湊活動、旅行、許多挑戰之後，我感到我需要這樣做。我感覺就像一隻狗，在打架後躲在灌木叢中舔自己的傷口。

這個巨大的失敗是罪惡和死亡的一個例子：我團體的一些人在與其他人的溝通，理解並接受他人方面，失敗了，這個失敗是人們將自己孤立起來。柬-越之間的衝突導致了在最後一刻我們延誤了難民的影片，而整體的世界局勢也讓我們感到罪惡和死亡在人類社會中蔓延開來。我在地方層級所見到的團體溝通衝突，（例如無法理解他人，與他者溝通），在今日世界局勢以全球的層級來說，其衝突是翻倍的。

收聽世界新聞，研究我們節目的新資訊技術，觀看與諦聽風和雨，思考關於光啟社，思考關於難民——這一切把我放置在很嚴肅的心智架構內。

我在這當中的角色是什麼？我不知道，但我感到在我內現在有一種深刻的渴望要去服務，並且藉著服務來紓解一些罪和死亡，或是嘗試死去。對我而言這似乎是唯一有意義的事。

我感到被召叫來這樣做，像一位先知（很弱的一位），但甚至是比以前更清楚的、明顯的被召喚。我或許沒有從前那麼喜樂、興奮地回應，但是更有自信和承諾的精神，為這個緣故獻出我的一切。

我需要把我自己埋葬個幾天（為了要非常的安靜），去找到內在的力量、澄澈和整合和自治；為了真正以先知的角色去答覆；還有去服務和為了明年跟罪惡和死亡搏鬥，這些都是需要的。

第二天

整個上午都在默想：玫瑰經祈禱，誦讀日課，寫筆記，而後讀前兩次避靜的筆記，禪坐，散步時做了反省。這是這次避靜的「第一次擁抱」，並且將我投入到避靜的特殊氛圍裏——在那兒我開始容易地跟自己溝通，和在我內的天主溝通……感覺如在家般的自在和平安，且充滿喜樂…開始以特別的新奇與默觀的雙眼去觀看大自然中的所有一切。

我一九八二年在萬里的避靜，是一次肢體的和靈修的喜悅超拔經驗。在終於把光啟社這條船安全靠港之後，我同時精疲力盡和興致高昂（新的建築落成了）。我把事情處理得挺好，並且希望被減輕一些責任，有其他人分擔一些職責，包含院長的職務。

我一九八三年的避靜情況不同，抵達萬里時，身體和靈修情況都鬆懈，度過比較容易、時間比較充裕的一年，但有點飄在空中……獲獎，並不是我的功勞…因為我們的財務情況受責備，而這並不是我的錯，我無法改變這個情況。我在勞工朋友的友誼中尋找庇護，跟他們來往以確認自己（他們也被連根拔起，貧窮，不是自己的主人，生活在失敗和屈辱感中）。我做了很棒的決定，在過去的一年中，他們幫助我讓我成為完整的人。

去年真的太長了（距上次避靜一年半的時間），且有好多次海外差旅（六次），還有艱困的財務和組織上的挑戰。我們暫時解決了第一個，但第二個還有很長的路要走。

超然、分辨、團體生活、溝通、獻身、恆心、耐心、「成人自我狀態」、情感的成熟、靈修生活、謙遜……這一切都將是關鍵議題，如果我下一年要成為光啟社的有用工具。

在處理團體成員和其他人的事務上，我必須從「父母的不屑一顧（態度）」轉向「成人的關注」。但要如何做才能讓我的情緒不涉入其中，或是走向另一個極端——「放任的父母」或是「不負責任的孩子」（摘自 *Born to Win* 一書）

第三－四天

這兩天是平安和超然的兩天……非常進入避靜的氣氛當中……沒有焦慮或對事情的焦躁（當時間似乎靜止時，我經常在避靜中體驗到那種特殊的狀態）或是至少失去所有意義。我不感到渴望被安慰——自然的或是屬靈方面……即使是下雨的天氣似乎都讓我感到夠愉悅的，我不渴求晴朗的天空。

那就宛如我暫時已經有了足夠的視象、聲音、氣味、味道、碰觸[1]。我對他們感到滿足，覺得需要冷靜下來，埋葬自己，放鬆，清空，讓自己停止一段時間。

我知道在這樣的平安和超然狀態，天主隨時可以進到我內。不需要強迫任何事情。只要等待。

昨晚在小聖堂，我開始自動的默想降生奧蹟，且有了一段感動的默觀（運用感官的方式），還跟聖若瑟對話。牧羊人的面容是我的勞工朋友們的臉（呈現）。

在祈禱的區間，我回顧了去年和過去的生活。在帶領船舶進港之後，沉浸在狂喜之中，慶祝，興高采烈地「獎勵」我自己，去年的避靜讓我看到「轉型」，一點點失落還有

1. 譯者按：色、聲、香、味、觸，對應到眼、耳、鼻、舌、身，這裡的用語和佛教有關，也意味著大丁的禪修融入到了他的靈修裡。

困惑並且厭倦了慶祝。今年的避靜發現我焦急地尋求以有意義的方式使用「船上貨物」的方法。

在「轉型」後，我似乎已經恢復了我的方向，並開始調適到一種較不興奮但更紮實、更穩定、更有產出的「陸上生活」。——一種以服務為特徵的生活。對於我們的法人服務而言，這意味著：

——光啟社：給你平安的頻道
——光啟社：餵養飢餓者，給無家可歸的人安居，關懷病人……
——光啟社：向中國宣報福音，建立中華教會
——光啟社：宣報與活出真福
——光啟社：用這些方式來服務教會：帶領教會朝向現代世界、地球村；以媒體幫助和帶領奧祕性的肢體更緊密在一起。
——光啟社：藉著宣揚和參與一切好事以及對社會有建設性的事來服務台灣。

這需要犧牲、恆心和艱苦工作。如果天主願意的話，這很可能是我一生的工作。

我渴望（飢渴）感情和帶情感的友誼的生命階段已經過去……為證明我的智力和專業能力……為了累積人性經驗……為了被人知曉和欣賞……所有這些階段（或多或少）都已經過去了……那還剩下什麼呢？

剩下的是一種渴望去服務……不是只有一個人（很有限度），而是以一個強有力的、

深遠的媒體組織……它可以做得更多。

然而，即使是在這裏，我必須超脫和把握當下，藉著分辨去發現天主的好時間點（Kairos天氣）時工作。

重要的是盡我最大努力去讓耶穌會士團體，與獻身的平信徒一起工作。但是當面對現實，這件事變得不可能時；試著去原諒、埋藏怨懟、解決並治療創傷、從沮喪中站起來、面對真實的世界並繼續像之前那樣（做）。

所以我的靈修生活（內在平安和平心、祈禱習慣）變得極其重要。因為我不再那麼有行政工作的負擔，所以我現在是在一個比從前任何時刻更好的職位上來維持它。

下一步將是要嘗試透過光啟社還有耶穌會團體，去散播相同的屬靈意義。每週一次的感恩祭將是一個開始，之後是為光啟社辦避靜。

我對人際關係的怨懟源自一個（1）（內在的）怨恨的父母：我鄙夷不以獻身精神面對工作的人，他們不像我認真工作；十歲時當我父親過世之後，我就必須像父母（的角色），這是很複雜的，讓一個（2）（內在的）源自同一個成長階段的孩子過度負擔。我惱怒在我下面或我周圍（或在我之上）的人，因為他們不願意或無法承擔全部責任，而增加了我的負擔或責任。（例如一些經理人）

我喜歡那些越做越多的人，從而消減了我的負擔。

我的「過度承擔的小孩」仍然有需要去玩耍（年輕時被剝奪的）：所以，音樂會，和青年談話，勞工朋友，游泳，跑步，騎自行車，吉他……一切都有助於安撫這個工作過度的孩子。

怨懟也來自我（3）過度保護的小孩，這是源自當我父親過世時，我母親對我的照料和她自己的不安全感的恐懼和關注。這一直困窘著我，讓我在其他朋友面前感到自卑，他們似乎比較有自由度和獨立性。所以，我討厭人們（長上）告訴我要怎麼經營我的個人生活，什麼時候或是如何做避靜，我可以帶誰或是不能帶誰到我的房間，要準時……等等。

當這些怨懟在幾個層次上結合到另一個人時，可能創造出巨大的藩籬。（比如說，他沒有為光啟社努力工作到他能力所及的程度；因為他的抱怨、誹謗、引發個人問題，給我們增加了負擔）。

在與耶穌會一些會士的關係上，自我控制會比講理或是反駁來得好。我必須以司鐸、治癒者、醫師的角色接近他們，並且理解他們還小、是受苦的兒童，哭著想被撫慰、認可、讚美和觸動，這樣他們才不會死在路邊。

有四種「否定撫慰」（反向撫慰）的方式，或貶低一個人的存在、存在或價值（摘自 *Born to Win* 一書）：

（1）不嚴肅看待問題：不注意它；忽略它。
（2）否認問題的意義：沒那麼重要
（3）否認有任何可能的解決方式：「無能為力」
（4）否認我們有能力去解決問題：「我辦不到，無法為它做什麼；這不是我的問題／錯誤。」

在正向的方式來說（如果是團體會士），我應該問我自己：「為什麼要這麼麻煩，因為這可能只是失敗的一個原因，而且可能無論如何也無法成功地幫助這個人？」

答案是：它會讓我更加肖似基督…在我內保有一顆「血肉之心」…管教我、教導我，讓我習慣去處理類似的情況（而且確實還會有更多）。這是我走向成熟之路的重要階段。

我應該要維持和陌生人交朋友的習慣…，習慣和各式各樣的人分享和關心他們（光啟社的職員，勞工，朋友，基督生活團，教會人士，等等）。

我重視隱退、創造性活動和親密關係，並尋求它們。我不喜歡儀式、消遣和玩樂。然而有時候我對親近關係的追求真的是一種不健康的隱退…這是指當關心從關係中缺席的時候。這樣它就不是親近關係，而是一種玩弄他人注意力的遊戲，以便自己感覺被刺激到、被認可、被再次肯定。這總是短暫的，且不尋求和同一個人再次進行。我很傾向這樣做，因為這像是某種退縮（不涉入永久的層次），奇幻的、像兒童般的玩樂（冒險、性感、滿足好奇心），增加經驗和知識等種種成分。但是，如果不關心對方或只有最低程度的關心，並且不渴望有某種永久的關係，我應該要非常謹慎地涉入。

第五－六天

這兩天我避靜的轉向讓我驚訝……和以往的情況很不同。我感到強烈的召喚去服務……不只是個人性的服務，也是以整個企業去服務，比如，和光啟社、和光啟社的每一個人一起。

因為「法人」的重要性，並且因為我感到自己心理狀況的改變（更有獨立性、自主性、專業能力…從我以前的「幼稚」情況離開：諸如：「我不知道怎樣做」，「我犯錯」，「教我」，「原諒我」，而到達一個比較成人的狀態），而因為這些改變正在影響我們的光啟社團體，我很仔細的分析我的人格特質以及人際關係（藉著*Born to Win*這本書）。

如果我要活出真福八端，並且建構奧祕的肢體和（主基督）的王國，我不能漠視和我一起生活和一起工作的人。我必須從那裏開始，不管它似乎是多麼不可能辦到和令人沮喪。

我明瞭我犯了許多錯，並且在我的團體許多方面是失敗了。如果我的服務要成為真實的，且我的見證要是可信的，我必須省察我自己，悔改，並試著做得更好。

我感到這個決定對我而言，是在分辨之中發現到的清楚的天主的旨意。它也是我寧願沒有發現的東西。為難民服務是有意義的，但是也不應該拿它來逃避自己的人際關係和團體問題。

在光啟社從我的「幼稚」狀態成長出來，且對自己、我的能力和判斷更加有自信，但立刻跳進一個「父母」狀態是一種誘惑。如果我小心地留在「成人」層次（客觀的、無罣礙的、耐心的、理性的、關切的），一切都會好起來。

我可以清楚地看到從我的生活中解消了更「難搞」的人（自私的反對），還有為了成就感，我想主控光啟社的某些領域。

我可以看到以往我戀棧的許多「精彩」（感情、慾望、名聲、名譽）逐漸消退。我必須小心不要以個人成就和滿足的需求來取代它們，而是以努力促進和保全我們的公共服務來替代。

身為一個「關心的成人」，我在處理團體中一些有問題的人時所做的努力，肯定會牽涉到羞辱和屈辱。祈願我能接受它，將它視為逐漸變得更肖似基督和以基督為中心的一步。

第七天

從自然的角度來看，這讓我覺得很奇怪，（而從「福音」的角度來看是自然的）我的整個避靜多麼聚焦在「彼此相愛」的方法和理由上——意謂著愛我的團體。

我正位在我的人生的某個節點，在這個時刻我感覺我可以做偉大的事情，我所言所行甚至可以影響一個一千九百萬人口的國家[2]，因為它會被以新聞媒體的方式散布出去。然而，在這次避靜中，我沒有任何凱旋或歡悅的感覺，或是去誇口（默西亞計畫）的必要。相反地，天主已經將我的注意力完全轉向我的修會團體關係。為什麼呢？因為如果我無法好好地愛他們，其他我能夠去做的事情就是虛偽的、空洞的、無意義的。

如果我無法讓我和某些特定會士的關係走向成熟，以及發展成為相互尊重、信任、寬恕和支持，我們所有一起做的工作將會最小化。如果他們離開光啟社或者無效率地工作著，我們所能夠提供給這個國家的公共服務將會減少。

如果我無法有效地愛他們，沒有人會承認我們是基督的門徒。即使是光啟社的經理

2. 編按，台灣人口於一九八四年突破一千九百萬人。

們，都想看見我們平安的、團結的生活在一起。

我或許無法（大概將無法）解決他們的問題；但是如果我的「維修策略」可以稍微幫忙他們復健，恢復他們的一點自尊，至少會有一點小幫助。

如果我每次聽到抱怨、批評或責備時都默數到十……延遲我的回應，或是甚至不回應，這或許能給一個他們需要的機會去放掉蒸氣（減壓），並擺脫一些火氣和憤怒。之後他們會在別人面前少這樣表現。

我會盡量接受這些不理性的評論，當作是病人在精神錯亂中說的一樣；我知道有一天他們會意識到自己的荒謬，我也為他們感到難過。並且不要以訓斥、論斷式的父母形象回應，而是以一個樂於接受、聆聽、關心的成人（頂多，勉強地提供建議）去回應。就只是試著去表現出我理解他們的痛苦和挫折。

從「世界」的觀點而言，這似乎是花了太誇張的時間量和力氣去追打一隻討厭的小跳蚤。直接忽略它還比較簡單多了；否認它的存在。畢竟，還有難民在等待食物、衣服和庇護所。還有一千九百萬人等著被我們的電視節目教導和娛樂；還有數百萬人等著從我們的廣播節目聽到聖言。為什麼要被一兩個人的心理失序所干擾，當無論如何是無法解決他們的問題的時候？

因為耶穌告訴我們，命令我們：「彼此相愛。如此每個人都會知道你們是我的門徒。」

如果我不試著去愛他們，我所有的使徒工作是空的，是一個謊言。我就不是基督真正的、完全的、可信的門徒！

這可能意味著困窘和羞辱，把我自己送給他們的嚎哭、抱怨和批評我喜愛的事情和人們，且甚至在他們的防衛舉動時無法開口說話（因為會被當成是對立、反駁、負面的安撫，並解消了聆聽的好處），但這是門徒精神的代價，十字架……會使我變成更好的門徒。這是現在天主為我的旨意……。

這不是一次充滿神慰和熱火的避靜；關於我的團體，祂要求我有「心的皈依」……調整我與他們的人際關係（成人型的，不是父母型的），而這是我生命的新的方向……更加在意團體，而為了使徒性的益處……個人方面：要變成一位更成熟的人、更有靈修的使徒……團體方面：藉由練習愛德、藉由靈感、榜樣、還有提供給其他團體成員的安慰和支持，去建構一個更好的團體。

幾個月前當我決定放棄一些基督生活團的工作，以便有多一點時間和力氣給我的修會團體時，感到了這個需要。現在我更清楚看到我當時是對的，這個時間和精力將會被用到。

重讀去年避靜的第六天和第八天筆記。它們似乎是清楚的、真實的、美麗的迴響著。它們是先知性的並且在過去的一年半中驗證了。那一年我大部分的決志都棒極了，今年可以再一次重複。

今年我可能根據天主對我在服務和團體方面的指引，做一些優先次序的微調。

這次避靜的特徵是與我自己和天主深刻而持續的平安與溝通（過程），並且靠著很多個人的洞察。然而，只有很少的情緒上的高峰。

這似乎很合適，也是我需要的。過去的一年充滿著許多自然的和靈性上的安慰，特別是我在巴黎聖母院的祈禱和靈感[14]，難民，在韓國為亞洲人的服務。服務、團體和難民是過去六個月來持續的主題。這就是這些日子天主想要傳達給我的（信息）。

第八天

即使難民的影片在目前是不可能做的，這個月我手中還是有滿滿的其他服務企畫：捐血企劃；幻燈片企劃和其他的節目；新教的電台節目；募款企劃……加上例行的光啟社工作：更新我們的組織，宗教性節目的發展，新的節目計畫。並且，或許最重要的：維護和改善我們的團體生活和關係。我必須為了在光啟社的耶穌會士們的靈修關懷，更努力一些：避靜的機會、分辨、改善溝通、還有雙向理解；增強我們使徒工作的屬靈和服務面向；對我團體中的成員表示欣賞、認可和肯定。

決志：

我去年避靜的決志棒極了，並且在執行過後有好的成效。

關於團體生活和彼此的關係，今年我慢慢地做了許多新的改善之道。

我應該保持相同的基本日常作息……它運作良好；當我有維持住它的時候，或是如果打破它的（規律）時候，能很快地試著回復它。

在同意邀約之前，我應該要更小心的分辨。考慮更（的精神）——更偉大的、為天主

---

3. 作者使用耶穌會常用的lights。

的服務……

我需要接觸各式各樣「活生生的觀眾」：都市和鄉村、學生、勞工、成人、兒童、男性和女性。

我對體驗的需要有減少（累積了很多）。

我需要更多時間去閱讀、研究、反思和分析我的經驗。

我需要時間來消化經驗、計畫行動策略。

9

表達的自由

一九八六年三月十六－廿三日，馬尼拉，菲律賓

傑瑞的光啟社團隊在泰－柬邊境的難民營拍攝了《殺戮戰場的邊緣》，後來獲頒金馬獎最佳紀錄片的獎項。他之後飛到聖地牙哥，去陪伴動了心臟手術、身體正在康復中的母親。在回台灣的途中，他在馬尼拉停留了幾天做他的避靜，這時間剛好是在「人民力量」政變後不久，他祈求可以得到類似的個人的自由，「在與我工作相關的事上，能夠去表達我的意見和想法」。

第一－三天

我原本的決定是為了避靜，要在馬尼拉停留完整的八天，而不是為了週一上午的主管會議，而提早一天返回光啟社。

這次的避靜也有一部分的休假成分——休假是我之前沒有時間做的，也是我的身體、

心靈和精神告訴我需要做的。所以，我不要用嚴格的時間表來捆住自己；而是計畫在自由中跟隨聖神，讓我自己被這個地方和人民的美所啟發。

目前為止，我被召喚去放鬆、運動、做瑜伽和禪坐、參加感恩祭、誦念玫瑰經和默觀周圍環境之美。我也讀了聖經的一些片段，和其他的閱讀材料（我感到是聖神的召叫）。

我的健康一直是一個主要問題，尤其是在這一年中心律不整和疲累感。瑜伽對減輕壓力有幫助。

我在光啟社主要的問題，還有主要的壓力來源大概是無法在用成人的模式應對某些會士（的問題）。我從未理解到必須去壓抑我那些可能證明和另一人是相反的看法和想法，是多麼困難和費力。

我能夠克服再一次主持光啟社的恐懼嗎，如果發生這種情況——現在我知道這對人身自由的限制意味著什麼了？現在我的生活比較在光啟社之外發展：在台灣的公眾生活和國際的責任？後兩者對我來說都極度有吸引力、滿意感和充實感，並且如果沒有這些能夠一起很好地工作的副主任和經理們，我不可能領導得了光啟社。

我更了解到我在治理光啟社時，有身體的、靈修——情感的、智能的限度：

——我不能一天二十四小時都可以工作

——我不能一年十二個月都在那裏

——我不能沒有隱私、休息、放鬆和休閒

團體必須被允許發展更人性化和靈性的環境還有生活方式。我的天分比較是在公共關係、創造性和藝術性的領域（像是寫作、旁白、演出、腦力激盪等等），不是「行政方面的」（而我應該試著去將行政工作維持在最低程度：與現在相較，人事工作少一點；光啟社的員工太多而以至於無法給每個人個別時間和他們需要的關注）。

我也必須應付我偶爾出現的「錯誤的責任感」，還有就是一種將這些責任委派給別人並堅持要他們完成，而產生的罪惡感（而沒有在他們錯過球或無法打球時在那裡幫助接球）。我必須學會要求別人做事，但不是在他們失敗時讓受到個人傷害和失去勇氣。（我要）學習訓誡，面對，寬恕，給另一次機會。

第四－八天

自由已經浮現出來成為這次避靜的主題。

我也是如此受到菲律賓的和平革命所感動，這個革命把人民從一個家族的自私自利之中解放出來。我能認同他們，羨慕他們——因為我的自由目前尚未被達成。

有一天，我也能夠到達那樣的自由，而當那一天到來時（就像菲律賓人一樣），它將更漂亮和更有價值，因為有這幾年必須事先忍受的痛苦和（希望的）耐心。然後我將可以喊叫說：「再度自由了！」

我正在等待的自由是：在與我工作相關的事上，能夠去表達我的意見和想法的自由。

我有一些（極有限的）物質的或是外在的自由——自由活動，受到光啟社的辦公時間還有一些次要的責任的限制。我的工作和我的聖召也限制了我的「情感自由」。但是這兩樣在我的生活裡都有所補償，並且挺容易忍受的。

大致上，我很開心被減輕一些行政工作和責任。但還有一些領域是我覺得自己可以為光啟社有貢獻的。

（1）我和台灣的各種社會階層接觸較多，比光啟社裡的其他人差旅次數更多。在規畫節目時，我願意為光啟社用上我知道的、感受到的、還有觀察到的。

（2）我比光啟社的其他人有能力去創造一種有利於幫助光啟社員工，釋出他們的創造力、想法等等的氛圍。

（3）我不僅有製作節目和行政工作，還要在很多環境裡擔任演員和演出者，這給我在計畫節目和製作時，有寶貴的、不同的視角。

對於表達我的真正想法，深刻的看法還有意見的限制，就個人而言，真的是很具殺傷力的。有些人真的是連一點點反對意見都無法容忍。

當我偵測到一些修會弟兄的醋意時，我真的很深的受傷，但也必須理解到這一點，因為我過去也忌妒過別人。但我持續地遺忘或忽略他們的傾向（有時候，經常，甚至不願意承認），因為我對他們以及他們的才能和可愛之處充滿欣賞之情。

我心痛特別是因為我想我賣力工作，是為了得到他們的認同和欣賞。但是當我得到的卻是嫉妒時，我感到被踐踏了。而我試著忽略這件事或是忘了它。我不想要承認這回事，或是說出真相。

上面記錄的是我未來幾年必須要去變得堅強的兩個部分：

（1）有長期的痛苦和耐心：當在光啟社被否認有表達（看法）的自由的時候。

（2）讓我自己（可以）被我的同會弟兄還有其他對我重要的人的嫉妒反應所傷害，並且讓此「傷害」型塑我成為一個更堅強的人。

反思那些衝突的時刻，我很高興當衝突發生的時候，我就是去道歉，並試著順從，而不是反抗。在這件事上對抗似乎完全會是無效的（除非狀況很理想），因為可能是無意識的非理性的反應（嫉妒），要跟理性的反應打架。藉著學習去承受像這樣的傷害，我會變成一個更好的人。

10 身體與靈魂的健康

一九八七年八月廿一廿八日，聖塔芭芭拉市，美國

辭去光啟社社長的職務，傑瑞用他的安息年休假（唯一的一次）在洛杉磯的羅耀拉馬利蒙特大學研讀大眾傳播。在這次為期八個月的安息年休假中，他也做了三組的血管擴張手術，為了導正他十三處的動脈阻塞，這個數字在當時創下紀錄。除此之外，他還飛到拉丁美洲參加會議，並且在美國其他地方拜訪親友。拉丁美洲神學家的影響，深化了他透過媒體工作為窮人服務的渴望；特別是藉著「說他們的故事」。回到台灣之前，傑瑞在聖芭芭拉的耶穌會初學院做這一次的避靜。

第一—二天

昨晚閱讀瑪利諾[1]雜誌（Maryknoll Magazine）感動了我，讓我為已當了十九年的傳教士感到高興和自豪。我已經走過很多階段和舞台，但我可以看到我是如何在每一個新的挑

1. 瑪利諾外方傳教會，總部位於美國紐約州的瑪利諾，自一九五一年派遣一百多位傳教士來台傳福音。

戰和在這一路上成長和發展的。

我也可以看到天主如何帶領了我：服務弱勢地區人民的理念的吸引力；語言和在地化在台灣；歌唱和表演和（節目）製作；募款和發展和建築；亞洲和國際行政和公共關係；在電視、電台、演講台上公開露面；製作獲獎且廣受歡迎的教育性節目，且最後高峰是製作了一部電影，這部影片讓亞洲可憐的難民改變了生活並帶給他們希望，而又啟發了其他人，讓其他人意識到這些難民的困境。對於我傳教生活和工作的第一階段而言，這是完美的高潮。

有其他地方比台灣更舒適、更迷人。也有比台灣更糟的地方。我的中文口語流利程度，我與華人的共鳴，參與電視、電台和電影工作的機會，加上我在那裏種下的基礎，這一切都指向我的歸來。

會有隨之而來的犧牲：離開朋友、家人、兄弟、安慰、美國的景點，在那邊我過了非常快樂、激盪的過去七個半月時光。但是我感到被召叫回台灣。

正是現在，我對情境喜劇、教育性和宗教節目的企劃感到非常得心應手，以及偶爾有值得做的國際電影（為了全球布局）；盡可能的遠離行政工作，除了募款方面還有公共關係。所有這一切，包含OCIC的工作，會是全職的工作（至少），很有趣，具有激勵性，並且為我、光啟社、耶穌會還有台灣的教會也都有益。

我必須牢記在心（並且為此祈禱）：（1）在OCIC擔任主席或是未來的服務項目；（2）服務中國的可能性；（3）我個人的弱點和積習。

在這裡聖塔芭芭拉初學院的發願日，是一個很好的機會去反思基督召叫我去服務他人，藉著信仰和越來越強調服務、正義、成為無聲者的聲音。各種可能性在中國和台灣正在開啟，還有在亞洲的其他地方；作為一個傳播人才，我的經驗和技術都在增加。我在光啟社未來的職務也許也會讓我更容易去朝向這個目標努力。

我反思並閱讀了很多關於我的健康狀況以及我在飲食方面必須做的事情（無脂肪、無油、無鹽、無糖、無膽固醇），還要運動（一天四十分鐘，一週至少四次慢跑，每次三十分鐘）。如果這些真的可以改善我的健康（加上我將服用的幾種新藥），並且真的可以給我更多能量和體力去工作，以及精神上更靈敏等等，它肯定會消除我生活中的許多挫折（例如，我的渙散、拖延、工作效率不足）。

這會讓我可以花更多時間、更有效率在我的辦公桌前，在辦公室或在我房間工作、閱讀、學習、寫作…而不用花那麼多時間去做那些可能有消遣的效果，但過了某種點之後沒有教育性或充實感的「放鬆」；這些正在形成習慣，並且（令我）難以抗拒。

經過反省，我看到我的健康狀況（疲累、精神渙散）如何成為不安全感和對自己信心下降的源頭，而這也是我不願承擔更大的責任／工作（OCIC主席，光啟社總經理）的主要原因之一。這些工作會比此刻我的能力所及的，還需要更多的力氣和精神上的靈敏度。

以往我的問題是恐懼、缺乏經驗、緊張。現在前述的因素少很多，但也更缺乏力量、精力、和精神上的靈敏度。

如果這個情況有改善的話，我就可以做更多。

如果沒有改善，我就必須接受一個比較慢節奏的生活，和比較有限的成就：「上主給；上主收回。願主名受讚美。」

第三天

我的飲食限制讓我一方面感到快樂，因為我有一個「藉口」來放棄很多我知道對我不好的常見和美味的食物，但過去我幾乎無法抗拒，主要是因為社交壓力（真的或自己想像的）。我一直害怕被認為是健康狂、宗教狂和讓氣氛結冰的人……等等。外出吃飯時，我總是小心地吃光所有的食物來表達對主人（女主人）的感謝，而非常不願意提出要求或命令。我認為這違背了我在任何情況下都非常自由和包容的自我形象，沒有推諉或自我限制。

即使如此，我的另一面說我應該成為見證：對窮人，對更簡單、更簡樸的生活方式，反消費主義。現在我有了我的「藉口」。

即使如此，我將必須改變我的自我形象和生活方式，並且根據我的飲食指令，在要求或拒絕食物時更加果斷。我對食物有模稜兩可的反應。我必須學習犧牲，以及從節制當中取得意義、平安與滿足。我應記住，即使我有所捨棄，我的生活和飲食條件都比世界上大多數人好得多。

我忘記了德日進也經歷過很深的長期神枯和沮喪，那段期間甚至讓他自己無法繼續工作。和我一樣，他發現到年輕時的活力特徵減少了。

---

2. 一九一七－一九八〇，Oscar Romeno是薩爾瓦多主教，被尊稱為「窮人的樞機」，在彌撒講道時被暗殺。二〇一八年被宣聖。
3. 一九二九－一九六六，天主教神父，哥倫比亞社會主義者，最後成為游擊隊員，死於戰鬥中。
4. 一九二八－二〇二〇，巴西主教，知名的解放神學家。
5. 一九三八年生，巴西神學家。

他藉此激勵自己：相信自己的一切作為具有永恆的價值且值得做，這些作為不僅是為了自己的救贖，也是為了人類走向救贖、圓滿、在基督內的愛的共融、終末、基督再次降臨的進程。

拉丁美洲教會的英雄們：羅梅洛總主教[2]、托瑞斯神父（Camilo Torres Restrepo）[3]、Cardinal D'acosto、嘉薩達主教（Pedro Casaldáliga）[4]、波夫神父（Leonardo Boff）[5]、卡馬拉總主教（Hélder Câmara）[6]、洛舍德樞機主教（Aloísio Lorscheider）[7]、格蘭德神父（Rutilio Grande, S.J.）[8]，和波諾（Bono）[9]等人對我非常有吸引力，因為他們是窮人和受壓迫者中的勇士。我希望我能像他們一樣，但懷疑我是否有勇氣、道德力量和專心一志這樣做。我生活中的模稜兩可和恐懼似乎太多也太大。或許我的召叫是去述說他們的故事（視聽的方式），去放送他們的精彩事蹟和人格特質，而不是肖似他們，或做一模一樣的事。

第四天

如果我經常回想起我是被召叫來接受「窮人的食物」（簡單的麵包、蔬菜和水果，有時有些魚、肉），我想我不會因為我的飲食限制而感到被剝奪、不被關注或被忽略。我也可以反思很多專業人士（比如演藝人員），他們因為工作所要求的外表、機敏度或體力而更加嚴格地限制自己。

6. 一九〇九－一九九九，巴西大主教，知名的解放神學家。
7. 一九二四－二〇〇七，巴西樞機主教，知名的解放神學家。
8. 一九七七年被暗殺，二〇二二年教會宣列為真福。
9. 愛爾蘭搖滾樂團U2 主唱，經常將社會議題寫入歌詞，更實際投入人道運動，曾被提名諾貝爾和平獎。

當然，如果飲食控制確實回饋給我更多的能量和靈敏度、更好的動脈血管、健康和外表，那麼值得堅持，且喜樂地堅持下去。

今天早上我感覺到上主以很溫和的、安靜的方式跟我說話、呼喚我；這是一種我沒有想過的方式。祂召喚我去過更純粹、更簡單、更高、更真實的生活。在這個避靜中我已經意識到我生活中的模稜兩可：之一是深深的敬佩和強烈的、強調的渴望去效法像卡馬拉、嘉薩達、德蕾莎姆姆、羅梅洛總主教……等等使徒，之二是同時還有一個反方向的拉力，朝向感官的愉悅和積習。藉由屈服於後者，我可以減少生活中的很多緊張感（也許，有時候這是我能做的最好的選擇）。

然而當採取了這樣的生活型態，我知道我切割了我的生活、我的人格特質、我的心、我的精力、我的時間和我的服務。我變得沉浸在這些令人滿意的、放鬆的、令人陶醉的、養成習慣的消遣中，而奉獻較少的關注給自己的靈修和知性成長、深化人際關係、服務人群、對我自己工作的熱度等等。

我錯過了很多學習、互動和體驗新的文化的機會，因為我專注在不健康的、習慣做的消遣上。我浪費了這麼多時間，錯失了這麼多機會。

然而，不要感到愧疚。不知為何，我知道天主瞭解並憐憫我……明白我是希望做得更好，但這些情況讓我變弱。

當然，健康是一個因素。也許我正在接近解決之道中。與工作相關的壓力又是另一回事；或許這也會在某種程度上得到緩解。當然，我知道我還會一次又一次的跌倒和失誤。那並不是這麼重要，只要我保持著願意活得更好、更高、更純粹、更整合。

我有幾年沒有好好做避靜……或許是自從一九八四年之後。這可能是我生活方式失足的原因之一。在這個沒有非常嚴格架構、放鬆的避靜中，當我只是跟著心的律動，回應那些讓我感動的事物／經驗時，我突然開始如此清晰地看到我在生活中不斷浪費掉的事物……尋找著釋放、夢幻事物和青少年的固著。我沒預料到會思考這件事或對它提出任何新的結論或解決之道，但基督輕柔、溫和地引導我；就像我第一次決定成為一位司鐸時，祂曾做的一樣。

我感謝天主再次給了我去更真實地活出我聖願的意志；願祂現在賜予我力量和能力去這樣做。

這顯然意味著我作為耶穌會士、作為使徒、作為傳教士的生活的更新。這肯定會驅散我現在的恐懼以及對我的見證缺乏自信。這肯定會讓我成為更聖的、更可愛的、獻身的、有活力和有影響力的使徒。主，讓這發生吧！

第五－八天

我對過去幾天和昨天的決定的反思有確認感。首先神操是一種工具，讓人在生活中意識到聖神的工作，並且正確地詮釋這些發展過程，從中導出正確的結論，並增加實踐這些結論的動機。

這很肯定是這次避靜已發生了的事，即使我並沒有意識跟著避靜中的「日子」（進度）。

如果我要保持整合、成長和動機，每一年我必須作像這樣子的一次避靜。

我甚至可以更清楚地看到我的青少年時期陰影和過去兩年的壓力如何導致我習慣性地用其他消遣「麻醉」自己。今天早上我比以往都更清楚，用這種方式「麻醉自己」（雖然可能幫助我應付事務）侵蝕了我的動力、熱情和對許多事情的興趣：工作、企劃案、人群、地方、學習、服務……等等。我常被很多想法佔據，先選擇了一條死胡同暫時安頓，但從長遠來看非常不滿全且成長緩慢。

現在是做調整的最佳時機，因為：（1）我沒有承受可怕的壓力，（2）我沒有被極大的誘惑包圍，且（3）我有團體（情感的、社交的、智力的、靈修的）支持。

我已經四十四歲，情感和身體都比以往穩定。是時候再次放下這些青少年期的遊戲、幻想和消遣，並在我所剩的生命中做一些有意義的事。

我對這次的選擇感到平靜、很深的平安和喜樂，這是來自基督非常明確的召喚／邀請。這些日子祂似乎要求我在餐食、飲料和感官方面做犧牲。我清楚地看到這在未來如何意味著更緊密、更徹底的遵守我的聖願，且（一貫地）會給我帶來更大的平安、喜樂和自由。

我感謝天主從我這兒要求這些犧牲，並祈求我能慷慨地付出。

11

九型人格

一九八九年二月四－十二日，臺灣新竹清泉

傑瑞為了準備拍攝中國大陸紀錄片《勁草：不屈不撓的大陸教友》，第一次前往當地探路。回台灣後，他前往他弟弟位在山中的本堂，用九型人格（方法）做避靜；這方式相當古老，是蘇菲[1]發現自我的方式，用來表示九種人格類型；當中每個數字都有正面和負面的特質。傑瑞發現他屬於第三型人格，特色是在成就當中找到力量。

第一－六天

研究九型人格的九種人格類型，讓我反思很多關於我自己的獨特的類型學。在人格九型的自我探索指引中，我屬於第三型。這顯示出一種對失敗的恐懼，以成功為導向，容易虛榮，極重視他人對我的看法，特別是他們對我的成就的認可。

我很驚訝的是，我經常意識到其他人並不一定會（跟我）一樣的評價和看重成就——

1. Sufi，源自中東，伊斯蘭教的神祕主義者。

其實（成就）是多麼地含糊不清。我想我經常為此看輕別人；但這不是缺點，只是性格類型不同。他們有其他同等有效和值得的價值觀和目標，來當作他們生命的核心：幫忙把事情做「對」，領導其他人，創造和諧，反思和學習，具有創造力，忠實與負責，讓事情順遂……所有這些（特質）對於人類家庭結構的強大與精采，都是必要的。我不能低估或輕視其他類型，而是要他們以最好最可能的方式運用自己的人格特質……而我必須學習如何以最好的方式與他們聯結起來：接受、欣賞、合作……同時不要失去自我或是我自己的導向。

「缺乏讚賞」真的傷我很深；特別是被批評的言論、忌妒的反應、想出名的諷刺、長得帥、想跑在前面……等等。

我很多的成就和事蹟（像是談話，在電視上演出，出書，寫文章）得到這種負面的、諷刺的反應。對我而言，這聽起來像是褻瀆；就像把我的「神聖使命」拖到爛泥巴裡。我永遠不會覺得這樣的批評或諷刺讓人愉快，但我必須學習如何一笑置之，不要讓它成為良好人際關係的障礙或我工作上的阻礙（該退出的誘惑）。反而，它應該成為我做這些事情的深度和動機的測試。它也應該打擊我的虛榮心和提醒我自己有多麼虛榮，我是多麼不甘願承認我人格特質中的某些缺陷；例如：過分在意成功、別人的反應等等。這是我很少跟別人承認的事。

我可能永遠不會是一個好的改革者，因為我不是「第一型」。我可能不適合全職諮商，因為我不是「第二型」。我也不是一位徹頭徹尾都是創意的藝術家，因為我不是「第四型」。

然而，我接近二和四，因為我們以感覺層面處理事情，還有，與他人的關係對我們來說更為重要。

我也不是學者——第五型。我肯定不是第六型——規矩型。我永遠不會像第七型那樣，很自由的忘掉工作、跑去玩樂。我永遠不會像第八型，很自在地控制或質問他人；且如果像第九型那樣只為家庭的和諧而工作，我會感到無趣。

完成事情、達成事情、成功地結束計畫和活動的可能性，讓我活力充沛、感到興奮。它讓我感覺我這人有價值，活著挺值得的。

所以募款、推動企劃、公共關係——這一切對我相對來說挺輕鬆的。

我也挺合適做有創意的企劃案（例如，節目和影片等），但我感到在這些事業中，我絕對需要一個夥伴或一整個團隊，來刺激、支持和激發活力。直覺型似乎有助於創造，思考型善於找出錯誤和弱點以及解決實際問題。而我擅長開頭、整合、推廣和傳遞，意即我做製作人會比導演來得好；比較像是作家—製作人。

所以，似乎我在教會媒體的工作挺適合我……一個成就導向的人喜歡引進新的企劃案且很成功——分別發揮助人（第二型）和創意（第四型）。

第三型的人被認為是好的管理者，而我確實有能力去啟發、鼓舞、獲得支持和合作，結交朋友，影響人。我能夠鼓吹和讓企劃案過關；我能夠綜合許多元素並產出契合真正需求的產品；當我被適當的刺激時，我能夠連結得很好很有創造性，提出「原創的」或是「新的」或是特別／獨一無二的產品。

我在這位置上的限度是：（1）我對失敗的強烈恐懼；這意味著我應該避開帶領複雜

的企劃案或組織（財務和人員控制是關鍵，免不了對立）；（2）財務很無聊，和對我的能力（屈辱）有威脅（失敗的風險）。（3）對抗和控制有著會傷害、擾動或破壞人際關係的風險（一項失敗風險）

光啟社副社長或者OCIC副主席對我不成問題。JESCOMEAO（耶穌會東亞與大洋洲傳播協會）那個職位似乎不會包含這些風險。

我最害怕的是：（1）被別人視為或認為是失敗（2）讓我的人際關係以失敗告終。如何處理這些恐懼呢？

今天下午的祈禱讓基本議題再次回來成為焦點……而我再一次瞭解到，沒有比在亞洲做司鐸——傳教士讓我更願意做的了，試著藉由媒體將多一點愛帶到這裡，以及介紹那愛的源頭。這是我的使命、我的召叫。我愛它。

為什麼天主把我們放在這地球上，這是我們永遠無法完全了解的奧祕，但是這一定與給出自己的愛有關。其他的一切都是如此短暫，如此空虛，如此枉然。

第七天

九型人格理論說，像我這樣的人應該以運用第六型的「優點」來對抗本身的成功強迫症，意思是忠誠和責任心，順服群體的權威、標準、規則、規範等，為了避免構築（自己的）帝國、個人的成功、使用計謀來獲取成功。

我認為在光啟社和耶穌會的框架內工作，這方面在從前是幫了我的。我是否有為了自己的益處而犧牲光啟社的利益？我不是很確定，或許永遠不會確定。至少，我現在比較意識到我自己的這種傾向，並且可以問我自己這個問題，還有在未來試著抓住我自己。

至少，這一切給了我不喜歡的「企業責任」更多的意義，比如說出席經理人會議和行政委員會會議，特別是會省會議祕書，出席長上會議，陶成委員會等。所有這些都是一項服務，但在個人滿全方面沒有提供任何東西。他們是我作為耶穌會士和光啟社一份子的「義務」。有時候（似乎極少）他們提供我一個機會，以一個有意義的方式來分享（藉由我的參與、建議、付出……等）。

參加大眾傳播會議時我感到有滿足感多了，不管是亞洲區的還是世界性的皆然；在那些場合我感到我有一些碰撞／影響，看到我的想法和建議得到實踐，我的經驗和貢獻被重視。

JESCOMEAO或許也提供我以更有效的方式去服務的機會（若和經理人或是長上會議相比的話），因為我可以去導引行動計畫，並希望在媒體工作上動員我們亞洲耶穌會士的潛力。我將被派遣去激發、倡導、創造、鼓舞、促進或許加上培訓年輕有媒體才華的耶穌會士。我對此很有興趣，並感到興奮。它可能成為光啟社在整個亞洲的「延伸」。

協助媒體支持工作；有創意的媒體行動；改革媒體力量……在我這方面服務的、光啟社的和其他計畫的推動；我應當小心聽起來像是「自大狂」或是行為表現像是「默西亞」，全神貫注在我自己的企劃案裡，無暇顧及其他。我必須記得，這些並不是其他人的終極價值，他們對此缺乏情感上的熱火，甚至會忌妒。

要準備好面對這些反應，並在它們來到時接納它們。那就是十字架成為祈禱的豐碩果實的時刻。

或許是再一次回歸我昔日的作息表的時候了，只要我堅持著依照它的規律，它就會有用。現在我的問題比較是自律甚於外在的承諾（雖然海外的差旅真的是會打亂我的規律）。

我感到一種讓這次避靜的平安功效儘可能地長久維持下去的需要；藉著盡可能地堅守我的作息表。我確實感到被更新了且我的心靈更加澄淨。我正再次做瑜伽。這真的會讓生活更健康，更有生產力……還有更加平靜。

12 非受造的光

一九九〇年一月三日至十日，臺灣淡水

天安門戲劇性事件幾週後，傑瑞正好在北京，忙於光啟社以中國天主教徒為主題的紀錄片《勁草》（正式英文片名*Living Temples*）的前置作業。回到台灣之後，他做了「近幾年最好的避靜」，基督引導他做了一趟自童年以來的神祕旅程，耶穌會詩人霍普金斯（Gerard Manley Hopkins）啟發他在一切事物上發現天主「非受造的光」。

第一天

這天下午，我讀甘易逢神父論「守貞和友誼」的一篇文章，因此做了「為獲得愛情的默觀」。我和一位女性之間我體驗到的溫柔的關係是非常罕有的。她人非常好，也非常謹慎，盡一切努力使我們之間的愛成長卻不至於破壞這段感情。我很容易就可以把我對她的愛和好感轉移到對天主、對基督。當我想念她的時候，我感覺更加地完整、更加有安全感，同時明白我必須離開她，必須克制身體上的好感。對我們雙方來說，我感覺這是一個來自天主美麗且未曾預期的禮物，為了幫助我們完成我們的使命。

默想霍普金斯許多首美麗的詩包括〈城市裡的煉金術師〉（*The Alchemist in the City*）、〈天堂港灣〉（*Heaven-Haven*）、〈追求完美的習慣〉（*The Habit of Perfection*）其中的詩句'Be shelled, eyed, with double dark/And find the uncreated light...'，〈德國沉船〉（*The Wreck of the Deutschland*）其中的詩句「祈願他在我們內復活，為黑暗中的我們做黎明第一道光，做紅彤彤的東方」'Let him easter in us, be a dayspring to the dimness of us, be crimson-cresseted east...'，〈遊潘曼湖〉（*Penmaen Pool*）和〈天主的壯麗〉（*God's Grandeur*）詩句「雖然西方最後的燈火已逝／啊，早晨，在棕色邊緣向東，水泉處……」'And though the last lights off the black West went/Oh, morning, at the brown brink eastward, springs...'，〈星光閃亮的夜晚〉（*The Starlight Night.*）。

這些詩使我安靜下來，並提升了我的心神。我流下了感恩的淚水，在避靜中安定下來，感覺到，我這一年來跟天主非常的近。祂寫著寫著，和我一起擘畫出祂的計畫：我在總會長神父的笑容和溫暖感受到天主的愛，在省會長神父握我的手時感受到比以往更加溫暖、更多的關懷。OCIC、一九九〇年曼谷大會計畫Congress Planning、中國天主教會紀錄片、英語電視教學影片、計畫拍攝神學影片、九部難民影片、JESCOMEAO祕書長職位等等。我可以看到祂的手引導著我，我則像是枝鉛筆或是畫筆般。

我感受到我認可自己在光啟社的新角色，從社長的角色獲得解脫。又一次受到感動，想為難民、中國教會、越南和緬甸做更多。這似乎是個未來明確的記號／召叫／使命，會和我國際工作的責任結合在一起。

我也反省了我比較陰暗的那面。儘管到目前都不是什麼大問題，對我的影響力也比以前少了很多很多，它還是一個我無法根除的區域。可是，我不認為明天只默想這個問題。我想，我應該回到「原則與基礎」……我對我把自己的生命投注在什麼事情上的感受以及我為什麼做了一套很微妙也很明確的「評估」。我對過去沒那麼在意，卻對未來深深著迷，彷彿我生命的新階段，所有人的生命，正要開始一樣。為什麼我對在這個新生命扮演一個角色這麼興奮呢？

第二天

閱讀《馬爾谷福音》一開始的經文，因為馬爾谷描述的耶穌是個行動者，做事的人。接著，我默想了霍普金斯很美的詩〈風鷹〉（*The Windhover*），想到在中國外表淒涼的天主教徒和主教們，卻因他們的信德和苦難，內在如此的美好，我不禁潸然淚下。

我今天下午散步走得比較久（我沿著河一路走到淡水，再折返），我又一次讚嘆宇宙的無垠、歷史的長度超越想像，還有生命的數量和物種的多樣無法數算……以及我的生命在時間的長河於此時賜給了我……這一切似乎如此神奇、如此嘆為觀止，似乎是幾乎毫無懸念：有一位有智慧、有無限力量的存有在指引著萬事萬物。

第三天

從昨晚起，我有了幾次有趣不過沒啥震撼性的「靈感」（lights）。耶穌召叫了一群門徒……我可以在那群人裡面看到我最喜歡的耶穌會士和其他人。我感覺，我未來幾年的召叫會是和他一些充滿動能的門徒一起工作，穿越許多國界和界限，把眾人聚集在一起，用更有效率的方式，去服務全世界的人們，包括台灣和中國的教會，使耶穌會士得以服務難民、窮人。

在那個午後，我明白了，儘管我作風看起來大喇喇，其實我深深愛著耶穌會。這是我加入耶穌會第三十年和在光啟社第十六年。

生命是奧祕。當我在屋頂以坐禪的方式默觀日落，我了解了只有一件事情是確定的：我有一天會死，我所做的每件事都會逐漸被遺忘。我為什麼在這裡？我此時該做什麼？我要如何生活？我永遠都不會有絕對的把握。但對我來說，這個傍晚，當我看著金色的太陽從我這邊滑落至中國、中東、非洲、歐洲和北美，我以視覺化目睹在太陽底下如金字塔般的人種和文化，那位造物主說：「請看，且驚奇吧！無限的美和多樣性呈現，是否使你明瞭有一位真實者在這一切的後面？這難道不是你的工作，在為你準備的遊戲場和工作場，去發現並協調在這一切之中的可愛的生命？並且幫助這個世界和自己和諧相處？」

天主造了具有自私和貪欲這樣的我。他沒有譴責我的這些傾向，只要我努力克服這些缺點。對我來說越來越清楚的是：「撥開」這些傾向往前進，比起自我剝奪或是違背個人意志要有效得多了。我必須找到完善的管道去體驗和表達這些慾望，前提是這樣做不會影響我的工作或是教會的工作。

在做「兩旗默想」時，我看到一邊是為正義、解放、免於貧窮、飢餓、和壓迫的自由奮鬥，另一邊則是我的自私、恐懼、對感官的渴望、憤怒。請使我一次又一次選擇對的那邊，讓錯的那邊越來越少地掌控我。

第四天

昨天是美好的一天……如常地有美好的事物，我發現自己陶醉其中，覺得再怎麼多美好的事物也不夠。我想要體驗所有的一切，大口吞下去——美麗的太陽、海岸、大海、山丘，年輕人在此玩耍、飲食、微笑、運動、游泳。我不想錯過這一切，甚至想要跳過午睡。當我的感覺正活躍，而且我也沒有職責在身時，生物的美比平時更強而有力地滲透了我，於是我貪心地狼吞虎嚥，盡我所能。今天我卻因下雨了感到開心，我被迫要安靜下來，往內心去找尋美，我不是失去了昨天的榮光，也不會把今天耗在反芻昨天的榮光。

我的這種傾向、對感官上的美需求量大，會不會使我遠離正確的「旗幟」？這會不會使我無法達到神操所說的「第三級謙遜」、會不會使我無法成為選擇受苦而非享受、舒適，選擇受辱而非讚譽、選擇貧窮而非財富，選擇失敗而非成功的那種人，皆因這是耶穌基督所選擇的？

然而，在《馬爾谷福音》，我看到的耶穌，選擇生活在人中間（選擇貧窮，相較於他所放棄的），把他的能量都導向服務、講道、醫治和安慰人。

耶穌沒有拒絕教導人的機會、向人群宣講的機會、請求幫助、救人、醫治人。有時候，祂避開人群，去祈禱，或是去做「天父叫祂做的事」……但是，大部分的時間祂都極其「有空」，祂似乎是把握每個境遇和機會，去服務祂選擇一起生活的人們。貧窮、羞辱、被打敗和苦難隨之降臨，因為祂身邊的人心中的邪惡、嫉妒、貪婪、爭權便被攪動了。

我經歷過貧窮（把台北跟加州相比，另一次是把中國大陸或是泰國邊界與台北相比，羞辱、失敗及嫉妒）因為①我作為司鐸（公眾人物、電視、媒體），身為耶穌會士（擔任長上、光啟社社長）和專業及教會溝通者等等相當成功；②我的誠懇和意願在管理的領域（特別是財務和人事）「放棄」。我越是適應了目前的工作和職位，我越是相信我表現得很適宜；我所做的決定結果是羞辱（這算是最好的理解了）：我放棄了權力和名聲。但是，事實上，我知道我會得到另外一種權力、單純和富足，而此都來自於做了客觀性誠實的事。

耶穌（和德蕾莎姆姆）應該早已明白這件事。真實的力量、聲望和財富來自於①不要把你的光明或是才能埋在地下，而是用在危險的地方，在光榮的高位上陷於危險，發明了這一切，陷於危機、審查和攻擊，對方把你身上每一個構成都被拿來攻擊，就像耶穌的遭遇一樣；②對於你天生能怎樣或不能怎樣、可以或不可以做啥……非常的誠實和客觀，做選擇是基於誠心誠意的判斷。

12 —— 非受造的光

所以，我謙遜的程度應該是：接受（甚至喜悅）批評和誤解，當我發現我的朋友和弟兄嫉妒我，我會有喜悅……因為這就是耶穌碰到的。我不可以逃避這樣的事情。

面對這樣的事情，學著說：「我不在意。這沒什麼大不了的。」或者更好的反應是：「謝謝。」

同時，我不能忘記去年避靜我得到重要的靈感：我們都是不同的個體，基本的心理取向都不一樣。根據九型人格，我的成功和成就取向只有一個。[1] 其他人爭取得到救贖、追隨基督，藉由：第一型，他們希望世界變得更為完美；第二型，透過個別地幫助其他人；第四型，表現自己的個別和獨特性；第五型，分析這個世界；第六型，符合社會對秩序的要求；第七型，尋找跟創造樂趣，把世界變成一個更舒適的地方；第八型，控制社會中不受控的力量，恢復秩序；第九型，創造人與人之間的和平和和諧。

我發現從去年以來，我的內在已有改變：

①我不再那麼關切過去，更多地往前看，對未來感到興奮和受到吸引；願意讓過去就此過去。

②減少對我的事業是否成功在意程度。更加平心，願意等待，甚至讓我自己感到挫折或是因其他人情緒化或是沒有理由的決定而停滯不前。「那又怎樣！我不在意！沒關係！」到頭來，這些「成就」是我們在和平和愛內締造才有意義，不能有傷害、強迫或是採著別人頭上，比方說，如果光啟社製作出偉大的節目，卻因為這原因（因為我自己的不合作）而失去了某人，我就是個「失敗者」。

1. 參考第 11 章。

③內心更少發怒，更少自我防禦。更多的喜樂和平心。
④更多愛和情緒上的安全感。

在我的祈禱中，我能問，（因我努力去行動和達成目標）當羞辱和痛苦與剝奪降臨時，我能夠接受這些、選擇接受這些，帶著喜樂，因為這使我的生命更加地與耶穌的生命一致。

當我從正義與工作的「旗幟」（宣講福音、教學、醫治、拯救）往身體的愉悅（舒適、美麗、樂趣）的方向擺盪時，我應試著聖化這些感官需求，在其中找到天主，透過這經驗成長，跟我的那一位談這件事情，誠實勇敢地面對我的傾向、需求跟弱點，而不以罪惡感和羞恥感面對，明白這是真相，就是我身為人的處境，對此我毫無辦法；這使我明白自己的軟弱。我並不能完全控制自己的人生；我不是天主。生命一直、始終都會是一個偉大的奧祕，我因此謙卑，我只能躬身，以微弱的聲音請求：「救我！」

第五天

昨晚用餐後，我坐下來，讀了兩篇關於傳播與社會正義的文章，主題是「參與幫助窮人的專案」等等。我感覺，為窮人、為社會正義、為公平、為環境、為人權工作意義重大，即便我們許多努力歸於徒勞無功，或者更好的情況下只是邊緣性的效果。然而，這些工作不知何故卻同時促成我和我「鄰人」的「得救」。

接著，我感覺我極需要安靜下來，暫停閱讀或是做任何事情，就是靜靜地坐著；漸漸地，我感覺自己受到「吸引」，幾乎屆臨那全然靜默的狀態，那個腦波釋放出*alpha*波的狀態，進入了幾個月來最深刻的宗教體驗。很像是上一次大避靜默觀耶穌的隱匿生活（the Hidden Life），我出現在納匝肋，在耶穌的家裡，正當我要向祂「報告」時，祂溫暖、喜樂的歡迎我。祂溫暖地、充滿感情地、親密地對我說話。祂的態度就像是我完全沒有必要做什麼報告，祂知道我做的每一件事情，正是祂和我走過了這一切。

祂知道且看到我做的每一件事，祂認可我做的每一件事，祂希望我去做這些事，召叫我去做那些事，是我們一起做，為了同一個目標……而且有一天我會同祂進入永恆，讓我感到極大的喜樂和安慰。

當然，這美好的「神視」再次告訴我，我與天主結合，放棄了感官的樂趣，完全不是相互排斥的，因為我的宗教經驗是緊接著兩個感官體驗，而這體驗似乎是相當無邪、自然的，儘管讓我感到難為情。耶穌會一笑而過，我相信天主會這樣看待大多數慾望的過失，因為祂創造的我就是這樣的人。祂讓我看到，我怎樣慢慢地越來越淨化，越來越少自私，越來越少耽溺，更多的是緊密地朝向祂……祂不期待這在一夜之間發生。這是個過程、一條路，一個方向。

接著，耶穌帶我走一遍自我童年迄今的奇異旅程，指點給我看祂怎麼召叫了我，而我如何回應祂，也因此，祂使得我越來越和祂相似。祂帶我看見，有兩三次祂可能已經結束了我的生命，卻因著祂的目的、祂的計畫，讓我繼續活著。

最後，祂讓我看到，我一直在找尋、搜尋一個表達、做他召叫我做的事——為世界上的窮人、有迫切需要的人——的出口，就像是一株苗找尋泥土最鬆軟的點去長、去發芽……這部難民紀錄片如何曾是一個非常好的機會…現在是中國紀錄片，未來會有更多……樹木強壯的樹幹這些年來一直在成長、一直在找尋，如今就要突破路面、這世界缺乏知識、無明、不覺、寸草不生的外殼，為了善而爆發出來……特別是為了中國人和中國教會。我已來到，帶著我的禮物、我的珍珠[2]、我的靈感（light），以及我經驗到的耶穌是連敵人都愛、也要我們必須這樣做（這是為了我們自己的好處），他還說，我們受造，是為了服務其他人，我們若這麼做，會得到永恆的意義、永恆的喜樂、永恆的生命。那是我做傳教士的使命。

耶穌實在是太好了，已經為我準備好了一個工具（光啟社），讓我去分享我的禮物，十六年來我在台灣已善用了那個工具。現在，祂對我說，「延伸」到中國，「藉由OCIC和JESCOMEAO……去形成一個網絡，一個普世性的團結，可能會使我交託給你珍貴的禮物——你的天分、你的珍珠、你的靈感更有效地分享出去。」

在那次體驗中，祂幾乎帶我「出離己身」。這次避靜中，有好幾次我掉入默觀、默想、*alpha*狀態，而我僅僅只做了正常的準備功夫而已（例如瑜伽、禪坐）……僅僅只是坐著，我感受到了心理上的「騷動」或是「不安」。當我停下每一件事，靜下來，正常地呼吸，我很容易的、很快的進入了那種狀態。這是新的體驗，值得我更加注意。

今天早晨，我又一次進入了那個狀態，但只經驗了平靜、完整性，沒有神視、靈感或是任何特別的體驗。

2. 珍珠，《瑪竇福音》十三章44－46節紀載，耶穌把天國比喻成珍珠。

昨晚，整個過程我都感覺很正向。我感覺被風暴帶著、吸入、被捲進跟我的世界同時存在的另一個神奇的世界，儘管我在當下經常沒意識到自己所經歷的。

第六天

昨天晚餐過後，散步、念日課，又讀了一些《馬爾谷福音》，我感覺自己又「受邀」，進入默觀、平靜、*alpha*的狀態，和前天經歷的幾乎一樣強烈、逼真，持續了很長的一段時間。

我流了很多的眼淚，最主要的感受並不是愉悅，而是確認我的聖召、我的「方向」、藉由光啟社到中國的使命、傳播和JESCOMEAO等等。

神視中見到瑪利亞，卻是完全意料之外，完全的不請自來。她似乎是很溫柔、很可愛，和平之后（現在在俄羅斯和東歐她正受到禮敬！）。她帶我看見／告訴我，我們因同一使命，要把基督、和平、真理、安慰、美、善帶到世界，而成為一個家庭。

她帶領我看到，我怎樣獲得了一位珍貴、沒想望過、沒懇求過的朋友這樣的禮物，她告訴我，要珍惜這個朋友，待她以善，溫柔對待她，幫助她找到喜樂與平安，那將使她成長、開花，把自己和她出色的禮物分享給這世界。她未來也會幫助我更懂得如何去愛、更加適應生命中的艱難、粗暴和冷漠。她讓我看見，我對她的愛有多麼深刻，這份愛是如此純粹，可以存留。

我很震驚，如果我想完全進入上述那種默觀的狀態，我得徹底「忘記自己」、「放下」。我必須忘記自己，失去自我意識。

以下這些事情已經幫助我和我有衝突性的人格和平共存：

①說，「我聽見你說的了。」然後做你能做的，而不是做更多。

②不被「誘使」像個小孩子似的跟人爭辯，即使他人針對我、刺激我，在他們設定的遊戲裡想要逮住我：「看吧！我可抓到你了。」我拒絕再「玩」，情緒的溫度就會維持在低點。（雖然其他人會為我不跟他們玩這遊戲而生氣；他們因此少了一些情緒的出口、樂趣，少了用來反對我的彈藥；少了「弱點和缺陷」好讓他們的缺失和錯誤得以合理化。當然，我認為這對他們是好的。）

③Vincent Nolan 著作的 *Innovator's Handbook*[3] 讓我了解，我不是能好好聽人說話的人。我聽人說話應該更小心一點，要找尋能告訴我話真正的底層意義的線索。「大多數（五成）的溝通失敗，所以別指望你的訊息能傳遞給對方。」

簡而言之：①少說點話；②更謹慎地聆聽；以及③拒絕跟人辯論。

我該在這次避靜結束前，就嘗試計畫下次避靜的時間地點。這段日子也許我不該在海外避靜。避靜太重要了，若因處於異國而分心，導致失去某些東西，那風險太高了。我應該小心地分辨。

我很愛淡水地區的多樣性：有河、有草、有花、有海洋、有城市、有學校……甚至連

3. 初版於一九八九年，查無中譯本。

每天改變的天氣也可調適得宜。太陽，儘管很少現身，當它露臉時，如美之狂喜（正如今天下過雨後）。即便是雨水、霧和雲都很輕盈、溫柔、能使我留在室內、留在寧靜裡，體驗那「非受造的光」。

第七天

昨晚，我沉靜下來，和耶穌來次「例行性」談話。先念日課，接著讀《馬爾谷福音》：耶穌進入了耶路撒冷，和門徒間的談話，和法利塞人、撒杜塞人辯論，提到了寡婦的兩文錢、無花果樹和無花果樹死掉了，關於戰爭、毀滅和迫害，關於在世界終結前把福音傳到全世界去；關於「舒適美好的東西」。瑪利亞[4]用香油抹了他的頭，溫柔、充滿愛的，為他的孤獨、為他的受難和死亡預做準備……甚至連這小小的善意表示都遭忌。人可以這麼冷漠、如此小心眼、如此殘酷、如此膚淺、如此不用心思。

一路閱讀《馬爾谷福音》到了最後晚餐（「這是我的身體…我的血……拿去吃、喝……」），猶如在眼前、活生生、豐富且令人愉悅。但是，之後沒有發生跟耶穌的「談話」，只有平靜和滿足於我在我應該在的地方……今晚我待在自己的房間，等候，警醒著……知道天主的「微笑不是硬擠出來的」，而是在「不期之處顯現……恰似天空與陰暗的群山間亮點交雜——照亮了可愛的一英里路」。[5]

今晨每樣事物看起來都美極了，我想這種情況下是不可能默觀基督的受難。我唸完玫

4. 教會的傳統認為，為耶穌傅油的這位婦女是抹大拉的瑪利亞。
5. 霍普金斯的詩 *My own heart let me more have pity on*。

瑰經之後，在山丘上憑著記憶朗誦〈天主的尊威〉及〈風鷹〉，這兩首詩似乎是人所發明或者說是創作最美的祈禱讚美詩……把我內心的感受如此細膩地表現出來。

接著，日課早禱結束，我開始祈禱，驟然間淚流不止，古家兄弟們[6]、荷西[7]寫的信及古家小弟依納爵與五位耶穌會士、兩名婦女在薩爾瓦多一同殉主[8]等念頭在我腦海盤旋，我的想像和意識突然大爆發。

我似乎聽見了受難的幾位耶穌會士在槍口下祈禱……聽見他們說：「我將我的靈魂交付在祢手中。」……看到了打字機上他們尚未完成的文章、在他們的電腦裡存著違反人權的統計數字，我聽見古家的依納爵，彷彿鷹一般，大聲斥責酷刑和殺戮，我還看見他們在做神操，他們在一切事物上看見天主。

那朵今晨我摘下的雪白色茶花，象徵著他們的純真和犧牲。他們是真真正正的殉道者。他們看重說真話、和窮人一起受苦，甚過自己的生命。像我一樣，他們也是傳教士，離開自己的家、家人、朋友，把基督帶到另一個文化的人們，在他們中間成為基督。他們死於來此服務的人們手中，是完美地肖似基督，實現了他們做傳教士的志業到極致。

我從未如此為自己是個耶穌會士和傳教士感到驕傲。

總會長柯文博神父也傳遞給我，他了解並讚許我正努力達成的目標。

基督給我的訊息很清楚，要我一天一天越來越大聲、越清楚，把我身為一個耶穌會士傳教士的驕傲感表達出來：我們偉大的聖召越來越清楚，是去回應全人類對和平、人權、保護受造物的渴求，以及幫助窮人、鼓勵所有促進公平分配物資的行動和人類完整生命的機會。

6. Ellacuria brothers，指丁松筠神父的耶穌會弟兄古尚潔的親手足。古家是西班牙人，連古神父在內共有四兄弟成為神父，三位入耶穌會，一位為教區神父。

7. Jose是古尚潔神父的名字，古尚潔神父的父親姓氏Ellacuria，母族姓氏Bescoechea。古神父一九六二年於台北祝聖為司鐸，以其所學致力於爭取勞工權益，創立新事勞工中心，服務國內及國際移工。古神父於一九九五年返回西班牙，在台灣服務近四十年。二〇二〇年安息主懷。

不知何故，我的工作是透過傳播去做這些事。為此我做了很多計畫和細部規劃……接下來我的人生都要砸在這上頭。

我已經完成了準備的各個階段，包括探索、學習、深入、找尋，也經歷了找到和失去……現在我正處於重新發現、重新確認多年來我內心掙扎摸索的事。我感覺，如今已是一個新的成熟階段。我內心充滿感激，熱切渴望去做那些事。

第八天

昨晚，我用非常慢的速度讀馬爾谷版本的耶穌受難史，非常生動地讀……非常平安、沒有凸出的情緒。時時刻刻災難都可能讓我倒下，這讓我大感驚訝：一次車禍、罹患癌症、心臟病發、突然癱瘓……任何事都可能突然讓我受傷或是失能，讓我的生命突然中斷，徹底地改變了我個人的人生歷程。

對這類事情會發生的反感很像是耶穌在山園祈禱時的感覺。祂當時很年輕、健康、有吸引力、傑出，宣講、教導和醫治都很成功。幾千個人追隨祂，密切關注祂的一言一行。有些人拋下自己的一切跟隨他。祂愛這些人，喜歡他們的同在、好感、感謝、支持和愛。要是讓這一切戛然而止，怎麼想都是極大的痛苦。不難想像祂會請求不要飲那肉體上、精神上、情感上都無比痛苦的苦杯。可是，祂說，「不要照我所願意的，而要照祢所願意的。」

8. 丁神父提及的慘事發生在古尚潔神父的親弟弟依納爵（Ignacio Ellacuria）身上。他是知名的神學家、哲學家，在薩爾瓦多傳教多年，並歸化為薩爾瓦多人。一九八九年十一月十六日，政府軍闖入大學的靈修中心，當場殺死六名耶穌會神父、女管家及其十六歲的女兒。六名耶穌會士皆為中美洲大學的教師，並且在當地服務貧病多年。

倘若我面對災難，我應該也會這樣說。儘管那些事情太過恐怖嚇人，幾乎是想都沒辦法想。我感覺，憑藉著他給予我的信德，我漸漸地能夠成長到像耶穌一樣接受一個十字架。

我進到市區，看到我出現在電視上，討論的主題是兩性之間的反應。對於我的談話內容、陳述方式還有外表，我都給了挺好的分數。即便是談論嚴肅的話題，談吐能夠放鬆、自然而然的，這是好事。似乎是天主給了我個人魅力、能力，讓我能做到那樣。我注意到，我的照片再次出現在《聯合報》上，是傑瑞叔叔英語教學節目的廣告。我會繼續運用這些天分，作為傳播媒介，把基督更多的介紹給台灣和中國。

今晨陽光普照，很美好，和過去幾天一樣，我漫步、快走，欣賞自然美景。我越是平靜、收心，就更能感受自然的美好：樹木、鳥兒、松鼠等等。這經驗神奇、輕鬆、自然，默觀，就像霍普金斯的詩一樣。

我發現，這次避靜，我的系統很少讓我產生「毒藥」和「苦澀」感。甚至收心也很快的降臨。我每天的行程／生活，即便忙碌時，現在給安靜和寂靜留了更多的空間，即便不是每天如此，至少是經常性的。我「生活的節奏」是以週為循環：每週我需要幾個安靜的早晨（做瑜伽）、幾個安靜的傍晚（閱讀、放鬆、反省）。我感覺這樣下來越來越好，可能因為我少了很多壓力、「攻擊」和對專案、人們和「體驗」的沉迷。

淡水應該是我一九九一年避靜的強勁候選者。這兒很便利，又近，安靜又舒適，完全不會有分心的事物。儘管這兒的天氣不會每次都像這次那麼宜人，可是這邊有很好、令人驚奇的多樣性：天氣、景緻、環境、運動和默觀的可能性（自然景觀和人們），還有啟發。如果天氣不適合跑步，可以散步、有海灘、池子、溫泉，都在非常方便的距離。

明年：我的大挑戰會是完成中國紀錄片，以及上映。JESCOMEAO會議和通訊刊物，曼谷九〇大會、影視訓練和網絡專案推出、訓練課程。

還有電視節目、英語教學節目（長頸鹿）和宗教性節目。

去除英語錄音、簽名要求和表格，還有把英語更正／翻譯量減到最低程度，這樣做，對我已經顯示好處。

把演講降低到每個月二或三次，學校安排更有選擇性（延後幾個月或者到下個學期）。也許去高中演講，比去大學效果更好，或者服務性團體更有挑戰性，但是兩種都有助於我跟上年輕人的步調。

今年我不寫書，也不寫文章。可是，明年或是一九九二年，我應該會錄一些故事和經歷。

我得花些力氣保持鎮靜、安靜和冷靜，在高度壓力之下完成中國紀錄片。得試著讓自己按照行事曆完成工作，用方法做事，別整個人栽進去拚了命的做，要有平安和精神上的紀律。

第九天

昨晚，唸完日課後，我又讀了《馬爾谷福音》，讀到了耶穌的復活；接著讀《路加福音》；然後開始默觀耶穌的受難，流淚……當祂背著十字架，我想要伸手幫助祂……我的水杯被我自己碰掉了，掉進了一個很窄的縫隙……沮喪之餘，我打破了杯子，然後扔掉它。我在光啟社有好幾件想做的事，在我的「受難」當中讓我沮喪。

在墓穴，和耶穌的遺體在一起。我觸碰了祂的手。感覺到祂的手在動、變得有溫度，看著生命逐漸回到祂身上。我們走出去，找到了且撿回了我的杯子，見到了許多充滿活力及喜樂的門徒，而耶穌勉勵我面對未來一年的挑戰：「去做吧！你能——我們所有人一起——可以做到！不要害怕。」

我聽見祂說的話，相信祂，我們會一起完成。又是充滿挑戰的一年，但是我們已經準備妥當、調整到最適當的速度，再一次出發。我充滿了希望和樂觀。

今天早晨，祂提醒我，不是每件事情我都能做到，或者說，不可能都做得很完美……我得心平氣和的接受這件事，找到方法繼續做下去。

這是一次好得出奇的避靜……好幾年來最棒的一次……我和祂訂下一年後的約會，很可能就是明年此時，也許就在此地，一起看看一年怎麼過的。

主要的「年度決心」：①遵照我現在的行事曆，優點是平衡且有好處；②要注意每週至少三到四次做瑜伽或禪坐；③極其重要：在我感到疲倦之前便休息（週末休息、游泳、暫停、旅遊度假、確保週末不工作、試著安排和一些耶穌會士到海邊幾天）。

13 愛和友誼

一九九一年二月十七－二十五日，台灣淡水

傑瑞被任命為耶穌會亞洲傳播的祕書長，工作量加重了，國際旅行的需求也增加。可是這次避靜並沒有聚焦在工作，而是愛與友誼。他評估過去一年像是打了「全壘打」一般，悉皆按照天主的旨意完成。他感謝朋友們的禮物，稱呼他們是「玫瑰——這些面容和人充滿了我的遊戲場和工作場」。

第一－三天

頭兩天非常平靜，幾乎沒發生任何事。這個午後，彌撒後，突然想到今天是我小弟的生日，我的心靈回溯到三十七年前他誕生那個令人興奮的早晨，當時的記憶栩栩如生，我進入了*alpha*狀態。

我感受到自己慢下來了，進入了避靜的「狀態」。這些年來，我學到了要非常仔細地

注意我的身、心、靈……聆聽並服從這三者的動靜，這往往像是路標一樣，引導我感知天主和祂對我的旨意。

昨天一整天我都在聽音樂、讀喬治．丹尼斯的書，是介紹避靜很可愛的一本書，談及「原則與基礎」和「君王的召叫」。

今天，我不想聽任何音樂或是新聞，想做的是「回顧我的人生」，每年似乎都有必要做。也許這回應了依納爵神操中默觀罪與死亡。

我發現今年自己相當平和：我和團體的關係很好；在光啟社，很充實（完成了《勁草》製作和發行之後沒那麼緊繃了）。

電視節目進展良好，可能製作一個新的英文節目，跡象顯示應該有機會；宗教交談紀錄片進展順利；JESCOMEAO會議和專案展開，有了好的開始，成員和長上都反應不錯；為我的耶穌會修生後輩錄影訓練課程也很成功；我的生命中出現一位新的、親密的朋友，我們有共同的興趣和感覺；和不同層面（工作、友誼和靈修）的其他朋友關係更加成熟；放下OCIC工作的重擔，未來也將可望卸下團體長上的職務；光啟社的六年計劃已經出現步入正軌和極大化效應的跡象和希望。

我能有更多自由去做有創造性的工作？第一天晚上，林強的台語歌詞提到一個老者和一個年輕工人，讓我很感動。為什麼？

第四天

整天躺在床上，不確定是得了感冒還是過敏，總之我昏昏欲睡、全身沒力氣。我不知道自己怎麼了，不過我懷疑我生理、心理上都比自己以為的還要累。我四十八歲了，我發現如今的我比較喜歡散步甚於跑步，五十分鐘晨間步行到海邊，上下小山丘，會讓我整個早晨都感覺沒精神。

天氣很冷，讓我每天晚上都想全身浸泡在溫泉裡，會讓我很舒服、很放鬆。泡湯之後，我會買點零食，在自己的房間裡享用（晚間九點到十一點）一邊讀喬治・丹尼斯的書，或者是聽著林強的歌寫出臺語歌詞，他的歌我真的越聽越喜歡，有點擔心會因此讓我在避靜時分心，畢竟現在已經是第四天，卻沒有多少事情發生。我會嘗試一點一滴的去分辨。

這個擔憂又一次讓我疑惑，不同生物給我的安慰能和我追求天主的旨意……我的使徒工作、我做的見證、我和天主的結合相容嗎？

我比較不擔心前面兩樣事情，因為我感覺我以今年已經做了巨量的工作——去年避靜時我感覺受到召叫去做的每一件事情都做到了，而且，我實在看不到哪兒我還能做得更多，說不定我做得太多了，反而使得我在一年結束之際過勞了。關於我所做的見證，我也感覺很自在。我可以更活潑、更沒偶像包袱一點，仍然可被接受。我得小心不要鬧出醜聞（特別是公開的），我想我可以繼續做自己，也許比我到目前為止還要更進一步。

可是，這是多年來頭一回（打哪年啊？）我有一位很溫暖、親密且相處愉快的夥伴；這份關係在情感面、社會面甚至心靈和身體的層面都非常讓我滿意，雙方都沒有任何勉強或是過度。這自然而然的友情和我的聖召十分的相合！我已經接受這份完全沒有預期且十分特別的禮物，這是天主的愛……對我和我的朋友皆是。

然而，一如往常，當我體驗到「物質享受」——美味、令人陶醉、舒適或是感官享受的東西——我會因內心微小的不安、擔心和罪惡感、害怕這會變成和天主合一的障礙或是危及我的聖召或我的誓願而受苦。

理智上，我認為這種感覺很莫名其妙。理智上，我知道唯有透過祂的受造物我才能認識和愛天主。當祂給我一件特別的禮物，祂給了我一個祂愛我的表現，祂同時也要我這方面以愛回應祂。

那麼，為什麼我感到擔憂，有罪惡感、不安或是恐懼？

因為，接受這些禮物、這些享受或是人進入我的生命，似乎是把我從完美的貧窮、守貞及服從的「典範」拉走。

也許是時候了，我該誠實地面對我如何看待我所發的誓願，好好對自己把這釐清。

最近我讀到一份關於誓願非常美且動人的聲明：「服從」攸關我和天主的關係；「守貞」攸關我和我自己的關係；而「貧窮」攸關我和其他人的關係。

這段話非常值得深思。

對誓願的成規只是嘴巴說說、表面服從，祕密的違反規定，不有意識地反省、請教別人、在天主前判斷某人的行為，是很幼稚、不成熟的。

怎樣才不會變成一個偽君子？如何能保持誠實……以符合我身體、心靈、社會和情感需求生活，還能透過三願（即貧窮、守貞和服從）真實地為天主的愛做見證。

也許這正是我該專注的避靜主題。若沒有好好有意識的處理這些問題，恐怕會有削弱宗教生活能量和熱情的危險。

午餐過後，我去山下，買了一種神奇的抗組織胺藥丸，把我治好了，讓我的腦袋恢復運作。我心想：「生命何等易碎柔弱！」小小一點失衡，就能讓整輛手推車翻倒。我也為在光啟社我使用的除濕機獻上一遍感謝的祈禱……它終結了我多年的痛苦和衰弱以及因過敏導致的效率大減。

在彌撒中，沒有問任何問題，也沒有分辨任何事情，天主似乎在告訴我，藉著發生在我身上的事情，我在去年有了改變。所有的事都完美地完成！過去一年就像是揮出全壘打，就像是拿了「滿分十分」，擊倒了全部的保齡球瓶。因為，我感覺，一切事都按照祂的旨意、祂的計畫！我初步的分辨是正中目標，而且，我給出了我所有。

於是，祂抛給我幾支「玫瑰」，我得到禮物般的這些朋友充滿感激，包括：

——某個奇妙的朋友兼工作夥伴，相互提供靈性成長的刺激以及產生獻給天主的美好事物的化學作用。

——某個支持我的朋友，他和我在發行紀錄片時合作無間、默契十足；對我未來的發展和可能性，他能是救星和開門者。

——某個美麗的朋友，工作上、遊戲還有深刻的分享是我的良伴；慷慨、有趣、一線陽光、一扇開啟的窗戶。

——某個忠實的朋友，低調且時時待命。

——某個啟發我的朋友，像是山間的清風或是蕩漾的溪水，自然且未曾預期的進入我的生命，且融入了我的生命，帶來生氣、運動、音樂、溫暖、笑聲和愛。

——某個貼心的朋友，關注健康的需求，帶著赤子之心、使徒的熱忱，是我在牧靈工作上的延伸。

——某個隱居的朋友，經常躲得不見蹤影，每回他翩然出現，我們相遇時，帶來更多香氣和歡迎；期待更多和他相遇、更深刻的分享、更多的放鬆共處。

——某些朋友提供了整個玫瑰花叢，包括禮物、工具、設備和可能性。

——某些朋友給我鼓勵、保護和相互幫助。

還有，失落的玫瑰、荊棘、花苞和枝葉……

第五天

今天下午兩小時午休之後，終於，我立刻「發現自己」（神祕的）處於「*alpha*狀態」（默觀的模式），可以坐著行禪默觀約四十五分鐘。晚餐之後，稍微散步了一下，我坐在小聖堂裡，整整一個半小時，都處在前述的那種狀態之中。

13——愛和友誼

為何入靜這麼久才進入這種狀態呢？耶穌和瑪利亞似乎是在告訴我，由於年紀和太多活動的關係，這是過度用力導致。我的動脈還是不如以前。

當我發現自己疲倦或是過勞時，我應該去找針灸師，一周至少一次或兩次。我覺得他去年真的對我幫助很大……他是另一個與我交會的「天使」之一。

我應該安排一次晚宴（或許多次）來感謝我的「天使」們。

去年是馬年，我以全速奔騰。今年是羊年，我該試著減速：慢些、溫和些、更居家的生活型態。

放慢步調，應該能讓我有餘裕對我的朋友更好一點。也會讓我更頻繁地重新進入默觀的模式。我會因此有空檔做瑜伽和游泳，我懷疑，這兩樣對我動脈的好處就算沒有勝過針灸，也相去不遠。

然而去年我設定啟動的「機器」今年會繼續推動我向前……儘管叫停新增企畫案，或是把這些企畫案延後一大段時間。

我午後和晚間默觀很有想像力和感情。我的心跳似乎比平常更穩定、強勁，也比較「自動」。

我很驚喜，竟然遇見了聖母瑪利亞，以美好奇妙的方式經歷她。這從不曾在避靜外的日常祈禱發生過，完全出乎意料，同時和我的個性不符。為什麼？

以往在避靜裡，第一次在默觀中和耶穌相遇，似乎是在祂的隱匿生活時期。那時的耶穌是個工人，我也是個工人，同時是祂的朋友和僕人。我經歷一整年的工作，身上髒了，也有傷痕。見到祂、和祂談話、聽祂說話、擁抱祂，實在是太好了。

午餐過後，我經過小聖堂，沒有進去裡面。我只是停下來，問：「祢怎麼還沒有顯現給我呢？我知道祢不接受強迫。根本沒有辦法強制這事發生。我已在此，準備好，等候祢。祢何時到來……。」午睡之後，耶穌就來了。

於是我終於進入了避靜模式……我不想出門，或是做其他事，唯獨等待祂、經歷祂在我內……在一切事物中……以此有形的方式……如此無法否認的真實和臨在。

這個轉折就像穿越一個艱難的人行天橋，和一個沒有固定形體的對手緩慢的摔角，終於取勝。這實在太神祕了。當這事發生，每一件事都因此改變。整個世界和我本身都改變了……那「住在我內者」於焉顯示出來。

若我要讀福音，我想今年應該讀《若望福音》：愛和友誼、戲劇性／藝術性的呈現、說故事和衝突、神祕主義、倚靠耶穌的肩膀上小歇一番。

瑪利亞「說」，是時候改變我的生活型態了。不再執行或是參與我所有的企畫案，我應該找尋更多的「天使」幫我的忙……把更多的工作交給或是分享給我現在的「天使」……許多位應該會愛做更多。

聆聽在身體和靈魂內的聖神是正確的，且很根本：若我強迫自己在進入「默觀狀態」前閱讀聖經，我能從中得到什麼？假使我強迫自己在休息之前做瑜伽／禪坐，我應該會睡著吧。

必須等待時機成熟！那時間沒到之前，旋轉羅盤，休息，閒晃，還有等待……！

第六天

一整天我還是感覺過敏、想睡，不在「狀況」內。讀了相當多文章……這邊讀一點那邊讀一點……我放在書桌上幾個月還沒空看的文章……但沒有非常觸動我。難民報告、耶穌會訊息、教會新聞、中國新聞等等，我沒什麼感覺，感到有些無聊。

終於，早上睡了一回回籠覺，我打起精神在淡江大學的跑道上跑了二十分鐘，讓我稍稍恢復生氣，但是晚餐過後沒多久，我頭昏腦脹，小睡了一會兒。

醒來時，我勉強自己讀了幾章《若望福音》……感覺沒什麼心情。接著我坐在床上，把雙腳儘量往恥骨方向收，開始默想。

接著一個小時——又一次耶穌和瑪利亞溫柔充滿愛意的相伴，我哭、我笑、我說、我聽，這是洗滌淨化的時刻，也許是我迫切需要的。有幾個再度確認和啟發的點。

去年的避靜有幾點極其特殊……啟動動力迎接極其挑戰的一年。熱情。馬年。

今年——羊年——決定性的不同：耶穌說的是「休息……慢下來！暫停一下！我需要你毫髮無傷的再多撐幾年。」瑪利亞說的也是同樣的事情。

為了我缺乏熱情、我的過敏症狀、我江河日下的體力…我的埋想、耶穌立下的榜樣，和我所是、我所做有巨大的落差。為什麼耶穌沒有讓我想要為急需幫助的緬甸學生做點什麼？這些學生裡面有許多都是追隨耶穌的人啊。

瑪利亞提醒我，我眼前的企畫案就已經多到夠我做一輩子了（看看我的床上……我的書桌）。我得慢慢來，理性的、找出方法來。現在和未來，有時間去完成全部的。沒必要讓自己被過度的熱情帶著失去控制，那樣反而會使我有沒必要的挫折感。

再次，他們讓我看到我的朋友們，告訴我，未來一年要特別注意他們。耶穌藉由我愛著他們。我需要去經歷這份愛，並且，隨著一年一年，接受他們越來越多的幫助和支持。

憶起我最後一次見到三毛[1]，我為她和其他離我而去的摯友哭泣……我為他們祈禱，並向他們祈禱……請他們幫助我……我感謝三毛……祈求我能有他們的智慧、幽默感和詩歌，這些似乎已經成為我的一部份，請他們幫助我完成我在塵世的使命和奮鬥，直到我的時間到來。

我問耶穌，祂是否對我的朋友們和一起經歷的事有所不滿。祂說，「怎麼可能！他們也是我的家人、我的朋友、我所愛的人啊。也許這些人會引人側目，或讓許多人覺得詫異。避免醜聞發生。駁斥惡意的話語。找到我，經驗我及我對窮人的愛。過去這年來，窮人愛了你、教導你，豐富了你，使你放鬆，鼓舞了你。試著去回報他們，藉著和他們儘量往來，去幫助他們、鼓勵他們。」

關於我另一項「物質享受」即在風景優美的地方度假、享受音樂…… *tautum quantum* 意思是只要是領我接近天主，這是依納爵的答案，也是耶穌的回答。這些世物幫助我撐過我艱困和時常令我痛苦挫折和失望的工作；在製作優質節目和同時進行十數個專案必然的壓力和緊張之後，它們幫助我放鬆；它們使我的個性活潑、成長，讓我的日子充滿了美、幽默和歷險——而這些是維持創造力活躍不可缺乏的香辛料和維他命。它們讓我感謝天主、更愛天主。它們有時候也是神操的場合（海灘、日落、草地、運河klongs、漁網、雷

1. 三毛，本名陳平，丁神父稱呼她的英文名字Echo。三毛於一九九一年一月四日逝世於台北榮總病房。

雨……)。

它們是讓「工作場」能順利的「遊戲場」。「沒問題，」耶穌說，「當有這些世物可得時，取用並使用它們，深深的飲下它們。它們一直以來讓你免於成為『機器』。但是當我要你放棄這一切時(那日子有一天會到來)，要準備好放棄。」

第七天

我花了大半天時間閱讀《若望福音》。傍晚時，我讀到耶穌受難和死亡，默想了好幾個小時。先是神視和諸多情感湧現，然後是默想中比較崇高的部分，全都關於耶穌的教導——去愛。祂向我不斷不斷地重複，用各種方式，在不同的場所，在祂受難的各處，我充滿情感和眼淚默觀。

又一次，祂讓我看到我所有的朋友和我愛的人，他們對我多麼的好，為我做了那麼多。我帶來避靜的衣服幾乎都是人家送我的……我應該做一些努力，給這些人我的愛，讓他們看到我愛他們。

我注意到，我進入了*alpha*狀態，我的呼吸變得深沉、穩定、自動，像是一個人睡著時的情況。當這狀態發生時，用想像力和感情默觀極其容易。我希望我知道一些快速、不費力的方式，能讓我在工作日也能這麼快進入這狀態。醒來之後立刻默想，可能是個方法。早晨、傍晚做瑜伽或禪坐，效果一直都很好，前提是我得維持。可是我的毅力很差勁。我會再試一次。

我「關鍵」的默想是發生在昨天晚上。這經驗非常有淨化心靈的效果……釋放了長期壓抑的傷痛、挫折、憂慮等等。我感覺自己更新、潔淨了。我感覺滿懷自信，和天主非常親近……又一次與耶穌結合。

天主真的給了我祈禱和默觀的「天賦」或「神恩」。這不等於聖德，就只是天賦。我應該如實承認這點。而且我應該更常使用這個天賦。

我想我對我的聖召、靈修和我生出誓願的方式越來越坦誠、務實且感到自由。我希望喬治．丹尼斯的著作能幫助我成為更開放更真實的自己。

第八天

這個早晨——避靜以來頭一次——我終於做了半個小時瑜伽和半個小時禪坐。我不明白，儘管我知道這些對我有多大的好處，我怎麼一直延遲呢？是過敏症？還是拖延症候群？

跑步、游泳、瑜伽和打坐增加了大腦的給氧。我確信以禪坐或瑜伽開始一天（或是一天中小歇）的價值，那我為什麼忽視了呢？若是能經常、持續的做，對健康、外表、精神警覺、肌肉張力、柔軟度和整體表現有其大的好處。

我會說，最少最少一週得做三次（跟跑步一樣的頻率）。如果那週我有游泳，我可以把瑜伽或禪坐減少到一週周一次。可是如果我一週一次都沒做，我就是脫離了這個習慣。

我得把瑜伽或禪坐放回去我的晨間日常。如果我發現晚間的活動阻礙了我，開始管制那些活動吧。

如果我幾乎每晚都能在十一點上床，在早晨跑步或做禪坐／瑜伽，我想我的一天真的會比較長……因為效率會提高、壓力會減輕，我能更快的掌握工作。

我減少做瑜伽的次數，卻鮮見的沒有以往的藉口，因為我早晨多了半小時的空檔。上班時間從九點開始，工作的張力也減輕了，情感上更加滿足。

讀完《若望福音》最後關於復活的章節，然後做了禪式默想……如我期待，產生了生動的想像、強烈的情感和許多眼淚。聽到耶穌告訴我祂愛我，祂派遣我去實行一個特殊的使命，祂肯定我之所是和在此次避靜時祂已訴過我的，一切都是那麼自然。再次，訊息是愛……在我的朋友中找到耶穌，這些人都是祂送到我生命中……我要為他們成為基督，以更慷慨大膽的方式分享和顯示我的愛。「愛的主題年」開始了。

聚焦在事情的全貌，維持方便進入*alpha*狀態，好好照顧我的身體。那麼我勢必可以做到思考和分辨更加清晰，如此，我便可以調節我的生活……騰出時間去行愛德，同時兼顧我的工作。

我可以在這些臉龐和人身上看到祂，在我的「遊戲場」和「工作場」都有這樣的人。今年誰會到來呢？又是誰會離開？

14

沉浸大美中

一九九一年十二月二十四－三十一日，印尼峇里島

傑瑞去了日本、斯里蘭卡和菲律賓，拍攝《越界重逢》（*Pigligms in Dialogue*），這是關於不同宗教信仰的人合作讓社會更美好的紀錄片。當在峇里島避靜時，他因這個島令人屏息的美景而淚流滿面。他祈禱的意向是如何把美融入下一部紀錄片——亞洲偉大的傳教士聖方濟．沙勿略的紀錄片。

第一天

這些字彙不斷浮現：耐心、空虛自己、幽默、更大的自由（特別是表現自我）還有動力。

今晨，一個峇里島的廟門令我驚喜，平衡感和細節以及沉穩高貴的用色（灰色的石頭和磚瓦）吸引了我。天主啟發祂的子女創造了如此可愛的方式表達美。

旅館的花園很可愛。沙灘的浪頭很有氣勢。我住的小屋有個小小安靜的門廊，在此邊聽音樂、邊喝酒，周遭是綠色植物、綠葉、桃色九重葛、石牆上的精巧設計……還有平滑的木頭柱子。

天主這是在溺愛我，而我感受到來峇里島做避靜絕對是正確的選擇。我將暢飲這大美。操練、保持安靜，空虛我自己……讓我的靈魂滿盈靈性的音樂……使關鍵字詞的意義沉入我的存有……。

為什麼新加坡和馬來西亞的音樂牧靈（music ministry）、我在台北原住民學生的音樂能給我非常大的啟發？祢要告訴我什麼事情、在對我說些什麼呢？

這會不會是我某個使命中的使命？我是否又一次聽到祢說：「去吧！」我感覺我被吸引而說出：「我在此，上主。」又一次投入聖方濟．沙勿略的紀錄片，一如之前我對難民、中國、宗教交談這些紀錄片所做的。我感受到召喚，要再一次縱身投入黑暗，唯一信賴的是祢的召喚、祢的旨意……。

我聽著這音樂，感受方濟．沙勿略的事蹟，眼淚滑落我的臉頰，近一個小時……原來，我在新加坡和馬來西亞看到的美麗事物是由聖方濟．沙勿略開創和啟發的。

往一個「新的地平線」出發，非常重要，包括媒體、國際社群、音樂和青年文化／宗教……跳脫舊的型態去追尋好的直覺…學習如何釋放這些激勵我去行動的好的感覺、驅力和直覺。

我的聖召非常明確地包括在天主創造最賞心悅目的亞洲沙灘上聽著海濤和音樂聲起舞，環繞著綠色美景和天使般的人體及表現方式。聖誕快樂，上主…是祢把這大美帶入我們的世界。

第二十四天

接近避靜的尾聲，我為了快要結束而感覺難過……就某個層面而言，這個避靜太短了，我也許沒有把時間做最好的運用，另一方面，卻是深層的喜悅、平安和滿足，我幾乎每天都和天主深入且個人的相遇。那種經歷讓我有深深的平安、喜樂、敬畏、愛和讚頌上主的美。

我特別在幾處遇到祂：

音樂……如果聖詠原本就是要詠唱出來，那麼我在這種屬靈的歌曲發現啟發和宗教表現也就不奇怪了。

我應該在祈禱和團體彌撒中更加運用音樂。它會比任何其他事物更快吸引我進入祈禱、深入的感情的態度，接著會有平安和平靜。

安靜、靜止的默想／默觀大自然和平衡的歷史遺跡，例如峇里島的廟門、海灘上的落日等等。

我應該找機會跟大自然一起避靜。

感恩祭……對我而言是一次令我詫異且不尋常的經驗。

我應該專注於感恩祭，作為我每日的感恩行為……一個大的、健康的「謝謝祢」，來感謝天主一切的良善。

我享受了自由地選取讀經的段落，隨心之所向選擇音樂，和耶穌對話……和祂共享酒與麵包……使用不同的標準。

我在舉行感恩祭時，應該多心隨意走，讓聖神引導。

與我相遇的人們……大多數是年輕人、窮人、帶著笑容、強壯和有活力的人。我從他們身上吸取喜樂、樂趣和啟發，我感覺天主在提醒我，所有祂的子女都總有些地方很可愛。所以，我必須用同理心，接受、了解甚至是「不可愛的」、無趣、乏味、相處起來很累的人、自私的人、不快樂的「偶像崇拜者」……我不應該判斷或是討厭他們，儘管我不會選擇他們做為友伴，也不會願意選擇那樣的生活風格。

我憶起在印尼爪哇島日惹市培育時期一位韓國修生。在我跟他談話、讓他有了笑容之前，他看起來超級無聊。之後，我發現他是以獨特的方式散發魅力，非常可愛。

我應該一直善用我個性的天賦，讓其他人能說出心中的想法，幫助他們表達他們最美的那一面，同時克制我（有罪的）忽視和看輕別人的態度。就只因天主的仁慈，我竟拒絕用我的天賦面對他們……我必須為他們使用這些天賦（即便遇到他們討厭、嫉妒我的天賦，這點讓我最為傷心）。

我應該繼續維持跟年輕人接觸，增加年輕朋友，深化、潔淨他們，讓他們參與有意義和使徒性的活動。

耶穌會士文獻……特別是關於耶穌會士的人生、使命和靈修生活，方濟．沙勿略的生命、霍普金斯的詩作、馬來西亞及新加坡耶穌會士的見證……。

我許多目標、活動和方向都和耶穌會如此的相符，讓我很開心，特別是從上次的大會[1]之後，本地化（Adaptation）、開放、有彈性的追隨聖神、使命、難民、傳播等等。

我感覺我有兩點得更多的自省：

自我否定……不過我不是很清楚我自我否定的內容以及如何自我否定……我在工作時實行自我否定，還是在掙扎該怎樣找到足夠的時間合理和必要的放鬆。也許，跟健康相關的自我否定會是最好的，像是強迫自己早點上床、給自己工作結束後的安靜時間、克制自己攝取超過需求的食物和飲料、進辦公室更準時一些、更有活力地撥空做瑜珈／禪坐安靜祈禱、游泳、跑步和其他運動。

我的使命有企業的層面……爭吵和失去耐性都不是領導光啟社向前走的正確方法，特別是為了信仰和正義的工作……目前我還是不知道怎麼辦到，但是我知道我該從哪兒著手：

耐心和克制……努力保持鎮靜，又不過度壓抑感情到不健康的程度。我未來還是會經常辦不到。努力恢復正常，並且儘快道歉。努力不要發表看法，即便是有很多人針對某人的表現提出諸多建議。

然後是關於耐心這方面……運用團體彌撒、會議和董事會等場合，提醒大家光啟社的責任，涉及：中國、難民、移民和完整援助（我們只是巧合地和一個團體聯繫在一起……

1. The General Congregation，耶穌會大會，全球各地的耶穌會教省代表於羅馬總部舉行。作者提到的上一次大會是第三十三屆，於一九八三年舉行，當時選出了柯文博神父為耶穌會第二十九位總會長。

我們是和整個社會以企業聯合的方式工作。）

——年輕人帶給我喜悅、激發我的靈感，讓我保持年輕……同時也提醒我青春漸老、體力漸衰。

——運動幫助我維持體態……但也同時提醒我需要更多時間休息和謹慎的運動——休息——飲食計畫。

——人的美和大自然的美令我陶醉，吸引我進入默觀上主……也提醒我，物質的美有多麼的易逝、短暫和膚淺……沒法真正令人滿足，和內在的平靜、服務和愛其他人的行動完全沒法比。

——友誼給我的生命帶來溫暖，豐富了我的人生，讓我的情感保持活力，幫助我看待自己為一個更重要的完整、人類家庭中一個小部分……也提醒我，我更深的孤獨只有天主能填滿。

貧窮——分享跟給予的自由 vs. 貪婪跟囤積。

貞潔——對所有人在親密和友誼開放的自由。

服從——作為一個使徒性的團體一員為人服務的自由，而不是統治、宰制，或者脫離團體進入個人隔絕的軌道。

在美中、透過美，與天主相遇：

——在音樂之美中

——在藝術之美中（博物館、教堂、寺廟……）

——在自然之美中（峇里島、長灘島……）

——在身體之美中

——在愛、同伴、友誼之美中

——在使徒性之美中，「對天主來說是美的」和人們，我們的兄弟姊妹們。

——在團體之美中（共同生活和目標）

——在家庭之美中

——在靈性之美中，內在的，默觀、平靜、平安，與天主對話。

——自我犧牲之美（培育團體、多部紀錄片、中國、沙勿略……）

這似乎就是這次避靜的主題，沉浸在大美中，而且是一九九一年整年都是。如果天主與我在佛羅倫斯的博物館相遇，在峇厘島、長灘島的沙灘上相遇，在音樂、舞蹈和愛的陪伴中相遇……若這些能賦予我能量、激勵我，為這個我越來越深愛的地球、這些人民、這個宇宙工作，那麼：

我不應該避免找尋和安排機會，邂逅或體驗那些美，也不該有罪惡感。我這樣做的話，會一次又一次遇見天主。

關於貞潔的備忘：我還離理想很遠。貞潔的確為我的生命創造一個鴻溝，在愛和服務中，把我持續拉近天主和其他人（我可以清楚看到這點）……我知道如今我在某些情境裡幾乎是無助、不自由的，唯有避開那些情境才能保持自由……而且，我非常清楚知道該避開哪些情境。

過去，我經常發現自己處於巨大的壓力底下（或許心理、生活和責任更加重了壓力）。因為我不想讓這壓力在我內積聚，我一直很注意壓力的宣洩。我注意到，這些日子以來，投入於富啟發性的專案（像是沙勿略的紀錄片），和有啟發性的人來往，特別是跟祈禱、音樂和窮人有關，得到的喜樂和靈性的滿足，提供了釋放壓力最好的方法——靈性的釋放。我祈禱這能成為我越來越活出貞潔的方法。

我在JESCOMEAO的工作明顯的是天主給我的禮物，幫助我在這個方向成長。我感覺，我會一直參與國際傳教／使徒工作。

15 若瑟[1]和他的兄弟們

一九九三年一月四－十二日，菲律賓加萊拉港

傑瑞在美國待了兩個月，接受血管成形術治療。接著三個月受訓及參與國際事務。同時，他繼續做方濟．沙勿略的紀錄戲劇片前製。使用馬蒂尼樞機主教的錄音帶作為避靜材料，傑瑞認同了舊約聖經中被兄弟背叛的若瑟，然後試著看，他修會的弟兄們有些時候不支持他甚至拒絕他，這時候天主的旨意在哪。

第一天

我聽了馬蒂尼樞機[2]的第一卷錄音帶，主題是「兩個朝聖者」——依納爵和若瑟：依納爵找尋「愈顯主榮」的道路，若瑟則是要找尋他的兄弟。馬蒂尼樞機提問：

我的感受是什麼？

1. 《舊約聖經・創世紀》人物，與耶穌的養父同名。
2. Cardinal Carol Maria Martini, S.J.是義大利籍耶穌會士，知名聖經學者。1927－2012。

一般來說，相當好。我在以下這些領域有滿足感：

工作：朝聖者電視節目已經邁入第二年，傑瑞叔叔第二次重播，在衛視則是第一次播出，JESCOMEAO，特別是第二次為年輕耶穌會士辦的讀書修生工作坊，他們對媒體的認知增加了，因此對媒體更感興趣，也得到了他們長上的支持。從光啟社管理職抽身。

心理——靈性：應對嫉妒、衝突、長上沒溫度的反應，我有更大的平安。還是會有失望，但是更加平心和內在增強。我對我的靈修、接近天主的入徑更有信心，因為我相信這有助我更愛天主、愛其他人，愛我自己。這是象徵的道路（藝術、電影、音樂）、美的道路（大自然、人們）和關係的道路。

既然我很渺小、不重要，我一直試圖做更多事；我一直發想出大格局的企畫案，是非常優異的媒體福傳。

我最大的不安和焦慮感還是害怕失敗、害怕「過度努力」跟害怕過度剝削我自己。我做了壓力測試，我就快到達過勞邊緣，因此休息和放鬆對我非常的必要。

不幸的是，我還為了這些休息有罪惡感。我必須相信，休息對我的身體和心理都有其必要，以喜悅和感激接受休息……而非因我延後休息而有祕密的滿足感。

我在找尋什麼？

更大的心靈平靜；工作上所需更多的能量；更大的愛，生活更有秩序（優先順序，讓我不必追逐每一件事）。

我對這次避靜的期望是什麼？

馬蒂尼樞機說，「擁有大的期望，是我們行使做天主子女的特許權。」

我真的認為，我最大最深的期望就是讓我的人生井井有條、有中心、聚焦，目標對準為中國、亞洲和世界做大事（在耶穌會內或沒有耶穌會）。我希望我是在找尋精神價值的人們一個啟發，使得人生和社會成為更加公平、和平、有希望且充滿愛的地方。

第二天

我受若瑟的故事感動，特別是因為他的善、可愛和天賦，使得他的兄弟嫉妒他，把他像垃圾一樣丟到井裡之後，甚至把他賣掉。他唯一的「錯誤」就是關於自己的事他很誠實，並且向自己的兄弟坦白。他告訴兄弟們他做的夢，想要跟他們分享，但是引得他們憤怒和嫉妒（這在我生命中是個熟悉的主題）。我該多讀點這個故事，以此做默想。

馬蒂尼樞機問：「你是哪種朝聖者？」[3]我一直是個有點被動的朝聖者，但是我受到某種迫切需要驅動「去做某事」、「去善用我的人生」，在世界留下我的印記，改變某些人的生命——一個我不是充分了解的迫切需求。

我確定的是我在耶穌會能把這事做到最好。這真是值得感謝的恩寵——能有如此的篤定。

我也認為，通常，我是個喜樂的朝聖者，有時候因為與所愛的人分離，或者被我愛和

3. 耶穌會的創辦人依納爵自稱是朝聖者，因此朝聖者便成為耶穌會士認同的人生腳色。

15 若瑟和他的兄弟們

敬佩的人拒絕，當人對我說話負面時，被辱罵、羞辱時，我感到深深的痛苦。我想，我為我能感到痛苦而高興，因為我是敏銳的，然而我承認，我擔心太多的痛苦會把我擊垮或是擊碎。

我認為，我是個自由的朝聖者，藉著某些方式，我越來越自由，更加確信我的直覺經常都很好，都有了好的結果。然而，我感覺有一種尚待解決的張力，存在於我需要去表達我許多的情感需求。這使得我的「朝聖」有一部分必須私下進行，儘管有一大部分我都能和一些人分享。這樣做是很健康的事，為此非常值得感恩。

我正試著跟我生命中這樣的分裂和曖昧和平共存。這會持續一輩子嗎？我知道這不是僅僅靠著意志力能夠克服的。至少，我已經看到這是能夠「克制」而且有某種「秩序」，藉由把這種需求擺在我的工作、我的使徒目標，儘管這不可以導致我把自己燃燒殆盡。

也許持續接受新的挑戰有個理由是：讓我的人生走在一個正面的方向，而不是退步朝著自私、自我榮耀的追求，我會因此不尊重自己、討厭自己。有時候，我真的不知道，有沒有更好的方法能夠達到並保持平衡。至少我知道健康的關係加上默想，對我達到這種平衡大有幫助。

若瑟的故事。我坐下來，一次讀了個大概，深深受到觸動。若瑟觸動了我，像是個溫柔、充滿愛心的聖人，同時，他又是個極度有天分、忠信、順服於天主的旨意。

他寬恕他的弟兄，並和他們和好，最最感動了我。他可以接受他們的軟弱、嫉妒和邪惡，視為天主計畫的一部份。儘管這對我極為困難，但我假設我能原諒他們缺乏體諒、嫉妒和爭奪權力，我得以得到自由，去承行天主的旨意（讀書、寫作、製作節目）。但願，未來我對帶給我很大痛苦……很長時間痛苦的人能始終公平和感恩……藉由加深、強化我自己，協助我成熟。

馬蒂尼樞機試著說明，若瑟的故事顯示天主透過祂選的人完成祂救贖的計畫……甚至透過他們軟弱、自私、嫉妒、不公義、邪惡的行徑。祂派遣若瑟去拯救他們，即便他們如此不堪，因為，他們有一個「使命」，要把救恩帶給所有的人，並把人類團結在一起。怎麼做？藉由他們的後代耶穌，「他是看不見天主的形象，首生者」。根據《聖經》記載，我們擁有的一切，來自耶穌基督。

我確實明白，天主給不同的民族和個人不同的功能、天分和使命。祂「選了」我們去擔負某種腳色。所以，可以理解，祂選了猶太人，為救贖和人類的合一奠定基礎；接著，選擇和派遣耶穌去「完成」此事，藉由基督徒，耶穌的追隨者。

那麼，其他人呢？佛教徒、穆斯林、印度教徒、不可知論者、無神論者？也許耶穌最重要的訊息是我們必須達成這項救贖和合一，藉由愛、開放和英勇、自我犧牲與他們合一。相信耶穌，必須是做到完成他交付的使命——去拯救所有的人，不只讓他們信服真理，更重要的是讓大家可以生活在和平、和諧、公正和愛中。若沒有確實的「相信」基督是神，且接受以此方式跟隨祂，有可能辦到嗎？

我不知道。耶穌是少數幾個堅持要愛自己的敵人的領袖，這種愛很激進，經常讓人感覺無法理解，這是希望合一的民族和每個人最強的召喚。

結論：我再度確認我基本的使命，我聖召的中心元素和焦點，我最重要的行動事向所有人開放，以及將天主「所揀選的」其他人視為優先——例如，這些祂召叫來協助使人類合一、賦予每個人她或他的人權的人。

我該改我哪些行為呢？我認為，我該反省自己的憤怒以及我對爭權奪利、自私、壓迫人的人不屑一顧的態度。我討厭這種人的理由可能是出於自我防衛（他們比我有力量）或者是自以為是（我比他們更「聖」）。

其實，這些人也許沒有「被選」在救恩史中扮演重要腳色。也許他們在其中只是小角色。也許他們扮演的角色在未來幾十年或是幾百年才會顯示出來。同時，儘管我沒有優先給予他們時間、交流和注意，我應該要有耐心和尊重他們的生活風格。

我必須努力去做改革者，呼籲大家注意人權被踐踏，但是我要做個溫柔和有愛心的改革者。這樣做的話，我想我會活出並「宣講」福音。

倘若每個人都努力成就各自的救贖，在此生真誠的遵循自己的良知，人類這個整體似乎正朝向另一種救贖——合一、正義和愛——在更長遠的生命中。在這個成長過程中，我們像是小小的分子或是細胞。

現在，我可以看到耶穌基督在這個過程的中心功能了。

今天，在白沙灘游泳，在可可沙灘浮潛，真是美極了。跟魚群同游，在大大小小各色的珊瑚礁游進游出，真的能讓人愛上地球、宇宙、造物主：這是一次自然而然的獲得愛情的默觀。

馬蒂尼樞機相當美的闡述了若瑟的夢……它們是天主給的記號，指向他未來偉大的發展，也許反映了他「想要」幫助／解救別人的。也許也反映了若瑟渴望被兄弟們所愛和接納，儘管因為父親雅各伯最愛這個小弟而恨他、嫉妒他。

可是若瑟「偉大的期望」和夢必須藉由苦難而得到淨化。他想要達成偉大的事，可是他不想要付出沒料想到的代價：被他所愛的人厭惡、拒絕和反對。

儘管馬蒂尼樞機指出，我們都是若瑟充滿嫉妒心的兄弟，我還是比較傾向認同「孤單的」若瑟。他很有成就，想要跟他所愛的人分享他的夢境，他希望每個人都愛他、喜愛他，因為他很好。他很天真。他不明白世界很殘酷，有辦法把最好的朋友變成敵人。

我也必須學習這艱辛的路子。即使我親近的朋友們和伙伴們包藏著嫉妒（出自羞愧或自我防衛），並等著我轉弱的時刻。然後，不是要為我辯護、幫我、或甚至為我爭取正義；他們是要讓我被迫害、被羞辱。

這一直是我最大的恐慌之一，也是過去幾年灰心的來源。它為我招致了苦澀。它讓我更加警覺和自我防衛。但，或許我是需要要對那些較不成功的人，所懷有的嫉意更加警覺和有感。

從前，我想著我能夠用我的善意、我的性格、和我的才華贏得每個人的喜愛，但從來不明白這些特質會激起的妒意。

不用獨善其身跟無所作為當作避風港，我想我必須繼續一如往常的努力，為了我的任務和使徒工作能夠成功，同時：

不期待那些較不成功且好妒的人會給予支持或鼓勵。

迎接從他們來的流言蜚語、反對、打擊……甚至是出自那些表現出和我站在同一邊的人。

如果我認知到這是人性本質的一部分，也是天主計畫的一部分，我將感到很微小、幾乎沒有恨意、敵意和失望。我仍可以用慈愛對待他們，但同時也堅定秉持原則，果斷地謝絕要求和請託；因為這些可能（有意或無意地）成為破壞我成功的詭計或陷阱。這需要另外的智慧和判斷力做衡量。唯獨有善意是不足夠的。

馬蒂尼樞機說：天主讓人有所不同，為了逐漸達到合一。祂並未如同我們想要的，容許我們即刻合一。祂透過祂揀選的人來作工……祂確實關懷我們所有人，以及完成祂的計畫。

所以我們必須讓我們為祂的國度的夢想和渴望被淨化。

馬蒂尼樞機論罪的動能，論到當一位誠實的人試著成為尋求正義的朝聖者時，可能必須去忍受從被迫害引起的幻滅：他對若瑟的試探事件還有隨後入獄的闡釋，若瑟與法老王僕人的友誼以及隨後的幻滅，這一切都是淨化的過程也是天主旨意的一部分，即使這些細節出自罪惡、報復、邪惡與視若無睹。

馬蒂尼樞機認為若瑟是誠實、正直的人，但他「忽略謹慎的基本原則」。這讓我震驚，這或許是我要默想的事情。謹慎並非對朋友跟長上的失望而導向個人主義和自我防衛，而是適度的謹慎：在進行風險特大的任務前，做反思、分辨和預防。

我最好的朋友們確實給我的生活帶來了人情味，而我對他們並沒有強迫症或是多愁善感。我認為這些友誼是來自天主的禮物。我值得花時間在他們身上，我相信這對他們也是很豐富、有回饋和健康的（關係）。

然而我還是無法說服自己，我過去的情感經驗對我的成長和成熟沒有幫助。或許，它們也是一種淨化，教導我關於人的生命的種種……但是現在我的健康、我的工作、我珍惜的人際關係、我的見證、我在愛中的成長；這些是我的主要關注。

指導原則：（1）如同依納爵說的，我將排除把我從靈性喜悅的高度（我有少數幾次達到這樣的經驗）上「拉下來」的經驗。（2）我要試著排除任何貶低、利用或濫用他人或我自己的活動。（3）我要試著限制讓我的生活不誠實和不真實的活動。

馬蒂尼樞機描述猶大與他兒媳塔瑪爾的事件[4]：因為他們對他們的兄弟若瑟犯下的罪，還有隨後的謊言與遮掩，整個家庭瓦解了。

我知道我自己還有一些失序的事（而且一直會有），關鍵是要如何用耐心與誠實去處理它。

馬蒂尼樞機呈現依納爵在成為「正義的朝聖者」之前，他是如何走過長期的「陶成」和「訓練」。這個陶成包含許多障礙和試煉……它的最後成果是有能力站在天主前，誠實地分辨祂的旨意……成熟地在天主前做自己的選擇。

在我的腦海與默想中，出現了我生活中模稜兩可的一面。所有的人多少在某些方面是「錯了」或是缺乏整合。這無法容易地、迅速地、完全地被治好。如此，我們都必須學習接受與和這種模稜兩可生活在一起，並且一直往更好的整合努力，並試著把我們的分裂自我對與他人或自己的傷害行為減到最少。

當馬蒂尼樞機談到罪與誘惑時，他強調祈求「領我勿陷於誘惑」的重要性。真正的罪與真正的誘惑似乎落在於行動或是著手（1）傷害或危害他人或自己本身；或是（2）框

4. 讀者可參考《舊約聖經・創世紀》三十八章。

限我，意即：讓我失去我的愛的自由度，無法以最大的能力去服務天主和他人……甚至也減少服務自己，意義上是讓我離開了健康和充實的活動。

當違抗貞潔的罪發生在似乎既沒有傷害人也沒有給人設限時，這就是它為什麼似乎如此模稜兩可、複雜而難以分辨！這樣還有罪嗎？或者它是一種中性的行為，可以被更高超、更豐富、更正向的行為所取代？或許這最後一點值得反省和分辨，而不是因罪感而搥胸！

馬蒂尼樞機論及若瑟時，將他視為是「和好的工具」。天主知道和好需要時間，特別是當「心上有深刻的傷痕」時。

我們必須透過重建信賴與自信的過程。簡單的兩個字「算了」，無法完成和解。所以若瑟在不知結果將如何的情況下，設下一場漫長而複雜的「局」。這展現了他的實力和成熟。另一種選擇的可能是報復或拋下過去。但這兩種方式都不會讓整個家庭參與到這些兄弟們彼此與他們的父親雅各伯、若瑟等人的和好過程裡。

這真的是一則可圈可點的故事，而在此當中我看到我需要慢慢朝向寬恕走……讓傷痕慢慢地、但一定可以被療癒……要向療癒開放，而不是對關係產生更多的傷痕和更糟的破壞。保持距離是必要的：外在的、心理上的、工作上的（距離）。

關於和好聖事的方式，馬蒂尼樞機給了一個很炫的建議：問（1）我有什麼要感謝天主的？（2）有什麼事困擾著我，讓我沮喪？（3）我希望天主從我的生活裡去除掉什麼？

我經常用這個方式開始感恩祭，但從未想到和好聖事是作為感恩或讚美的聖事。確實，用這種方式行和好聖事是會更加有趣的。

馬蒂尼樞機提出這一點：如果我們無限期的拖延去行和好聖事，再次開始做的時候不要因為這是一種義務，而是要找到方式學習再一次去愛和欣賞和好聖事。

我覺得他說的態度可以套用在這次避靜的每件事上：最好不要只因一些指引就立刻改變什麼，而是要開放地聆聽，承認缺點，模稜兩可，或者似乎不可能使我的生活跟它調和，並在不犧牲其他領域的進程和價值的情況下，思考新的方式來更趨近於理想狀態。

目前為止，馬蒂尼樞機已經命中我一些最大的難題和危機，並幫助我反思這些事：

（1）在許多次背叛、反對、嫉妒、欠缺支持的經驗後，我對弟兄們感到失落。現在我是否可以把這看作是天主對我的計畫中，真實與必要的一部分？是成為「正義的朝聖者」、成熟的使徒和成為人的訓練與陶成的一部分（而非不應該發生的事）。我想同理可證中國禮儀之爭和巴拉圭的耶穌會縮減地[5]。

（2）救恩史中以基督和教會為中心：我現在看到它的獨特角色。

（3）和好與淨化需要花時間。

（4）和好聖事是感恩。

我回顧我一九九二年的紀錄。很有趣的是即使我有兩個月在美國，兩個多月忙訓練課程，我還能做那麼多事。因為健康因素跟訓練課程，還有另一個月JESCOMEAO的差旅，和之後的工作坊等事；將近五個月不在臺灣，我竟還能夠跟上錄製進度還有發行通訊。

因著培訓課程，六月到八月事情排得很緊，而十一月十二月再度忙著密克羅尼西亞長

5. 可參考電影《教會》的歷史背景。

上會議跟讀書修士工作坊。我很明智地安排一些休假……我確實看到這些工作讓我的生活產生許多張力。

我三月時的血管手術是另一種警告。當我在聖誕節抵達馬尼拉，我可以感受到我身體的緊張。在用腦工作或是運動之後，我也更容易變得疲倦；還有特別是在心理壓力方面。

因此：（1）時間允許時要放假，離開台灣三－五天，一年二－三次，另外加上八天避靜。（2）限制我的節目製作量……避免行政工作，甚至募款。（3）避免衝突。在董事會保持緘默；當被詢問時給予意見，但如果會引起紛爭，要說「無意見」。他們現在都知道我的想法。當生活距離行不通時，與問題人物保持心理距離（這對朝向修和與平安有用，也能維護我的健康）。

我對未來的一年感到緊張，因為有沙勿略紀錄片跟新的英文節目，不過事情會比像去年有五個月花在健康跟訓練課程上來得順利。而且我也不用再擔任長上職務了！

再一次專注在「在疲累之前就休息」！

根據馬蒂尼樞機的詮釋，「神聖教理的服務」[6]（我們的使命）並非傳教，而是幫助他人以行為肖似基督（不論他的信仰為何），意即變得較不自私、更愛人類。

我的「三級謙遜」跟我選擇留在台灣工作有關——這地方已經失去了很多它之前吸引我之處。台北是一個生活起來不舒適不健康的地方。作我這種的工作心理壓力很大，並且在耶穌會團體也沒有溫暖支持的氣氛。在工作上和社交活動方面，我是受限的。但我還是願意留下來，因為天主持續地指出，這是我應該在的地方。不過幾年過去之後，我已經贏

6. Sacred Doctrine可以參考聖多瑪斯的論述。

得了一個職位，在這裡我可以給幾乎兩千萬人留下印象。這個成就很可能是耶穌會中華省從沒有任何會士有過的。所以說，有一些妒意也是自然的。

事實上，我正開始更堅實的看到「紀律的代價」，並實際上去渴望伴隨著我的使徒工作的物質安慰、受敬佩和滿足感而來的貧乏、屈辱和受苦。當然，我兩者都要（不單是前者）因為一個真正充實、平衡的生活是由痛苦與喜悅、衝突與修和、失敗與成功、羞辱與欽佩等，所構成的。在這重意義上，我確實渴望貧乏，受苦和羞辱，因為它是我正在追求並仍愛著的一個理想的整體的部分：基督。

我最大的任務仍然是不斷地試著越來越愛天主和人（和我自己）……並在單獨地、個別地愛他們時，逐步減少我的自私、脫序，「肉體上的刺」[7]、虛榮等。在日常生活的具體情況和行動中，每一天努力愛人和愛天主，其他的相對於此都是非常次要的。

馬蒂尼樞機：我們的「團體」是「從亞巴郎和梅瑟到基督，使徒們與聖人們及所有生活的基督徒中被選出的人」。天主許諾這個「團體」將一直存在，並使一切存活。

德日進神父與聖保祿：這團體將逐步創造基督在人間的身體—現身。[8]關於我的使徒工作的冷靜、「嗜睡」和「懼怕」的更多思緒，特別是方濟．沙勿略紀錄片的企劃。我有更多的平心，並總是很清楚這是天主在掌控的。關於企劃案、時間、人物和工作方式，沒有祂的同意，什麼都不會發生（例如，難民紀錄片、中國教會、宗教交談，以及現在的方濟．沙勿略紀錄片）。事實上，沒有任何一件是我自己的抉擇，而是從耶穌會在亞洲本地教會服務的優先事項提出來的。而天主在祂想要完成這工作的時刻，如此明顯地派遣（所有人員）來。

7. 參見《格林多人後書》12：7。
8. 希臘文*Παρουσία*；*parousia*。

祂如此明顯的職掌一切。我所能做的便是說，「我在這裡」並去做需要被完成的事。所以我沒有理由恐懼，並有充分理由竭力與平心去希盼與努力。這是祂的計畫；不是我的！（節目的情況也是如此）我只是一個工具（正如若瑟是天主修和與救贖的工具）……也如同即使是那些反對我或是傷害我的人，他們也成了幫助我找到我在救恩史中的適當角色的工具。

我想我現在可以繼續更被動一些，只有在天主召喚我要行動時才回應。我再也不需要急著到處敲門了。只要細查天主要我進哪一扇門。並且同時專心照料我自己，特別是放鬆和減輕壓力。我五十歲了。

馬蒂尼樞機似乎是這麼相信的：天主利用人的邪惡傾向（自私與罪）來完成人類的救贖。這是他認為在若瑟和他弟兄們的故事當中的意義。若瑟寬恕了他們，因為他理解了他們的邪惡、販賣自己弟兄的窮凶惡極，某方面而言是出自天主的意志，這也是他們的救恩工具，也是他們整個家族和全部猶太民族的救恩工具。

當看到我自己的生活，和其他人的自私和背叛成為我的利益（自由、自知、成熟、使徒工作機會等）；樞機的看法很有道理。

馬蒂尼樞機稱它是一個誘惑，就是用任何不同的方式觀看生活；意思是拒絕天主的道路、天主的計畫，某方面來說是天主意願了人類的邪惡和過犯，並從中區分開不同的人，為了逐漸將人團聚在一起（或許要花上幾百年、幾千年的時間）。

因此，我也必須看到自己的罪、軟弱和缺點（特別是那些我無法真的克服的，它們只有在我嘗試反制他們時，才會改變一下或是變得更頑強），因為某方面而言，這也是天主為了祂子民的救恩和人類的合一所安排的。

在之前我已做過好幾次這樣的結論；並且大概會在未來幾年繼續反思它的奧祕。這很好，應該會幫我更了解自己在救恩史中的角色。確實，我為美麗、深情的人所吸引的這個弱點，讓我跟世界上的窮人和受壓迫者更加接近……耶穌會和教會敦促談們這麼做，但離我們許多人的生活如此遙遠。

往日我不明瞭依納爵的朝聖之路的特點是有這麼多教理論點的迫害，致使讓他入獄和放逐；還有他在「與教會一起思考」跟努力保有他的「使徒性自由」兩者之間保持這麼好的平衡。

往撒拉曼卡、巴黎、耶路撒冷、羅馬（或往埃及）的朝聖，或是往柬埔寨、中國、民答那峨、古晉、九州、摩鹿加等地的朝聖，逐漸地當然是以「天主的計畫」而成形。我們計畫在先，但是最後是「被聖神所吸引」，並且不確定聖神帶我們去哪兒，或我們會發生什麼事。我們可以確定的一件事是：像是把綿羊送進狼群之中，我們會被追趕、騷擾、啃咬、利用，還有，或許某天就被吃掉！

為什麼我喜歡年輕一點的人？

——因為他們的興趣：音樂、電影、流行文化。

——因為他們的精力：運動、舞蹈。

——因為他們需要指引、協助、自重，而我能夠提供。
——因為他們不嫉妒我。
——因為他們不會想要控制我或是（經常）利用我。
——因為他們青春洋溢又美麗。

依納爵勉勵我們往「三級謙遜」努力，完全地服從，完整的貞潔，與教會一起思考等，以便我們能夠藉著行動對付本性的自私、主觀、習慣、成就（即使沒有做到很理想，至少有所平衡、或類似的境地），並一直朝著理想與成全邁進。

在依納爵自己的生活中，為了維持平衡，他也必須奮鬥，也必須面對模稜兩可、衝突等，這些都需要耐心地分辨。

在我的生命階段上，我覺得我像是若瑟，在埃及的若瑟：就是處理世界上的事，在世界上，經常處在保護性的「被選的」團體之外。但這個階段跟它的經驗，為了將來對教會團體的貢獻是必須的。它會幫助我未來建立更好的橋樑，銜接教會與（外邦人的）世界。

16 為窮人發聲

一九九三年十二月十一十八日，泰國春武里府

受神學家索伯里諾（Jon Sobrino）[1]的啟發，傑瑞確認了窮人應該繼續成為他在媒體工作上的關注焦點：「在我過去的生命中，沒有一件事比為柬埔寨的難民以及那些與其他宗教並肩幫助貧窮的人發聲，讓我感到更加滿足和有意義。」這是他為亞洲弱勢教會和人民的服務：「幫助他們在尊嚴與技能、個性與信仰方面的成長」。

第一天

索伯里諾（Jon Sobrino）神父的第一講（錄音）聽起來讓人舒服，很容易與他產生共鳴：我們在此世的生活一直在更加發現天主，以及發現生而為人的意義。對於此不存在正確無誤的聲明。我們必須「從教條的夢中被喚醒」（康德），並為我們自己找到答案。我們從以下找到提點：（1）從納匝肋的耶穌，和（2）從窮人。這些是我們特有的、特別的

1. 薩爾瓦多耶穌會士，解放神學家。

源頭。我們需要從另一個「教條的夢」中醒來，並明瞭我們生活在一個「被釘十字架的世界」，沒有任何事比面對此現象以及幫人從十字架上下來更加重要。這就是幸福，它要求的是受苦而非哀傷。

我從這個避靜中感覺自己在哪裏？我的視角是什麼？索伯里諾神父說，〈原則與基礎〉[2]書寫在《神操》之後，是依納爵在巴黎念神學的時候所作。這只是任何可能的「基礎」之一（使它堅固而非像沙一樣鬆散），且是原創的（首要與生成的）原則，它能夠在人類生活中找出意義。其他的可能性：「行為正直；關愛他人；謙遜地與天主同行」，還有善心的撒瑪利亞人的譬喻。

撒瑪利亞人的慈悲心，耶穌的慈悲，在薩爾瓦多殉道者身上的慈悲是他們的首要原則與基礎。慈悲等同於「對強盜行為的反應」，在我們的世界中，這等於是對盜匪的受害者不假思索的採取行動與關照。這比教理的正統性更要緊，比身為天主教徒或是基督徒更加重要，比任何事來得重要。它回到基本面，身為人意味著什麼的基礎。它是最好的見證，最有力的講道，最堅實的真理。我與這一切產生共鳴。我相信這形同對天主的讚頌，並與救恩等同。

第二天

索伯里諾神父強調真正很顯著的罪。罪等於是「引發死亡」，而現在有許多人、很

2. 參見本書第五十二頁。

多政府正在世界上引發死亡。最常被違反的誡命是第七條：「勿偷盜」（例如，黃金、石油、自然資源；窮國「經援」富國）；財富分配不均被認可甚至受保護；當不能偷的時候就殺；當殺戮的時候，就以謊言來遮蓋醜聞（第八誡），然後為了封住我們的謊言，錯誤地呼求天主的名（第二誡），例如：我們崇拜安全、教會的穩定、教會的好處等。關於地獄的教義很長一段時間是教會最重要的教義，並且是教會權力的來源。

我們要悔改與尋求和好，因為我們隨從了已經在世界上造成了、以及正在製造災難與死亡的制度，造成人類生命與受造物的浩劫。如果我們不明瞭與關心這一點，神操的其他部分將沒有任何意義。

依納爵是一位對天主的計畫／救恩／幫助人，非常熱切關注的人（沙勿略也是）。作為一位那個時代的人，將熱情投注在教會革新與對抗新教。若在今日，他可能會把熱情用在對抗因為國家軍隊，以及大型商業聯盟和制度引起的罪惡和死亡。他會說我們已經等待太久才談論正義。

我應該在我的靈修生活中，花大部分的時間反思與悔改這種罪（隨波逐流、麻木、掩飾／第八誡）。不是感到罪惡，而是質疑、停留在不公平的狀態中，為我的罪與錯誤、選擇、抉擇、出於自私的忽略請求寬恕。

索伯里諾神父強調要向我們所不義對待的受害者尋求寬恕（甚至是集體地，結構性地）。他們表示寬恕的方式通常很簡單，無條件地接受我們個人，無論我們的背景如何／與他們的壓迫者有關。拉內神父[3]說：「唯有藉著接受（我們）會被寬恕，我們才會承認自己是罪人。」

3. 卡爾・拉內（Karl Rahner），1904－1984，奧地利耶穌會士，神學家，以及基督論聞名。

我很感恩在個人的層次上，我已經能夠原諒那些傷害過我的人。在修和這件事上，馬蒂尼樞機帶的避靜幫助我非常多。修和需要花時間（傷口需要癒合），但它是可以辦到的。能夠與那些冤枉我的人一起工作是一個好的見證。我也很感恩我能夠看出我傷害了他們，我也冤枉過他們。

現在我必須改進我對在上位者的態度。一方面尊重他們的職位，但也不天真，在有勇氣尊重不同意見的同時，我也必須積極推進我的建議、想法和信念。要遠離負面感受，並要小心它們隨便地被運用出來。

我也很清楚地感到天主正在對我說話，告訴我雖然我的工作似乎對於正義完成的很少，但它是在正確的軌道上。雖然並不需要讓每個人都注意到，但我們的紀錄片已經幫助柬埔寨人和中國人從十字架下來。朝聖者和我們的One Family節目正在以更根本、更長遠的方式趨近正義。沙勿略的影片也是。窮人、文化和宗教應該繼續成為我媒體製作上的焦點。我正在傑瑞叔叔、衛星電視台和JESCOMEAO的工作上使力。

那麼我的罪出現在哪些地方呢？或許是過於捍衛我的安全感……或者是第八誡：對不正義的事沒有說出我該說的話：默認與不作為。

我應該繼續保持我跟貧弱者的關係，特別是原住民。這些關係帶領我對窮人有更深的理解與關愛。他們感動我也啟發我。我應該以尊重和慷慨的態度對待他們……還有寬恕。當天主測試我的寬恕能力時，我應該心懷感謝。

第三天

我按慣例回顧了我一九九二年之前的生活，而一如往常的發現到天主引領我的方式很有趣。每一年都如此充滿挑戰和充實。

去年的（馬蒂尼樞機錄音帶）避靜筆記最有幫助：修和與在痛苦中發現意義，甚至是在壞事中經驗到天主的旨意，被一個人的兄弟們迫害。

對我而言，今年許多事是一樣的。我想我現在是平靜的，因為較少衝突，在光啟社處於較能接受的狀況（沒有行政工作）。同時，我的工作提供我溫馨的、有愛的、開放的、使徒性的、滿足的關係：雖然充滿挑戰，但也有喜樂與愛。在這因為製作工作與大量活動而極其緊繃一年裡，這給了我更多平衡與安定感。我規律的一天兩次二十分鐘的靜坐祈禱幫助極大，這讓我心態平安、有創意的洞察、接受我的處境……也給我活力。

我一週三、四次的游泳、跑步、鍛鍊幫助了減少壓力，且我覺得讓我比以前更強壯和健康。

但今年還是有點太忙。如果可能的話，我應該還是要放慢速度。我需要一些時間來放鬆、閱讀、默想、讓生活有條理、吸收（新知）……明年我能辦到嗎？

第四天

索伯里諾神父簡單的把「(基督)君王的召喚」說為：我們被召來向窮人傳揚天國的福音。藉著這樣做，我們帶給他們和我們自己在此世的幸福、希望、救恩。所謂的窮人就是無法把生命當作理所當然的人，是這些主流政府、公司企業和機構不是反對就是不關心的人。這就是為什麼當有人來自另一個原本被認為會反對他們的世界，但卻對他們感興趣想關心他們時，他們是如此「絕對地高興」。

在感恩祭之前，我閱讀歐布萊恩(Niall O'Brien)神父[4]的《從心革命》(暫譯，*Revolution from the Heart*)，當中關於一位年輕人之死的敘述。由於參加一個社區營造研討會，他沒有在那個人臨終前拜訪他。仁慈的個人工作(最基本、人性的生活方式)和團體營造之間的張力一直存在。

說起來，參與後者，必須絕對不讓我們忘記或忽略了前者。我必須和我認識的原住民朋友們一直保持聯繫，還有我所接觸的窮人。

第五天

索伯里諾神父論到：救恩(1)是向窮人宣講天主的國的好消息(2)是耶穌基督祂

4. Niall O'Brien神父是愛爾蘭人，他在菲律賓傳福音，於一九八三年誣陷謀殺成罪，和其他兩位神父以及六位平信徒領袖同時被逮捕。被監禁十八個月後，歐布萊恩神父獲釋回到母國愛爾蘭，他的監獄日記創下銷售佳績，他再寫下這本新書，描述他在菲律賓傳教二十年頭，所見所聞的貧窮與不公不義，因此他確信，真正的跟隨耶穌，必須無條件的和窮人及受壓迫者共融。菲律賓馬可仕政府在一九八六年二月垮台，以馬可仕流亡夏威夷畫上句點。

自己……是這一位納匝肋人耶穌，在祂身上我們看見天主（慈悲、正義、優先關懷窮人、慶賀、治癒、誠實以及真理、愛、自由）（3）是經驗到好天主，被美善所吸引的救恩，做好事的救恩，以及把此放在比權威和自我保護（自身利益）更優先的地位。

索伯里諾神父所說的一切環繞著自由與解放的聲音，尤其是指來自神話、組織鏈和聖統制的荒誕。我相信他所說的，還有不經意地受他感動，經常與我的內在共鳴……但對此我不是非常驚訝或對它感到興奮。我想原因是因為在個人方面、心理方面、還有靈修上，我都比以往更加自由。我相當信服天主掌管我的生活，祂對我有一個計畫，並且我是祂眾多的「被選者」之中的一位。

我感受到在祂賦予我的工作與使命中，有著祂的愛和對我的關愛、祂的支持。我感受到祂對人類的軟弱與不足，有著深深的善意與包容。我感受到祂的保護。我比以往更深刻感受到我所需要做的是以開放的心等待，以及以慷慨的心回應，要一直試著警醒與分辨……一直要尋求經驗到更多一點點的愛、自由、美、善、真理。

《從心革命》比索伯里諾神父的錄音讓我更感動，並且把索伯里諾神父的所說的內容，在亞洲的文化脈絡中，提出相當具體的例證。

第六—七天

索伯里諾神父繼續談到關於要成為基督徒，意味著粉碎偶像（金錢、榮譽、自豪）、

「偉人」以及犧牲別人的人。之後整個講述在討論財寶如何讓我們失去人性，並製造出許多受害者，而造成救恩幾乎變成不可能。之後的講述談到貧困好在哪裡，我們需要努力朝向貧困的文明（在這種情況中，每個人有足夠的物質，但不蓄積非必要的財富、財產——以免掠奪他人）。

我能夠接受大部分他所說的是對的，雖然他很少講（沒有講）處於中間狀態的人，既不是很明顯的富有，也不是貧窮，既是有點像是壓迫者，又有點是受害者。但這幾乎沒有讓我糾葛。

然而歐布萊恩神父的書持續激盪著我，讓我很想加入像他那樣的團隊或小組。我們在台灣即將引發出現一個嗎？

一個結論：由於我的個性和限度，我一個人無法做很多。

另外，在默想基督的受難時浮現出的是我的懼怕。如果我表述的方式太直接，或者太激進的選擇窮人與受壓迫者那一邊，我會樹敵，而他們會去獵取醜聞或是髒汙之處，且他們可能會找到。我多少是脆弱的。在這樣的情況下，我要怎麼做？

我想到的是我應該開放地承認我不是完美的，還有在我笨拙的花力氣和男、女、老、少、富者、貧者建立關係和友誼時，我經常是失敗的。

然而，我從我的錯誤中學到的有夠多，我認真的懷疑這傷害其他任何人甚於我自己，而因著這些錯誤讓我成長；我現在能夠更加成熟、滿足、有健康的人際關係。我感謝所有幫助我到達這樣的成熟度的人，並且如果在過程中，我非必要的傷害了人，我真誠地向他們道歉。

更進一步，我不應該讓這種不太像會發生（但不是完全不可能）的迫害或醜聞的恐懼，阻止我去做正確的且必須完成的事。

我感到我自己正堅定地被拉往促進正義的陣線上。在我過去的生命中，沒有一件事比為柬埔寨的難民、中國可憐的教會，以及那些與其他宗教並肩幫助貧窮的人發聲，讓我感到更加滿足和有意義。沙勿略的影片希望會鼓勵年輕的、物質主義、現實的亞洲人，更加關注亞洲的窮人。

當時機來的時候，我必須讓自己伺機而動參與其他的機會和運動。

另一個觀察：安靜的禪觀（默想）對我仍然是最平靜的、整合的、最有成果的祈禱方式……比以往更是。它比任何方法更能改變我的觀點、我的行為、我的習慣。從前天開始，當我第一次在這個避靜裡用這個方式默想，我可以看到有所轉變。它顯然是我此刻最偏愛的祈禱方式，並且給了我最深的力量、指引和洞察。我回想幾個月前，當我必須不安地為了我的醫檢結果等待幾天時，它對我多麼有幫助。

第八天

索伯里諾神父論「被釘在十字架上的人」的精采講道，帶給我幾個反思。

這次避靜：雖然一如往常，我一貫感覺我可能會錯失機會，但卻絕非如此。這次避靜是一個很神奇的放鬆，在經過一年的「緊張」（和充實）之後。我感到肯定有此需要。

我感到放鬆、平安、充實，準備好重新努力為窮人工作，還有為接下來幾個月的小受苦和十字架苦難更有所準備（特別是在日本和中國拍攝沙勿略影片：把它當成是再次一點點認定為受苦的僕人、被釘上十字架者的機會），組辦研討會（十一月）跟訓練課程（七月／八月）：將它視為為亞洲弱勢教會和人民的服務，為幫助他們在尊嚴與技能、個性與信仰方面的成長。這將又會是很忙碌、很緊逼的一年，雖然工作可能會比今年少一點點。

我再一次感恩我的屈辱和受迫經驗（即使是從我的長上們而來）。天主似乎用了他們來幫助我認同窮人與受壓迫者的痛苦，去像耶穌一樣經歷被其他人釘上十字架和被羞辱。我希望我可以保有這樣的態度。藉著能夠對羞辱說「謝謝」，這就某種意義而言是我所選擇的，這就是通常是很遙遠和幾乎不會碰到的、模糊的「第三級謙遜」。

在我的活動選擇和在我的講道、談話、節目和公開出現場合，我將試著聚焦在「關注窮人」，並在生活、文學、影片和藝術中收集故事，為了讓人看到為什麼與窮人愈受壓迫者來往，為我們自身的幸福與內心的真正平安是必需的……讓人看到我曾經是被窮人所拯救，其他人是怎麼被窮人所拯救，持續和窮人來往是如此的必要，它讓我們成為有慈悲心、有愛的、堅強的、務實的、有創造力的、有公共意識的、慷慨的人；窮人怎麼在這些形式下提供我們「救恩」……而我將讓人看出當我們付出努力並親近他們時，我們怎麼救了我們自己並在生活中找到意義……向人展示一開始看著窮人的臉時會無所適從，但（如同和顏面傷害者一般）越是看著他們，他們就越是變得漂亮。

在台灣，窮人是：移工、原住民、肢障者、無家可歸者、囚犯、街頭小販（有一些）、雛妓、逃家的兒童與青年、毒癮者、愛滋病患。在節目跟活動的選擇上，他們應該獲得優先考量，在我的談話、講道和訪談中應該總是有一席之地，用（感人的、有趣的、相關的）故事的形式出現。

我應該確實地去蒐集這些故事；有許多可能可以用在我們的節目裡；例如，在難民營裡一位孩子向我伸出援手的故事；被沒收的檳榔車的故事……。

在區域的層面上：選擇為中國、柬埔寨、越南、寮國的窮人工作和其他的台灣工作團體合作：那些為逃家青少年、世界展望會……的工作試著保持樂觀，（在最深刻、最好的意義上）以能夠過更幸福的生活為依據來建構這一切。

在我安靜的默想中：過去的許多影像（難民營）湧進我的視線中，讓我一哭再哭。那就像是因為被封存的年月，被避靜給刨開了；默想，我每天接觸的窮人（雖然是很淺層的接觸）；索伯里諾神父很堅持要給窮人有選擇的機會。這或許對我而言從未如此重要過。我感到我花在難民營的時間，是我整個一生中唯一最大的禮物。

我感到我們虧欠了窮人們，在許多方面所給予我們的（包含財務、再造、服務、啟發我們）。我們為他們做的每件事都只是輕微的償還了「救恩」（他們所給我們的）的這個大債務。

「當他們把我的子民釘在十字架上時，我們在場嗎？」我們需要經常問自己。我希望是；比別人更常一點。受苦的僕人，被釘的人民，等同於被釘的基督：無法區別。

索伯里諾神父說我們做避靜的「場域」（同指外在與內在的）是重要的。最近幾年的經驗證明了這個觀點。我需要一個外在環境，是讓我能被新的影像所轟擊的，讓我能夠真的有些許改變。

我已經準備好在省大會、光啟社、跟主教見面時更積極點……，溫和地推動我們為窮人的選項，特別是關於媒體方面。

如果索伯里諾神父精彩的洞察能夠被轉譯到媒體節目上，那將感動人去起身行動，那會是必須最優先做的事。

明年：省大會，《追憶沙勿略》在日本、中國上川島的拍攝工作，OCIC在布拉格的世界代表大會；拜訪韓國跟澳洲；錄影帶的發行；讀書修士在馬尼拉的會議……。

17

愈顯主榮[1]

一九九四年一月十一－十九日，泰國蘇美島

籌畫三年，八國拍攝，傑瑞終於完成了光啟社的音樂紀錄片《追憶沙勿略》——「一首愈顯主榮的美麗讚歌」。完成長頸鹿美語電視節目錄影，他在泰國一個安靜的小島做避靜，那兒「像是真正的大教堂……我整個存有——身體、心智和靈魂——似乎是在沙灘上向著天堂吶喊著：光榮天主。」

第一－二天

第一天的上午我的神貧願來到我的心裡。天主給了我工作上需要的「資產」，即是我在長頸鹿美語的工作所得，以及藉著捐款人士與其他奉獻。我必須將這些款項當作是由天主而來，為了天主的工作；是需要以一顆感恩之心來使用的禮物，必須自由的善用它們，如同使用主的受造物一般。

1. 英文為 The Greater Glory，典故出自 *Ad Maiorem Dei Gloriam*，縮寫為 AMDG，譯為 To the Greater Glory of God。之前提到依納爵秉持 *Magis*（更）的精神，畢生追求天主更大的光榮。

此刻，我在這次避靜中所尋求的主要恩寵是與每一個人和好。有些人恰似無牧者的羊群；很遺憾地，我幫不上什麼忙。我覺得這不是我的工作，也不是我當前要花時間在上面的召叫。不管是多餘的時間與精力，我必須傾注在「整合信仰與正義」團體（這也是向外，面對人群與社會。）

如果我被論斷成是在尋找自己的光榮，只關注我負責的計畫，我希望我有平安與平心去接受這也是生活的一部分，是先知生活的一部分。特別是愉悅地試著了解、接受、寬恕眼前的情況，然後持續行走在似乎是天主願意領導我的道路上。

昨天（的避靜）是一個長默觀：觀想天主是一位最偉大的藝術家，或坐、或行、或飲食……，一切都帶來愉悅感，以及讚嘆天主的偉大壯麗圍繞著我。這裡比去年的地方來得好。去年的地點離車潮、人群、吵雜太靠近。這裡一切都有助於進入安靜的默想與默觀。這邊是離美麗的查汶海灘（Chaweng beach）最遙遠最安靜的角落；一座面對日出的小木屋，有許多小丘可以散步，還有長長的海濱沙灘，乾淨的水、珊瑚、岩石……。

第三—四天

即使被疲累與感冒的後遺症所困，這兩天仍充滿了洞察與神慰。有天起床時，感到灰暗的思緒，光啟社發展的方式尤為讓我厭惡。威廉．歐瑪利神父（William J. O'Malley）寫的《為何當天主教徒？》[2]一直是本具激勵性的書，幫助我去追溯我的憤怒緣由，從而發

2. *Why be Catholic?*

現自己需要與人和好，與自己和好。

最強烈的自我圖像是丹佐．華盛頓在電影《光榮戰役》[3]中的臉孔，那張當他被迫跑開去尋找一雙像樣的鞋子而被揍的臉。他很自豪的，試圖堅強，掩飾他的痛苦。在我的人生中，我試著像他那樣，但是痛苦與惱怒一直如影隨形。這個圖像引發了我對自己的各種「打擊」、失望、孤獨日常的挑戰等等經驗的回顧。我感覺，我具體的活出聖依納爵的「求慷慨之恩的祈禱」。

之後我被導入默想，回顧過去的一年，當中我看到所有天主給我的神奇禮物：我的自由度、我的旅行經驗、我的文化碰觸、我的家人與朋友，我用許多方式以及在許多地方服務教會（波蘭、布拉格、日本、人權、高級長上們，OCIC／UNDA及JESCOMEAO，幫助柬埔寨、讀書修士們）。每個經驗幫助我成長，如同我以前學到的，我可以如何服務。

當這些恩典與「打擊」抵銷時，顯然這一年讓我疲累、耗盡，需要避靜使我更新。

天主讓我看到記錄片《追憶沙勿略》是如何成了「為天主的更大光榮」的讚美詩。我撐了一年為此計畫奮鬥，即使對音樂、變奏、緊湊得要命的時間限制某種程度上感到有些挫折感，但我想天主告訴我，此傑作乃是根據祂的意願，而且對教會與年輕人將會有用。

我們內心深處的自我與天主接觸溝通的能力，似乎註定受外在情況所影響；諸如我的健康情況、身體狀況、所處環境。我的主要工作是排除紛亂、煩惱和障礙……，而天主將走過敞開的門而來。

我今年的避靜是比往年更加的簡單。我不僅用經本、聖言、麵包、酒來「舉行彌撒」，而更多用我的心智、心神與靈魂與最強烈的感恩之心和願意給主更多光榮之心，以

3. *Glory*，丹佐．華盛頓以此片成名，贏得一九八九年奧斯卡最佳男配角獎。他飾演美國南北戰爭中北軍的黑人。

此來獻祭，不管過程中那些障礙與不好的結果。

這次的「催化劑」是歐瑪利神父的書，書中條列並且論述了我知道且相信為真的許多事情，我和作者的頻道很接近。我的方法一直是空虛自己，漂移，看聖神拉我還是推我。而天主總是不期而至……隨時，隨地……永遠無法預料（作夢時，醒著時，坐著時，做日光浴時，吃飯時，走路時……）。

一天之中，在沙灘上坐著三或四次，像是在一個真實的大教堂祈禱，和太陽、沙子、風、浪和月亮和鳥兒和沙蟹……以及所有天主親手創造的華麗多彩的萬物一起。

第五－八天

接下來我避靜的這幾天只證明兩件事：①身體狀況可以損傷跟天主重要的知覺連結（我跟支氣管炎奮鬥，其中一天發高燒，只能躺在床上）以及②發生這樣的事情，唯一只能做的就是仿效耶穌在十字架上那樣，對抗淒涼、受羞辱的感覺——「天主捨棄了我」。

碰到這樣的情況，過去靈修的經驗和靈感就是救命的恩典……還有就是默觀在十字架上的基督，確信會熬過這人生中的難關，且將以奇特和神祕的方式……帶來一些益處。不能游泳、浮潛、自由地吃喝、走路和運動，讓我感到難過沮喪，同時也被剝奪了精神上的安慰，而這是避靜原本給我的期待。

當時候到了，天主總是把我的十字架拿走。我的避靜最重要的部分——「第一週」[4]

4. 此處指依納爵《神操》的第一週。

（淨化、自我覺察、與天主和好）絕對是很成功的（而且很需要）。「第二週」（默觀耶穌基督的王國）很棒：清晰地看見我的生命強烈渴望將光榮獻給天主……。

我整個存有——身體、心智和靈魂——似乎是從沙灘上向天堂吶喊著光榮天主：我看到，我的工作（《追憶沙勿略》、JESCOMEAO、電台和電視節目）清楚顯示我跟隨我主、我的領導及朋友——耶穌，因此有了「第二週」的一些體驗。

我得到許多「第三週」（耶穌受難）的體驗，一邊應付著支氣管炎和隨之引出我所有的軟弱、羞辱、恐懼和無助。幸運的是吃藥雖然沒有治好我，讓支氣管炎暫時消停……，我得以喘口氣，不必那麼耗費力氣保持健康。這一次沒有體驗很多基督的復活（「第四週」），儘管我經常進入到為獲得愛情的默觀，把自己完全交託在天主雙手。

也許未來二或三個月內，我應該安排一個「第二週跟第四週」的時間。考慮到我在一九九四年底會精疲力竭，我想這會是個非常棒的主意……或是這是天主為我的打算。

新年新計畫都圍繞著照顧我的身體健康，更多運動和晚上要有紀律地好好睡覺。我應該只有在沒有工作的週末和假日晚點睡。試著給我自己「假日」，讓我的身體得以恢復。閱讀、小說和研習古典音樂會有幫助，因為這些是我最有興趣做的事情，讓我嚮往且實際。

我曾懷疑是否該減輕工作量，在此時確認了；試著暫時避免接大案子，然後把其他的案子像是培訓課程和國外出差安排得儘量不要太密集。在出差旅行和專案、課程結束後，給自己時間休息。

如果我能用一點工作時間，讀點跟工作相關的讀物、研究和技能發展，我比較容易有時間留給團體。

18

呼喚亞洲

一九九五年二月廿一廿八日，菲律賓愛妮[1]

傑瑞不只要展開台灣和中國的企劃案，全亞洲都是他主要的焦點。其他人讓光啟社的「機構」存活，他則讓光啟社的「精神」存活，他覺得這是天主的旨意。巴拉望島愛妮海灘的美景豐富了他的默想，促使他「愛天主和愛世界——特別是亞洲——祂所創造的……他深深感謝能在此地服侍天主的恩寵。」他把創立一個亞洲天主教衛星電視頻道視為他首要任務。

第一天

抵達愛妮用過午餐之後，我想，我看到了耶穌，一個很平常的納匝肋人，走過我住的小木屋旁灰塵揚起的道路——不為尋求財富、權力和名聲——就只為了完成天父給祂的使命。祂讓我感覺很親切，被祂召叫去跟隨祂，讓我很開心，感到一種離開這個世界的自

1. El Nido，菲律賓語義為鳥巢。位於巴拉望島的最北端。雖然很多人稱之為愛妮島，其實不是島。

由，不由自主的去跟隨一個更高、更超脫、更令我滿足的召喚。

我特別想到我最近協助亞洲教會衛星電視提案類似「唐吉軻德」的行徑……我沒必要去做這事，也超出了我在光啟社和JESCOMESAO的「官方」使命範疇，然而，對我而言卻是親密的連結在一起。在菲律賓雅典耀大學，當我們拍攝的《追憶沙勿略》插曲〈呼喚亞洲〉響起，歌詞中那句「感受那呼喚」穿透我心間，帶來確認和安慰。

下午和傍晚，我因食物中毒而生了病。晚上，夢到了教宗來訪：我有個機會告訴他，在台灣的教會必須要更有「先知性」，像是南韓和菲律賓的教會。教宗變成一個女性，把我的手拉過去壓向她的胸部。我吻了她。沒反應。也許之前太過全神貫注，準備了要透過辛海棉樞機主教[2]，向教宗說明我們的電視提案，希望教宗能促使主教們接受這提案。

我的誘惑是做先知，然而我關於光啟社的建言不受接納之後，這個誘惑變苦、無情。

我得耕耘（1）我的幽默感，（2）我的耐心和接受上主的計畫和時間表，（3）我使用對話的能力，當可行的時候，當對話不可行且無用時，用對策略。

第二天

在海灘上默想，我感覺我絕對來對地方了。水向我說話……大海，像是個母親，張開懷抱、慷慨、給予生命，卻也脆弱、容易受傷。必須以崇敬、尊重、溫柔、愛和感激看待受造物——在電視節目、演說、證道帶去這訊息——這是「幫助人靈」的現代方式。

2. Jaime Sin，1928－2005。天主教樞機主教，馬尼拉教區總主教。

開始讀歐麥利神父的《第一批耶穌會士》(*The First Jesuits*),讀得很有興味,也很得安慰:他們的理想、他們偉大的努力成果、他們不可思議的成就、他們美麗的靈修、他們痛苦的失敗、他們屈辱的軟弱、他們的衝突…依納爵「驚世紀錄」的信函數量(比十六世紀任何人都多——七千封信),耶穌會在世界各國創辦的學校也是破紀錄的多達八百所,福傳主要聚焦就是使人「轉向」精神價值,一種心靈的生活方,以及協助「人靈」,意思是整個的人在內。他們面對的極端和矛盾——機構 vs. 聖神的召喚——反映了宗教蘊含的許多極端和矛盾。

第三天

夢到我被總會長指派為省會長。這職位的責任和本質讓我感受到可怕的衝突和反感,卻又出於責任感而想要接受,我被撕裂了。也許這和我模糊的感受有關——我好想要幫助和拓展我們的工作(光啟社),加上我自覺不足和厭惡管理工作、開會或是內部話題等等。

第三十四屆大會這麼說守貞:「個別的耶穌會士必須……表達他的感受同時保持創造力的合宜表達……發展一個教育良好的敏感性,敏於人文成就……包含藝術、文學、音樂,等等……避免會使他受到過度親密的壓力或是必須持續壓抑他自己感受的某種生活和工作方式。」

第四天

昨天午後，獨自一人在一處島嶼海灘。默想，看著即將下山的太陽。彷彿置身另一個世界、另一個星球，徹底獨自一人，只有碧綠的大海和耀目的太陽金色的軌跡，像是個巨大的吸鐵石，招喚我向它投降，變成它金色光芒微小的一個粒子，在海面上玩耍，彈入湛藍的天空。嘗到永恆的一絲絲滋味。

傍晚，和幾個以划船或是攀爬入洞穴採集燕窩的一些人喝了點蘭姆酒。和窮人、工人互動很好，過去他們在我生活中是很大的一部分，帶給我溫暖、智慧和人情味。我永遠都不要忘不了他們，也不許自己完全跟他們切割。天主透過他們向我說話。

閱讀歐麥利神父關於神操的書，依納爵確信一個人若可以脫離障礙和感情的羈絆，天主能在這人身上直接的作工……依納爵極其警惕任何操縱的干擾，這兩點讓我深受衝擊。神操的特質是真正的「民主」、充滿自由的進行方式，徹底和洗腦、教條化或是心智控制（這些正是今天政治、經濟、文化、甚至宗教生活的特色）背道而馳。

以某種方式，我可以看到自己在媒體的方向是一種嘗試、一種努力，去釋放人們脫離神話、迷信和限制性的意識形態，這些干擾了天主對個人的行動、天主與靈魂的溝通。

我讀了去年的避靜筆記，感覺其中鮮少神慰。當時，我確實清楚看見天主在我身上做工，教導我，釋放我，醫治我。當時的我遠比現在疲倦、憤怒多了。當時我寫下的領悟和新年期許（健康、運用時間、睡眠、休息、工作，以及研讀和使用金錢及休閒）仍然有效，而且切中要點……設定好調性和方向，幫助我相對地平穩地度過一年……儘管發生了主要負面事件（威脅到解散我們這個團體）、失望的事情和一些新的挑戰。

我想，我們的團體和我自己，經過這一年風風雨雨都變更強了。可是，需要針對我們的未來方向做更多的反省和分辨。也許我可以在這次避靜起個頭，天主會光照我的。

的確，我必須小心分辨我和團體裡其他人的關係。可能產生信任和對話。我必須小心、審慎、明智，並且儘量開放。經驗顯示，有些人學習和對話的能力受限；他們不能被信任。他們錯誤詮釋還有說人閒話，且是說負面的；他們有自己私下的盤算，使得他們的判斷和責任造成偏差及受迷惑。而且，他們嫉妒別人。

當我跟他們相處時，我應該儘量微笑。如果我沒法子微笑，我至少得試著帶著微笑走開。我微笑，不是因為我喜歡或是同意他們，而是因為他們是天主所愛的，氣得想殺人（人經常會這樣）持續相當長一段時間，可能朝著一個無法逆轉的方向發展。

當他們做出惡意、殘忍、錯誤或是判斷我的陳述，最好是閉上我的眼睛，祈求忍耐。畢竟，有那麼多人在我的生命中是正向的元素。

第五天

閱讀我用馬蒂尼樞機主教的材料做的避靜筆記，我訝然發現，也許我無法接受別人的負面，根源是我期盼光啟社能成為中國教會相當傑出的機構……且在中國有很顯著的影響力。這似乎很有機會（像利氏學社、刪減成本等等）還沒完成就早早收場，因為缺乏遠見、勇氣和想像力，或只因為自利、膚淺、自私的目標。我看到這種事都會很抓狂，很努力不要想太多，讓自己跟光啟社這種面向保持距離。

然而，也許我這樣是不對的。我從來沒有自負膽大到我可以做超過光啟社以外的事情；然而，看看我們過去幾年來的紀錄，我幾乎可以肯定，我在媒體和電視界所做的，顯著性、知名度和對台灣及中國有益處這些方面，我做得比光啟社好。

似乎我做見證的機會已經到來，未來還有不少機會，光啟社的星星卻是黯淡的，且有熄滅的危險。我知道有很多人喜歡開口怪罪我不合作，可是我很肯定，這種「合作」就只是強化了光啟社錯誤的方向和錯誤的路徑。

每一次我想要搶救光啟社免於受創（例如，流失高階人才、維持節目品質），我沒成功，我受譴責，幾乎到了「記過」及處罰的程度。我詮釋這些負面事件是「天主的記號」：讓我跟行政工作保持距離，待在宗教節目部，那裏有人跟我有同樣的理想，我可以做有意義的節目，我也會有時間和自由，去為中國、為整個亞洲和台灣教會製作節目。

現在，也許該是對每件事保持安靜的時候，甚至避免「推動」光啟社由屏信徒來領導，因為重擔更多是在其他人的肩上。但是，如果我們可以同意，需要讓平信徒管理光啟社，更好是同意讓一個人去做，也許光啟社可以被救起來。

第六天

我讀了第三十四屆大會文件，論貧窮，我可以看到並接受這樣的理想，然而這個理想只有在一個社群、藉由持續接受和實踐這個理想的社群才會達成。如果這個主旨被忽略或是不被社群對話和分辨納入，僅由一個或兩個人假想性的實踐，只會是徒勞無功，不會產出什麼，甚至可能根本無法成為任何事的見證。

理由是：對話、信任和共同價值必須要有，才能支撐實踐貧窮。所有人必須要有能力討論收入、支出，以及貢獻需要變成正常和規律的事情。

有些團體成員怎麼能明瞭我的健康需求，包括精神或是身體上的，然而他們的需求跟我如此不同？他們能不能了解，個人給予和分享給我相信堪當也需要的人們，可是他們只在意企業安全和全面刪減支出——特別是人事支出？

那份文件裡面似乎應該探討管理個人經費、個人存款、個人給予，更多談談賺取個人生活費用。我來自一個貧窮的家庭，我感覺這些對貧窮的人都是重要的價值。

我過去五年的經驗，當我有可供我運用的經費，我可以用在JESCOMEAO的工作和光啟社的專案或是個人捐款，我可以給一些服務身障者、蘭嶼有急需的人或是救援童妓的團體，都是一些非常正面的經驗。沒過過富裕的日子，我一直可以更自由、更慷慨地給予，相反於某種吝嗇的生活方式，幫助恢復我的健康，更加關注個人和專業的需求（例如，電腦、影像、音樂、電影）。

我不認為我在自欺，更甚者，這種生活方式已經證實有更深的平安和更大的能力去原諒、和比較心胸狹窄、吝嗇的人和解。「愛的內在律」比其他法律都更重要，可以推翻其他成文法律。

回到守貞，回顧這幾年，我可以看見一些緩慢、些微但是非常肯定的改善：

（1）我延遲或是延後甚至轉移滿足的能力大為增強，因此極少或是沒有危險／機會玷汙或是阻礙我在台灣的工作和見證。

（2）更加自知或者了解這些強烈的慾望、幾乎沒有執念和奇想，目前如此（這些念頭一直存在，現在也是，但是長度變得越來越短）。所以，如果我「延遲滿足」，一般來說，很快的，就不需要滿足了。

（3）我想，過去我盡一切代價避免建立任何跟性有關的張力這個原則是明智的，幫助我得到更大的鎮靜、和平和自制。我希望，當這個辦法不再需要作為手段時，這個張力會停止，永不出現，且自我「了斷」。

（4）過去，這些衝動讓我拋開自我，特別是對窮人、工人、原住民和學生。現在，它們仍帶著我走向兩個正面的方向①健康（健身房，多元的結交朋友，新的友誼來源，健康放鬆）和②國際性使徒工作（擴大朋友圈、人際關係、有效的活動、靈感、個人成長、自由移動、知性的經驗和互動——這個弱點的正面似乎是出於天主的旨意）。

第七天

這個避靜又一次向我證明，依納爵堅持要我們留意避靜中外在環境很有智慧。有一個傍晚，我聽著馬勒的第一號交響曲，看著日落在愛妮鎮對面的山島。珊瑚和熱帶魚令人驚豔的景象以及迷你諾島隱藏的潟湖衝擊著我的內心和想像力——我做了一個奇妙又美得驚人的默觀天主，祂穿透宇宙，召喚我穿過宇宙去到祂那裏。

讓我把自己置身於各種美景、美妙的聲音和體驗，這點真的好重要。它們豐富了我的默想，對我的靈魂有益，它們治癒我的傷口，它們使我愛天主和愛這個世界——特別是亞洲——祂創造了這一切。它們使我深深地為此感謝天主的恩典，讓我在亞洲服事祂。

昨天，我感覺被召喚去默想《路加福音》第六章（真福八端，愛你的敵人）。我讀到歐麥利神父寫的，最初的那批耶穌會士福音事業是以聖言、聖事和講道的形式呈現……和我的福音事業很類似。我在默想和接著舉行的彌撒聖祭中，感受到極致的慈悲，幾乎是達到耶穌山園祈禱的那般痛苦，為了許多人受苦而流淚……感受到他們胃裡面是空的，他們無止盡的病苦和一再受到傷害，他們的焦慮和無助，他們恐懼明天……特別是我無能為力去幫助他們、減輕他們的悲慘，給他們一點點希望和安慰。

我祈禱我流下的兩三滴眼淚成為慈悲的無止盡河流，導向接受天主向我顯示的行動或是機會，去爭取窮人和受壓迫者的福祉。

我們能拍攝禁用地雷的影片嗎？我希望可以。也許時間點會是等讀書修士們來實現了。

今天早晨，亞洲天主教衛星電視頻道（ACT）在我的祈禱中。幾個優先事項：

（1）節目製作和媒體聲量
（2）為窮人和邊緣人倡議和服務
（3）國際網絡和專案推廣

我再一次感受到，這個專案只要有可能性，就是我的最優先事項，我可能投注三分之一或是二分之一的時間去做……特別是找出可做的節目。我在光啟社的工作似乎是越來越不是我的優先或是適當的焦點了。

節目製作（英語），上電視節目、受訪和演講（特別是對年輕人、坐牢的人、身障者、勞工、小型的服務團體）、培訓和國際工作（專案推廣、網絡、培訓，合作製片）似乎是天主正在召喚我的焦點。

我感覺我在建立行事曆秩序很有進展。我比之前更平安、更健康。我應該繼續限制和分散我注意力的活動，堅持我的運動時間表、儘量保持晚間是自由時間，避開社交性晚餐，繼續讓我浸潤在音樂和優良的文學之中，跟上電腦進展與電子通訊，還有繼續寫作。

改善：我還可以改善的是睡久一點（七到七個半小時），所以必須在十一點半到十一點四十五分上床，少看一點電視上的無聊節目。我其餘的時間表／生活的節奏空前的好，我對此感到很平安。我看得出來我非常需要這個平安。

我也需要今年內三次短短的休假，加上避靜。我真的覺得，因為這些，我更有生產力、更有效率。我看到，光是想，或是更好，不想，就可以完成這麼多事情，像是讓大腦放鬆，想法、洞見、光照就會出現，創造性的想像力能自由的工作。

在我這年紀，工作超載（焦慮超載、壓力超載）只會削弱生產力。避免工作過量，若是真的過量，得無情的減少工作負荷。可以透過更明智的安排行事曆、重新安排、計畫和訂定優先順序，試著避免這樣的事情發生。

第八天

我感覺，我的避靜完成了，結束了。我已經「驅除」了我的魔鬼；我發燒、過熱和過度使用的心智放鬆了，又一次恢復平安，我和我的「敵人」和好已經發生了。我撐過了過去一年，好好消化並且記錄下來，針對新的一年制定了粗略的計畫。接著是昨天傍晚，我播放了歌劇《波西米亞人》，在最後一幕，咪咪臨終時，發現我正深深沉浸在默觀耶穌的死亡，（令我詫異，一如以往——她總是只在避靜中在我心裡浮現）透過窮人、無辜的婦女看見那一幕，她就是耶穌的母親。

瑪利亞顯示給我她的生活、她內在的困惑、她的無助感、無力、失敗、沮喪和無法說的痛苦——映照出全世界許多窮人、無力的、受壓迫的母親、父親和孩子們。可怕又厭惡看到一個如此溫和、充滿愛心、有智慧又心胸寬大的耶穌在大庭廣眾下被毆打、屠殺、羞辱……這世界、人類肯定哪裡出了很可怕的錯了……瑪利亞經歷了這些感受，我也經歷了，千千萬萬天主的子女每天經歷這些。

我重回難民營那一天，一個婦女哭著到我們面前，告訴我們她的家人沒有水喝。我重回十次或至少十次我的人生被十字架或「利劍」刺穿的時刻（父親去世那時、離開家、離開親密的朋友們、離開美國，在華語研習所，在彌撒中彈奏吉他被副主教斥責、念神學的第一年、難民營、媽媽生病、光啟社的紛爭），我想起柬埔寨高僧瑪哈・哥沙納達（Ghosanandha）說：「我們都經歷大的苦難。大的苦難帶來大的慈悲。大的慈悲引導到心靈的平安……。」

我感謝天主，我可以哭，感受到慈悲。我祈禱這能引導我持續為窮人和被邊緣化的人們採取行動。

我感謝天主讓我能寬恕，只有我父親的去世帶給我比人際衝突更大的痛苦，可是這些痛苦已經結出果實。

耶穌會三十四屆大會的文件最後是「我們前進的方式」，我很有共鳴，特別是耶穌會是的角色是去開闢新的、去到從未有人去到的地方，做前人未曾做的事。

19 耐心和平靜

一九九六年二月十九－廿八日六日，泰國攀牙灣[1]

儘管光啟社的節目在全亞洲觸及數百萬計的觀眾，傑瑞覺得他沒有為窮人和被社會邊緣化的人群做更多而感到挫折。耶穌讓他明白，他可以透過電視做得更好，還有，「他選擇我做這個工作，恰恰就是因為我『一無所有』……我徹底的貧窮，能力不足以承擔這份任務……我有的只是一顆願意的心和服從的精神。」耐心和平靜將是他的工具。

第一－三天

平安和沒什麼特別事情的開始。攀牙灣的景致令我靈感油然而生，旅館位於極為偏僻的地方，使得這地方相對地不會讓人分心。我感覺這是我做避靜對的地方。

「原則和基礎」就等同於生命的意義。在我的默想中，沒有一個念頭、思緒、體驗特別突出，但是聆聽馬勒的第九號交響曲，悲傷、思念、掙扎的樂音和旋律在我內強烈的共

1. Phang-nga Bay，普吉島在其西南方。

嗚，讓我流下許多眼淚。

我發現我心裡有種挫折感，沒法子傾全力去做我想為世界做的事情，特別是窮人和受苦的人，因為我人性的限制——體力、精神、情感和知識層面都有。然而，我聽到基督安慰我，告訴我，祂也有很多很多事情沒做就離開了，許多的願望沒有實現。最重要的事是繼續做我能做的、應該做還沒做到的事、天主要我去做的，而我會在救恩史中做我小小的一部份。我不是默西亞（彌賽亞）；我沒辦法做更多，我只是小小的門徒。我的完美就是認識我自己和為天主、為其他人成為我自己。這是個美好、令我滿足的目標和生活之道（若不是很光彩四射和戲劇性）。

第四－五天

維持一種自由、隨興的時間表，讓我感受許多平安、喜樂、安慰，試著敏於察覺聖神的推動，讓聖神帶領我在哪兒、如何以及何時閱讀、默想、運動和放鬆等等。

馬蒂尼樞機主教談到「把耶穌傳播給全世界」：默想耶穌治癒聾啞人，「開了吧！」「打開」引導我到深層和感動我的默想人類的脆弱、慈悲和萬物合一……看到別人受苦、受傷、堅強的去適應他們受傷、不完美的身體、心智和靈魂，流下許多眼淚。

看到天主透過基督醫治了我，藉著這麼多痛苦的經驗逐漸地「打開」了我，我懷著愛和感激的心……。我相信他仍在作為。（衛視〔Star TV〕有超過四千萬訂戶：超過三千六百萬家庭收看鳳凰衛視！兩家都有播放我們的節目）祂要帶我去哪兒？接下來會是什麼？為什麼我那麼多的興趣、注意和時間跟亞洲衛星電視（甚至不只衛視）？我不知道答案。

約瑟・坎伯（Joseph Campbell）[2]令人著迷的錄音帶說，佛陀和基督都提出和實證「喜樂的參與世界的憂苦」。成為一個菩薩就是悟道，領悟「我們所有人都是一體」，「自我」只是表面上把我們跟別人區隔開來。拙火瑜珈釋放壓抑在我們較低脈輪的能量，上升至心和意，帶來光明和狂喜。

再一次，我該認真找一個助理的感覺——想法浮現。這樣，我才會有更多時間和自由去思考、閱讀、寫和給人我有的啟發和洞見……去運用我做「主講者」、「推廣者」和「傳播者」的才能，呈現對教會有幫助的想法和價值，指導、啟發，以及把希望和動力帶給人們。

第六天

昨天以又一個非常感動的早晨默想（和彌撒）展開一天，耶穌治癒一個附魔男子，他的父親說：「我信，但我的信德不夠……。」恰巧對上了我在難民營看見的景象（某個孩子的頭變形的大），一張剪報是某個克倫族難民家庭逃離柬埔寨軍政府的畫面（媽媽揹著孩子，一口提著她的爐子，緊咬著脣，爸爸扛著煮飯鍋和一些隨身財物）。

2. 神話學大師，最有名的著作《千面英雄》。

我想到，我去幫助窮人、受苦的人、愛滋病患者、囚犯、陷入困頓的家庭等等，我所做的多麼微小、有限，耶穌安慰我：祂也沒辦法幫助每一個人。重要的事情是在我的工作、召叫、角色負起我的責任……祂知道我試著做到……工作超載，亟需照顧我的身體、精神和心靈的健康。

祂撫平我因受限而無法迅速為窮人、受壓迫者和邊緣人做些什麼的挫折感。祂告訴我，我透過電視會做得最好，祂選了我做這工作，恰恰是因為我「一無所有」：沒有權威、沒有可聽調度的人力、沒有設備……什麼都沒有。我徹底貧窮，能力不足以承擔這任務……並且商業感很弱。我僅有的是一顆願意的心和服從的精神。祂會用我完成祂的工作，減輕痛苦，帶去希望給窮人、邊緣人和受壓迫者。

耶穌的慈悲最令我感動，幫助窮人和受苦的人，「慈悲」是關鍵詞。

在彌撒中，我沒有用彌撒經本，那次是我最深的心靈經驗之一。一切完全不需思索，出於感謝天主祂的安慰和探視。我讚頌並感受耶穌透過我向天父說話。我感受到我的渺小和貧窮。

讀到《第一批耶穌會士》做的慈善事業和馬蒂尼樞機談「傳播基督」：某些部分論及傳播的挑戰（在一個非常現實的狀況底下）是講得最好的……可是他鮮少超越天主教——基督教的框架。坎伯是一個好的平衡。

閱讀去年的避靜筆記，充滿了極大的喜樂、笑聲和安慰。天主去年真正和我在一起，那時我逐漸從好幾年的苦難中復原。祂以明智的真相，藉由重讀避靜筆記和更多的默想，祂教導我、安慰我、啟發我。

第七ー八天

我的避靜以召叫、傳播和使命為中心，和馬蒂尼樞機提出的「神聖的」三位一體的傳播典範即靜默、聖言和相遇（聖父、聖子、聖神），對平衡、完整的傳播，三者互補且缺一不可。馬蒂尼樞機主教堅定主張，所有人類的傳播，包括對上主的，必須按照時間、空間傳播律發生，例如，有進展的，按照階段發展。因此靜默、保留、耐心、神祕、多元、倡議、創造力、聆聽、專注和堅忍自然而然必不可少。

過去一年來，儘管非常忙碌且艱辛，可是實際上是免除了過去經常發生的騷擾和障礙，我感覺在ACT（我們倡議的亞洲教會衛星電視網）和JESCOMEAO的使命進展順暢。這方面，我主要的問題是沒有助理，今年我會想辦法補足。

另外一個挑戰是一週兩次開會討論光啟社的未來。我覺得關鍵是耐心和平靜。耐心會顯示出我的善意和對光啟社及其未來的投身。

平靜會顯示出情感的距離和對話的誠意。

堅定的保持耐心跟平靜，一方面試著誠實和堅持我的信念（平信徒參與、專業意見加入）——即便眼前看不到盡頭——顯示出一個沒有利益糾葛、以使命為基礎、分辨的動機。這也許是未來一年主要的挑戰。

上電視和主持節目時，我感覺我應該把社會關注的議題擺在第一優先（例如，愛滋病患、青少年問題、貧窮、和平、不正義、邊緣人、環境保育、囚犯、移工、核能議題）；

找尋結盟者和機會，去共同製作及在亞洲天主教衛星電視頻道（ACT）播出這些議題。

ACT的管理和使徒性目標草案很重要（三月之前）。如果我受邀在六至七月去密克羅尼西亞給讀書修士帶避靜，我應該接受。

昨天下午沒有規劃和過長的摩托車遊覽是很有趣的混搭，滿眼是華麗的景象和圖像（例如，佛教寺廟、黃金臥佛、祝福、猴子、山丘、森林、瀑布），還有，溝通不良以及不同價值及利益造成的衝突……很能夠代表人生的「瘋狂」飛車……這對我的避靜造成干擾。還好，馬勒的第二號交響曲昨晚讓我恢復入靜。今早，我「回到了有水的井邊」。若瑟·吉爾佐恩（Joseph Girzone）[3] 挺有魅力的系列小說《若蘇厄》已經是這次避靜最令人回味的材料。

溫和、穩重、心胸開放的若蘇厄，是耶穌的化身，許多次讓我落淚，因為他做先知的人生遭致正統教會的誤解、怪罪、排斥等等。我想到我自己和權威、權力和金錢發生衝突，讀到這故事讓我得到撫慰。

我似乎比以前更能好好面對批評、誤解和被討厭，我不再要求每個人都完全、無條件的接受我。天主溫和地幫助我成熟，藉由挑戰性的試煉和一再肯定我的成功與支持雙管齊下。

我甚至因曾經被別人惡劣的對待而感到開心，至少，大部分情況下，我已經克服了我的敵意、受傷的尊嚴和受傷的情感。我感覺我幾乎可以體諒、接受他們，且為了這些經歷感恩。

一些敵對者會繼續是個挑戰，雖然不像以往那麼強大和威脅感，所以最好是笑臉相

3. 美國天主教神父，宗教小說家，以「若蘇厄」（或譯約書亞）系列小說聞名，描寫耶穌重回塵世，來到現代的中東地區。

迎，鼓起我最大的感情，至少面對他們的批評、缺乏邏輯、不一致和發脾氣，我可以保持平心和超越。他們應該被憐憫。來自我的強烈反應只會嚇到他們、加深敵意。

跟別人溝通時，試著誠實和正確，儘管在某些狀況下，必須要含糊曖昧，倘若毫無保留不會對了解和釐清有幫助。可是，一定要知道自己在做什麼，永遠要察覺各種層面更正確、更有效率的新的溝通機會和方式——包括個人內在、外在、組織層次和大眾媒體。

20 平衡ACT

一九九七年八月卅日－九月六日，台灣彰化

亞洲天主教衛星電視（ACT）首播僅僅一年，亞洲金融風暴導致了關台。傑瑞掙扎著接受這件事及他個人明顯的失敗：「淚眼中，我祈求耶穌拯救ACT，不是為了我，不是為了天主教會，而是為了有朝一日能服務的窮人和困苦的人。」彷彿為了平衡這個不幸，他的祈禱引出了「深刻、沒有預料到的神祕經驗，當它們發生的時候，似乎使得我『完整』了。」

第一－二天

第一個傍晚，我感覺，要在沉默老舊的彰化靜山待上八天，有些焦慮和沒來由的不安。我過去六年都是在景致出奇的地點避靜，而且享有極大的自由。

但是非常快，我感覺自己哭泣，並且體驗到一種「回家」的感覺……特別是回到我中華省的弟兄們，過去我有些跟他們保持距離。

又一次，跟上次避靜時一樣，「慈悲的」耶穌似乎對我有話要說，於是召喚我。我決定閱讀《路加福音》紀載耶穌善心的行動。

陳志音神父[1]避靜第一講是對天主召喚要有「創造性的忠誠」：「拯救人靈」等於把快樂帶給其他人和我們自身。

第一天在平安和快樂中度過。禪坐默想兩、三次。感覺「回到家」。聽歌劇《波西米亞人》和戴邁樂神父的有聲書。

我醒來，心中浮現一個念頭：「我不需要任何事物。」我體認到我有多麼自由。第一個傍晚我的焦慮是害怕離開我一般的模式、舒適和有利條件。這些都是好的、促使我成長：我的出差、文化體驗、音樂／歌劇／莎士比亞，世界級的戲劇等等。我從中學習並成長。可是那些都只是為了使我成為作「天主的工作」更好的工具（而不是為天主做「我的工作」）。沒有必要依戀那些事物，如果某一天，天主說：「停！」，我不再需要我的電腦……等等。

我覺得，經常離開台北的舒適生活方式，到婆羅洲、柬埔寨、越南、寮國、中國：這是「遞減」。

在台灣做避靜、加入我們的會省有意思的活動，也有另外一個好處：這也是「遞減」。這會滋養我在台灣耶穌會薄薄的根。

雅魯伯前總會長死前說的話很有意思和啟發性：「我這一生嚮往把整個自己放在上主手中。現在這事已經發生了……現在主動權不屬於我了，而是祂的。」

1. 陳志音神父在馬來西亞服務，擔任馬來西亞－甲柔教區的主教至七十五歲，現已退休。

我的人生正在退潮，我感覺自己變老，身體變虛弱了，如此卻反使得把我自己完全放在上主手中變得容易，其實一直都是在上主手中。為中國、為難民和窮人及受苦的人做大事這夢想可以繼續，但是「主動權在祂手中」，由祂決定……不是眷戀、強迫行為，不是「我為天主做我的工作」。如果祂希望我做那事，祂會讓事情變得可行。

我的工作有吸引力、令人興奮、受高度關注，會引來別人嫉妒、批評，變成慣性的眷戀或強迫行為，如果不是有定期避靜的支撐，正向看待事物，和抽離：這也是「遞減」。

有天，我必須要停下所有事情。但是我還有花兒和樹木、音樂和藝術、歡笑，欽佩、愛、幫助和服務的人群。這就是我所需要的一切。

最終，我的外貌、出差、食物和酒、注目……都會消逝，我會非常快樂——如果不能更快樂一——點——藉由我的祈禱和默觀、音樂、故事和歡笑、大自然、我的朋友和服務、幫助需要幫助的人的機會。

我太過擔心我沒辦法把自己的活動都開誠布公，是因為這麼做會引起誤解或流言。天主會在意這種事嗎？還是說祂比較擔心我的身體健康、存活並豐富我自己，讓我可以保持「生氣」，因此能光榮祂，以我獨特且有限的方式，真正服務其他人？

第三天

對我「不利之處」：我可能不會主動展開對話，因為我對批評敏感，對工作和人際關係的失敗敏感，還有，因為我是外國人，因為我有很強的使命感。如果我被拒絕個兩、三次，我不會再試了。「一旦對話沒門，我動用策略。」這不是很理想，但是可以讓我存活下去。

那麼我放棄了什麼？交通方面：我沒有車子可開；我不介意走路、騎腳踏車、搭計程車、坐大眾運輸工具，生活中不使用行動電話：電子郵件方便得多，也比較不干擾。

節目製作截止日是一種放棄，運動也是。

房間：同一個房間住了二十四年，看不到風景，照明糟，通風糟，噪音大，水管糟，床也糟。我用一張好椅子、音響和CD彌補這些。音樂和教育性影片、書籍、電腦、電視——影音、收音機，這些是我的工作必要的。

衣著：我不喜歡購物，但是必須要準備幾套衣服上電視節目和公開場合。

食物：許多食物對我的心臟不好；其他的視需要吃。為了彌補必要的克制（很少的宴席），找尋健康的食物和飲料，在特別的場合，安靜、默想氣氛的用餐。我能負擔的情況下，會請我少數幾個朋友吃飯，儘量不要小氣，因為這也不是常常發生。

坐飛機，我搭經濟艙，選擇便宜的住房，可是我試著避免住到不舒適和不方便的地方。

不需要最好、最新的，但是必須把時間和資源做最好的運用，對別人要大方，而不是造成別人負擔，等等。甚至是守貞有時候也需要一些「投資」，去保有和維持忠信和清醒。然而。因為特別的個人、獨特的情況（心臟的狀況、媒體工作、國際工作和本地的工作、做公眾人物）。實在沒辦法向每個人解釋我的生活方式。我有次在我寫的書裡面試著說明。否則，我寧可保持低調，不要引起閒言閒語和誤會。

經常避免為自己辯解，我寧願等待真相在適當的時機點浮現。有時候，我選擇保持被誤解。

第四天

我醒來時，帶著默想的想法。因為我得「整頓」、「規範」、「管理」我的飲食、睡眠、運動、工作——休息的平衡，我還要「管理」我的貧窮、貞潔和服從。我得在兩個極端維持平衡：一邊是極端的放縱、放棄、上癮（脫序的），一邊是機械化、極端、不相稱的剝奪物質、身體方面的喜歡（physical affection）和情感的互動，以及必須要有回應天主神祕和意料之外的召叫的自由。

唯有透過「整頓」或「管理」，我才能取得平衡。這個「平衡」永遠都不會完美的達到標準，因為我是獨一無二的，有我自己非規範的需求、衝動、強項和弱項。

基本上，在我存有的深處，我真的不認為天主那麼在意我花了多少錢，我生活裡面保有多少個人空間，相較之下，祂會在意我多麼盡我所能在我的「影響圈」為其他人做的事情，或許我做的不同於教會和耶穌會加諸於我的「關注圈」。

儘管第一個直接來自天主（我的才能、軟弱、需求、短暫回應祂），第二個透過教會和耶穌會，是一般性的、規範性的，瞄準的是定義教會身體（BODY）的共同特性。我只是教會身體一個小的、不完整的、不完美的部分。不可避免的，我無法完美的符合標準。重要的是我經歷了我特別的功能，試圖不要藉由做更多而非適合我的份量，去信任教會身體，或是准許我這部分藉由做少一些或什麼也不做，去建立教會的身體。

要知道我在做的是否太多或太少，我只能誠實地在天主臨在下看結果，和聖神一起，試著誠實的討論。

第五天

昨天晚上我讀了自一九六七年以來我的活動紀事，一年一年的看下來。一如既往，光是讀這些文字就讓我覺得精疲力竭。這是「我為基督做了什麼」的一部分，我是否能做更多？可能吧，但不是很容易去想像。我可能少做些什麼？這很容易。我只能總結，藉由追隨基督的召喚和極大化我透過電台、電視、書籍、錄影帶、光碟，每一個「見證」都很廣泛，即便沒有達到德蕾莎修女那種程度。

我在做什麼？我將來要為基督做什麼？這得看光啟社未來的發展、我在長頸鹿美語的工作等等而定。

我再一次回顧我的生活型態，去看我能否找到懶惰、自我放縱的證據。我感覺我的精力比以前差了，需要更長的時間去更新我的身、心、靈。我感覺天主告訴我我做得可以，給自己時間恢復是對的。事實上我回想起在每一年的避靜當中，我感覺被召喚要有更多閒暇：更新我自己，思考，祈禱，反省，體驗人生和關係。我只需要反省我怎樣使用這段自由時間……井井有條或漫無章法。

我沒發現浪費時間，除了沒什麼大不了但沒完沒了的傾向是沉溺在一些不必要的念頭。總而言之，我想我新的生活方式會是比較規律、受控、更加有隱私，是健康的。我也許會比較慷慨地撥時間給團體。我沒感覺特別召叫我去培養任何新的關係。也許我可以嘗試，謹慎、適度的去更新一些我現有的關係。

守貞是陳年老問題。我試著練習打「預防針」，過一個健康均衡的生活。可是，我在光啟社的職位，以及在錄製節目、跨國性組織的責任和私人生活取得平衡，還是創造了心理壓力和孤立感，可能會爆發成非常令人不愉快的事態：最糟糕的就是因這樣的壓力導致失態而登上媒體報導。我想我嚴格控制自己在台灣的關係是對的，在國外的時候，需要的時候，放鬆一點點控制和壓力，對每一個人保持平衡、節制、愛和尊重。

這個行事需要非常小心、謹慎和斟酌……而且應該持續地評估（動機、方法、必要性和結果）。簡單的「管好我的五感」不能解決問題。我的情感需求、想像力和身體衝動太強、太活躍……儘管跡象顯示部分已經逐漸減弱。又一次，斟酌和適度似乎是關鍵詞。

我為什麼相信天主？為什麼我是一個基督徒？不是因為教宗的權威、出生、教育、傳統、迷信、聖經……天主和耶穌基督在聖神內賜給我的愛和平安的內在體驗。也許這根植於經院哲學[2]視信仰與大自然相融，人類和所有受造物的本性是善的，聖多瑪斯[3]「證明」（指引）到天主的存在。聖若望指出，「天主是愛」。耶穌說「愛你的敵人」。

《第一批耶穌會士》：歐麥利神父破除耶穌會士不提問題、機械式的服從、教宗的特

2. scholastic philosophy，或稱士林哲學，中世紀的哲學學派，受聖奧斯定和亞里斯多德啟發。
3. St. Thomas Aquinas，1228–1274，神學大師。

種部隊這些神話。在依納爵的時代，耶穌會其實是多元主義、多元性、創造性和個別／團體主動，對梵蒂岡許多行動曾經有過強烈的抵抗。

第六天

這次避靜對我來說像是「回家」……六年來我第一次在台灣做避靜，從卒試[4]之後我頭一次做團體避靜。我感覺如此溫暖了我和中華省的關係，更新我跟台灣地區的整合。

陳志音神父講到耶穌會團體生活的「壞處」，以及耶穌會的四願令人沮喪之處。儘管我是獨立的，我不認為我是個人主義者。在光啟社的問題和跟我團體的人一起工作很簡單的導致我跟平信徒、亞洲其他地區的耶穌會士以及其他人一起工作，去追求天主更大的光榮。

同樣的，我不能在我發的四願找到什麼問題，我相信我應該堅持並且更加努力維持我現在活出四願的個人方式，這點在我的避靜當中一再確認過。我不應該因為我沒有完美的達到標準，而對耶穌會這個機構內的耶穌會士與耶穌會的理想保持距離，對這個誘惑我不能讓步。我活出我的四願和團體生活，是以我在祈禱中直接來自「聖三」的教導，耶穌會的會憲、守則和文件作為我的指南。

避免過度疲勞和放棄理想這兩件事，我為明年做了我的指南：

4. 卒試，請參考本書第四十三頁。

度。

（1）在「個人使徒生活」（工作、休息和休閒、健康和個人護理和外表）保持適度。

（2）在「共同使徒工作」（恆心和堅持朝著目標工作）保持耐心。

（3）在我對所有人的態度和關係（試著提升參與團體生活以及關注台灣地區）保持同理心。

早期耶穌會士強烈批評、反對、抵抗幾個教宗和他們的統治讓我大為稱奇。依納爵得知卡拉法成為教宗保祿四世時發抖，祈求他的死亡，當博巴利拉（Bobadilla）製造輿論反對萊內斯（Lainez）[5]、納達爾（Nadal）和帕勒莫（Palermo），他試圖影響保祿四世去反對這幾個人，他甚至做到延遲耶穌會第一次全體大會的召開，導致總會長的改選延遲兩年。

盤點我在台灣休假的次數，我發現算是「適度」。在光啟社工作約莫二十三年，每年我可以有二十八天的休假。我希望我堅持每年除了避靜之外，至少一次三到四天的休假。今年我有兩次避靜，但還找不到休假的時間。一月我在緬甸工作坊完成之後，我可能需要一次休假。一次短的休假安排在十一月，如果可能的話，可能是個好主意。

第七天

昨晚經歷了一次深刻、沒有預期的神祕經驗，似乎當這些經驗發生時，使我「完整」

5. Diego Lainez，疊高・萊內斯，第二任耶穌會總會長。

——不需要任何東西——某種無限的價值和力量。當我開始默觀耶穌為門徒們洗腳，突然間耶穌注視著我，向我說話，兩千年的距離像是縮短的橋，祂穿越到我這兒。時間和空間像是蒸發一般消失了，我和耶穌面對面。我們談話，跟往常一樣，大部分都是祂在說——有時候是關於愛、慈悲和寬恕的話語：有時候祂顯示給我，祂在會堂裡如何挺身而出，治癒了手癱了的人……對我最深刻、最重大的是祂指導我去回顧我的人生，這次回到祂召叫我，塑造我，讓我的愛成長，在我母親的子宮內，神奇奧妙的誕生過程，生命，成長，召叫，使命……以及幫助塑造我的人們。祂帶我走過這整個全景……今天早晨我醒來之後又再繼續；由於這連續的神祕旅行，這天似乎不是真實的。愛、感謝、安慰、眼淚、讚許和治癒很龐大。這些體驗使得任何東西都不需要。

又一次，我為了我的守貞作法感到糾結痛苦。最後，又一次檢討所有其他的可能和替代方案，我回到我之前的結論：基本上，性的驅動力是在我的天性裡面，還是很強（但開始消退），可是如果我想要過一個理智且正常的生活，必須透過一些方式表現出來。我必須選擇最安全、最有愛心、最體貼、最無害的方表達它，祈禱它會為我帶來成長，並且不要傷害任何人。我必須非常小心、審慎且帶著敬意……且適度（不要太嚴格也不要太放鬆），並且「首先且最先，受貞潔和愛的內涵律指引」。

第八天

耶穌繼續勸說我的生活方式要保持適度，遵守四願、對我自己的期待、我的工作和我的成就。我在避靜之前的不安心態，我感覺，不是因為過去我做過不符合宗教生活要求的事情，而是因為情況反倒有點小小的極端。也許這是好事，一樣恩典，一個教訓，因為它顯示給我，一件好事（或是不好不壞的事）也有可能令人煩厭、讓人分心、反常的令人上癮。它會吸乾致力於更有用更有生產力的追求的熱情。它會使興趣消散、分散注意、攪渾人際關係，從而導致迷路、暫時失去方向、降低動機和全面的無力。

耶穌告訴我，要多一點轉向節制，但是若我沒做到什麼或是越界，不要大做文章。我現在不是，即便曾經，準備好完美／全面掌控這件事。它沒有要求這個。祂要我暫且跟奮鬥著接受自己和我的失敗、不完美。這部分是我人生和我的聖召的奧祕。

昨天晚上和今天早晨我的默想又一次生動、神秘的與基督對話，但是沒有那麼重的感情……更加的「開放」、自由、自然而然、充滿愛、有感情的，以及有指導意義的。

這天是避靜最後一天，傍晚時我讀完了《第一批耶穌會士》，感覺「造就」他們的跟召叫當年的我、十七歲高中生是同樣的元素：天主直接接觸我，安慰和平安是指導我去分辨、渴望在服侍天主和祂的子民表現優異，特別是服務窮人和有需要的人。

我在淚眼中乞求耶穌拯救ACT，不是為我，不是為天主教會，而是為了它最終能服務窮人和有需要的人。如果我們有一個電視台，會為此製片，如果我們有製片，最終我們會為窮人、需要的人和不能發聲的人製作影片。

我會盡我所能，試著更新、恢復生氣、保存這個與基督溫暖、生動的對話。也許一個新的發現的適度和節制會有很大的幫助。

我必須記住歐麥利神父講的故事：依納爵對萊內斯說：「好的！你來管理耶穌會。」納達爾這樣說博巴利拉：「德國的王子把他當作小丑。」萊內斯對卡瑞歐（Cario）重複依納爵的教導：「那是（廢話）。」納達爾寫下關於「擁有你自己的驢子」的會規後，在前往西班牙和葡萄牙的路上買了驢子又賣驢子。博巴利拉稱依納爵是「暴君」，他說，任何人都不可能讀完或是遵守耶穌會的會憲，因為太長、太複雜、太多細節。雅風．羅德里格[6]修士被依納爵揚言開除，若他不放棄他的職位、回到羅馬（葡萄牙新任省會長宣稱要絕罰他）。特別記得，波蘭柯、納達爾和萊內斯三人組（博巴利拉稱呼他們三人是依納爵的黨羽）。

更多思索貧窮：有些事情必須說出來（1）節約的美德，對所有窮人都有益處；（2）如果在安息日需要用一輛車，該怎麼辦；（3）跨國移動的特別需求；（4）我們的貧窮若對別人造成負擔，例如，接送，「專人司機」。

我想到更新的規範和程序，能使貧窮願能行得通。當整個團體的責任是清楚可理解的，個人就可因應真實的需求革新他的做法，而不是表面上達到而已。

6. Alphonsus Rodriguez，聖雅風，一五三三生，妻子兒女相繼過世後，於一五七一年入耶穌會成為輔理修士，在馬卡約島的耶穌會學院，四十餘年負責守門。

21 藝術家基督

一九九八年十二月一—八日，泰國喀比[1]

工作量滿檔的一年：還包括在緬甸、菲律賓和馬來西亞的培訓課程，傑瑞深切感到需要放鬆。他划著皮艇探索了在喀比灣的一座喀斯特地形小島，並感到「天主帶領我進入祂內，讓我進入並經驗到祂自己很脆弱的一部分……靜謐。」在他默想基督君王的召叫中，他把君王的隱喻改成藝術家，「因為基督似乎很常藉著美麗的事物召叫我，用這般讓人驚訝的、有創意的方式。」。

第一天

閱讀葛瑞（Howard Gray）神父[2]的避靜入門。神操不是「道德的提升」，而是帶有探索與驚奇成分的「可貴相遇」。耶穌基督來給予生命（在其豐富之中）、友誼（缺了它，我們無法開花結果）和喜悅。

1. Krabi，喀比，又稱甲米。
2. 美國耶穌會士，依納爵靈修專家。

依納爵式的避靜有三項特徵：（1）使命（2）適應個人（3）朝向天主在我們內心所起的運作。

以上皆與我有所共鳴，讓我確信我正在用正確的方式進行年度避靜。白天浮現出兩個主題：

（1）這次避靜是天主給我的禮物，是一個獎勵；接受它並在它內歡樂。

（2）這是過得很辛苦、負擔很重、很有挑戰、充實的一年，這導致我的活力泉源有點枯竭了，所以首要之務是儘可能地先完全放鬆，以便讓天主從我內浮現出來，這樣我們才能夠用祂自身亙古恆新、奧祕、豐富的方式，清楚地、親密地溝通。

第二天

昨天我閱讀葛瑞神父關於避靜第一天的講述，他用旅程的隱喻（一個方向，輕便旅行；蜿蜒曲折，脆弱性等）。我在這裡美麗花園裡默想。當我了解到我的「原則與基礎」與天主的相同時，神慰的時刻便來了：「奉獻自己」，將自己送給他人，讓別人產生笑容、受安慰，有希望。這帶來了多麼喜樂與充實的泉源……比任何其他的更多。這就是我所有媒體工作的理由。

當我變老，我的活力程度變低時，我感覺我要放更多的「心力」（甚至以此為我的優先）在善待別人；以愛和敬重，以禮貌和慎重考慮，以耐心、包容和寬恕的方式去做。浪子的比喻顯示了天主「不合理、揮霍式的寬恕」。有時候我感到我對他人暴衝的容忍是「不合理、揮霍的」……且我為自己而自豪，因為我沒有跟著原始本能去反擊，而是堅守較高層次的慈悲與耐心的本能（即使是在我生氣和受傷時）。

我會試著在談論他人時更加仁慈點，而如果當其他人批評我時，我會表現出更多的克制。我會試著保持安靜。如果我評判人時，我會糾正我自己，並對那個人加上一些正面的事。葛瑞神父對罪和軟弱的洞察是，將它們當作是謙遜、包容和慈悲的學校，聽起來非常真實，並印證了我許多年來的避靜洞察。「我們自身無法征服的，至少在別人身上我們可以原諒。」

在過去幾個月有過幾次，我感到我的耐心和耐受力已經到了崩潰邊緣，（特別是在六月和九月有各種會議；十一月的卡內基工作坊；光啟社四十週年慶；創意藝術營；節目和採訪；錄像雜誌和佛教電視節目；重錄等）。我感謝天主拉著我一起，讓我在大部分的情況裡能保持控制，並教我如何放鬆。如果我要堅持表現出關注和體貼、耐心和包容、有同理心和寬恕，那麼當放鬆和加油的機會自己出現時，我必須抓住，因為它們很重要。

回顧過去一年的生活，我感到我相當好地滿全了我大部分的責任跟義務。我想我沒有偷懶或是縱容自己，雖然有時我會擔心這一點。

我生活中的張力，平衡長上的工作，光啟社副社長，董事會，台灣社會傳播祕書，JESCOMEAO祕書長，電視製作人和主持人，加上我相當強的A型性格，讓放鬆變得絕對需要，即使它們很貴。幸好有長頸鹿美語，我有了放鬆，這是我無法用時間、工作或個性來購得的。

第三天

為默想基督君王的召叫，我將君王的隱喻換成了「藝術家」，因為基督似乎很常藉著美麗的事物召叫我，用這般讓人驚訝的、有創意的方式。

葛瑞神父的重點很精彩。在我們靈修生活的關鍵轉折點上，我們從內在的旅程轉向外在的旅程。不論我們被召喚以哪種方式服務祂和他人，我們要仿效君王／藝術家的氣度和仁慈。祂要我們為他人做善事。我們殷勤侍奉祂和他人，而這是在他人身上敬畏天主，而這也通往獻身；當我們想要的與天主想要（為他人）的一致的時候。

正如每一年我都受到感動，當我想到我與蘭嶼的原住民還有柬埔寨的難民的特別相遇。從回想到在卡內基訓練課程中有人告訴我的話，我獲得了神慰：「我尊重你，因為你尊重其他人。」我也因為我今年協助了緬甸、菲律賓和馬來西亞的訓練課程，感到慰藉。

第四－七天

昨天，我跟隨我的直覺去體驗和探索這夢幻的鄉下景色，所以我花了半天的時間去海

21 —— 藝術家基督

上皮艇旅程。除了有了很好的運動效果，這也像是拜訪一座美麗、神聖、壯觀的大教堂。甚至去皮艇碼頭的車程也讓人心生敬畏……如此眾多起伏的山丘，無法言喻的石灰岩喀斯特地形，還有熱帶雨林的邊緣交界處。幾小時的皮艇旅程一路環繞著喀斯特島嶼。穿過有著雨林植被、紅色和金色翠鳥、藍鷺、鶺和一群友善、飢餓的獼猴，原始森林覆蓋有小有大的峽谷。這真是讓人動容的一天。

今天，我感到昨天是在我避靜的一個高潮或轉折點。我感到像是天主帶領我進入祂內，讓我進入並經驗到祂自己很脆弱的、稀有、溫和以及親密的部分（古老的，低吼的海蝕洞穴，滴水的石筍，島嶼和峽谷的崖壁上的珍珠色，白色，灰色，黃色圖案和條紋），還有靜謐。這樣的美麗引發了敬畏；一種能經驗到天主嶄新的一面的很棒的特權感受。昨天天天主似乎滿足了我內在的一些渴望。

所以今天我仍然感到沒有被召喚去閱讀很多的經文，或者其他的材料。我認為該是時候跟耶穌坐下來（如同我下午所做的）並問祂「未來一年祢想要跟我一起做什麼？」、「祢願意讓我看見什麼？」、「祢想帶我到何處？」、「我該如何動作？」

祂已經回答了最後一個問題（慷慨、大度和仁慈、耐心與包容、慈悲與寬恕）。這優先於其他。

最後，張力似乎離我而去。感到放鬆，我實際上感到沒有了固著或是強迫的催促力。這或許是昨天森林之旅所辦到的。

22 滋養神魂

一九九九年八月一－十日，台灣彰化

在一連串的活動之中，包括光啟社四十週年慶，拍攝泰國的移工紀錄片，在中國參與一個論融合的會議，還有在菲律賓的偶戲工作坊，接著傑瑞在一次自行車意外中摔斷他的手，取消前往越南的差旅。他難得的參加了耶穌會團體的避靜，這次避靜由著名的馬蒂尼樞機帶領，在這次避靜裡傑瑞判別出他的主要天賦是：「我的語言能力，我的幽默感，我的笑容，我的個人觸動，我的連結能力。不多不少。在此，我必須接受、超然、並且滿足。」

第一天

馬蒂尼樞機建議我們問自己，想從這次的避靜裡獲得什麼。

我第一個念頭是我正在接近我個人的與使徒生命的轉折點，且或許並不是非常緊迫，我還是想開始為此作準備，為了我能夠順暢的做轉換。

我第二個念頭是既然我的聖召與中國緊密相連，我希望能夠看到這個轉折點如何與中國有所關聯……是否還有任何事情是我仍可以為中國和中國教會做的。

終於，今天早上在祈禱中，打動我的是在這次避靜中最重要的是要比往常更深地和天主以及耶穌基督相遇。在這樣的相遇中，我將會發現如何達到前兩項需求的方式。

最近我有點擔心一些事：光啟社的未來；我們的團體規模小；我自己的興趣、熱度、以下的事情也在減少中：將我自己投入（節目）製作工作的能力，在這領域中為教會、為耶穌會、為中國做一些傑出的事。我想知道我是否正在失去動力，或者只是年紀漸長而逐步失去身體的活力，或者是我也不知道的原因。然而，我感到我的心智和靈魂的平安是一個好的記號，那意味著基本上我還在正確的軌道上。

第二天

第一講：神慰的原則

第二講：感恩的原則

這兩講是以《格林多人後書》和依納爵神操第一週為根據。我對神慰的主題有強烈的共鳴，並回顧了我去年的生活——有許多次天主安慰了我。當然，我首先想到那些很精彩的旅程，雖然短但是充滿喜悅、平安、還有來自我遇到、在旅程中認識的那些很可愛的人們的安慰。這些真的是從天主而來的充滿驚奇的禮物。天主，祢溫和、可愛、柔和的一面，希望我們快樂。

我也想到關於在光啟三、四月間很辛苦的日子，我們被告知做得還不「夠好」的羞辱感，也知道那是真的，也看到沒有人能做到的那些我們已經做到的好事，甚至還有光啟社的潛力。我感恩在那個時刻我有能力保持沉著，並且堅信我已經幾乎做到我所能為光啟社做的一切，而我也不應該接下我沒有資格做的工作，那只會延緩逐漸轉型將光啟社交在天主教友或是獻身的專業平信徒專業人士的手裡。

馬蒂尼樞機談到理智的安慰和感情的安慰，而最深刻的是本質性的安慰。或許讓我可以在光啟社的紛擾中保持冷靜的便是本質性的安慰。我能夠持相對的平安，抑制下我的愧疚感傾向，持續希望針對多少盼望我們能逐漸有一些突破來解決我們的問題。我也感到自己夠超然，如果時間到了，我能夠對光啟社完全放手。

彌撒中，準備好不受音樂和一般氣氛的影響，我突然間受到神慰的感動。耶穌就正坐在我的前面，感謝我為了讓祂的工作繼續進行下去所做的事。祂對我說：我不是一個「鬥士」，但我是一個「堅持到底的人」，所以祂要求我繼續堅持下去。儘管有負面的、失敗感、不耐、和體力透支，仍要維持冷靜和樂觀。在不破壞與他人的關係之下，堅持下去。堅持下去，即使有時候我必須像傻瓜一樣，期待對抗期待。在我們的員工和我們的使命裡保持信心，即便有許多我無法解決的問題，還有在一些我無權協助的範圍。

在我的靈修生活中對於感恩的強調，由每天的感恩祭開始，甚至在這麼不幸的手臂骨折事件之後，仍舊是很大的恩寵和祝福。我祈求能如馬蒂尼樞機所言的去繼續看一切事物的光明面，並且像保祿宗徒一樣將它當作「甜美的氣味」，一種馨香，為我周遭所有的人帶來耶穌基督的氣味、精神和愛。

雖然感到愈加疲倦，且有時也開始想休息，也許換一種工作（和寫作結合在一起的直接的社會工作），而即使我更加感到被光啟社綁住了，我仍舊看到天主在讓我在這階層上去完成一些事。感謝天主！我也感到對天主的感激，祂讓我過著蠻有名望的生活——比我該得的還要好。為了這個緣故，我不需要對我的聲譽和別人怎麼談論我，這麼有防衛心和過於敏感。不論他們在我背後說什麼，它可能都比實際的情況更好。

唯一最重要的事情是我發覺、理解和接受我在救恩歷史中的獨特角色。我有一個非常特殊的、小的角色要扮演。這並不是成為一個偉大領導人或是教會管理者，或者管理堂區，或是知識份子，或是革新者。我想這只是藉著媒體還有在我的人際關係和牧靈工作，這樣的一個微小的方式去反映出耶穌基督的喜樂和愛。我的主要天賦是我的語言能力，我的幽默感，我的笑容，我的個人觸動，我的連結能力。不多不少。在此，我必須接受、超然、並且滿足。

第一講——神慰

第一天在默想神慰的原則、感恩和生活之後，馬蒂尼樞機建議我們用保祿書信《格林多人後書》的指引，默想我們的軟弱，以此作為「神操第一週」的開始。他要求默想我們個人的、存在性的軟弱、服務性的軟弱、還有教會性的軟弱；而基於偉大的奧祕天主某方面來說願意（同意）我們的這些軟弱，因為在這些軟弱之處祂能夠展現祂的大能。似乎可說它們是奧祕和救恩史的部分與統包。

按著我自己的軟弱處，我發現相對地容易接受這奧祕，我也越來越加學習去接受，甚至有時是帶著喜樂去接受。我昨晚和我弟弟松青有一段很長的精采對談。他對於他的需求和軟弱處的開放度，讓我對他更加開放。對我們彼此都是一種解放，我想天主將藉著我們彼此來安慰我們。

當默想牧靈工作上的軟弱時，我接收到一種知性的神慰。我感到再次肯定與確定在接受光啟社的弱點方面，並且強調天主如何能夠在這些事上還是可以有作為。我們明顯的弱點尚未成為充分的理由而要關閉光啟社，或是感到灰心。正如馬蒂尼樞機在今天的第二講時強調的，灰心是我們服務工作的最大敵人。「堅持下去」或許是由我們／我來決定的。

關於教會的軟弱，我感到這是我最常跌倒的地方。當教會的軟弱與失足來到的時候，我需要更加有寬恕、接受、容忍的態度。在我現在的服務工作上的困難是我該到其他地方的指標，或者，相反地，是我該留下來的指引。我的媒體／電視服務（到目前）的效力，讓我傾向於後者……但能多久呢？我會不會將有一天在電視上變成傑瑞爺爺？

第二講——罪

馬蒂尼樞機專注在罪的主題上，因為它影響我們的服務：局部偏差（半真半假、服務的主要敵人、灰心、太過依賴心理學、法律、紀律；太少依靠天主的恩寵（放棄我的服務、反駁我的承諾、做一套說另一套）；以及根據在《格林多人後書》6：3－7聖保祿指出的真正服務有八個特徵的反映。

論到反思，我感覺我主要的罪，或者說犯罪的誘惑是當在服務當中遇到反對或灰心的情況，便說「我不在意」的誘惑；當我無法解決所有的問題或被失敗引發恥辱感時，我也有內疚的誘惑；我有時候在辦公室很急、或是被打擾的時候，或是看到什麼事都沒完成時，我不耐煩且缺少了和善；我對那些我認為奇怪、詭異的人或是心理上不平衡的人，有非善意的傲慢和無情的評價。

我想我去年進入了正確的軌道，當我明白我必須如何拒絕爭論、衝突和分裂，並為與每個人建立和諧的關係而努力。我可以更進一步，溫和地試著在我們的小團體以及其成員與會省和援助之間，促進更好的理解和相互接納。有點意味著，也許我可以淡化傲慢和優越的氣氛，智性競爭，這些會導致意見不合與分裂。

第三天

當我發現不管是在《格林多人後書》或是今天早上馬蒂尼樞機的講述，我找不到什麼很有啟發的東西，但我真的發現自己處在一種很有祈禱的和平安的心境，彷彿時間靜止了。這是一個美麗的早晨，我在早餐之後做了安靜的禪觀。在馬蒂尼樞機的講課之後，我感到迫切需要找個地方坐下來和天主在一起；那就好像是耶穌很急迫地想要跟我談話一般。我坐在花園裡樹下的石板凳上，然後幾乎立刻被耶穌的愛所吞噬，祂向我說「祂愛我」來回應我的問題。這種在天主手中休息、在平安之中的感受，一直維持到感恩祭。不趕著去做什麼事或是閱讀任何材料；在一個美麗的早晨，唯獨停留懸在天主永恆的愛的臨在中，被耀眼的綠草地、樹木、鳥兒、蝴蝶所包圍……

今天我確實有一個重要的想法。我了解到幾乎所有我在修會內的工作，都是受邀請或是被指派而來。我所做的一切就是回應；原本我並沒有選擇這些工作。同樣地，所有我最珍視的「成果」（紀錄片、在中國大陸的長頸鹿美語等…）並不是我自己的選擇，而只是對要求、邀請、機會的回應而已……有時還帶著不情願。當我祈禱能夠救下ACT或者幫助緬甸的學生，另一方面，什麼事也沒發生。似乎真的是發動權在於天主。所以我不應該太掛心我的未來計畫。我也應該對其他的邀請和託付保持開放。

就如同在祈禱中，主要的工作是去挪開與天主共融的障礙，因此在我的生活中，我應該持守著一種在希望、自信和期望中等待的姿態……等待天主來發動，而但願我能慷慨地答覆。

關於「修和」，馬蒂尼樞機提出三個階段：讚美的告解（為我們最感恩的事感謝天主）；個人的告解（告明那些實際上導致我們對自己最不舒坦的事，我們最不喜悅的地方）；還有信德告解（求天主的恩寵來幫助改變和解放我們）——上述啟發我往祂那裏去尋求修和，而這帶給我極大的平安和神慰。

我最感恩的是一直持續的經驗到天主的臨在、接納、關懷和愛。祂要我成為一個修和與和諧的工具。而這就是馬蒂尼樞機提到的我祈求這個恩寵作為克修。其次，我為我許多疏忽的罪祈求寬赦；這些罪有時出自自私或是過分小心，我忽略了幫助人。當我在聖體前以奉獻的精神和淚水祈禱後，對於這些事我感到很平安。

第四天

我在這次避靜中的祈禱特徵是極為平靜和平安，有時幾乎像是半睡或發呆狀態；或許，就是*alpha*狀態。幾乎每一次的祈禱時段，我都一直不斷地感到情感與淚水的灑落，而不是偶然的、深刻的、情感大爆發——其他的時間在平安和幸福感中度過；幾乎沒有心神乾枯、無法安頓等情況。時間過得很快與順暢。

今天我聽到基督（對我而言祂就是一切，我無法想像沒有祂的生活）再度呼喚我……這一次祂說：不要做更多，而是要「滋養神魂」。祂讓我看我花在控制時間和限制活動項目的力氣，不是出自自私，而是必要的處理……當肉體腐朽的時候，神魂卻要提升。這在我此刻生命的轉換階段是重要的。閱讀、聽音樂、文化活動等只會幫助我延長我為基督君王服務的年歲。

馬蒂尼樞機有一個美麗的、有力的洞察，他說耶穌藉著選擇僕人的形象展現自己，而不是有權力的一些人物，這顯示出天主祂自身的本質。當我環視著大自然的豐富性時，似乎真的可以很精確地說天主正服務著我們，聽起來很弔詭。馬蒂尼樞機說就他所知道的，世界上沒有其他宗教像這樣講述天主。這是由先知們開始，當他們論及默西亞的時候。

耶穌讓我看祂是多麼欣賞我在服務移工時的微弱力量，還有我所做的其他小事情。當有時回絕約談、禮儀服務、諮商等事情時，我仍然有罪惡感。耶穌說這是為了用其他方式服務其他的人。我需要修正的是當我拒絕其他服務請求時的方式。我不該表現出好像看不起這個人或是機會。而是我應該嘗試效法馬蒂尼樞機，他今天親切極了地接受一個關於特定主題的聖經引文清單的問題。我想這是很冒昧的，要求這位大學者——教會人物，來準備一份可以在聖經辭典或是類似的出處就可以找到的引文清單。但是在他的回應裡卻沒有一絲的不耐煩或是傲慢。他對此「很重要議題」顯示出極度尊重。

我真的需要默想這件事，並且經常在當中省察我自己。我害怕被過度控制、預約過多、被迫進到不舒服的或是「無意義」的情況裡，失去我的自由去休息和放鬆——這一切導致我有時候蠻不禮貌的對待那些對我提出不悅要求的人……，至少在我心裡我是對他們挺沒有愛德的。

耶穌似乎向我說道：「去年我要你藉由與他人維持和諧關係來服侍我……即使從衝突點逃走……即使用自我解嘲的方式，你已經做到了，即使你有時在『把另一個臉頰也轉過去』的情況感到有點被閹割了，現在今年，我要求你比以往對其他人顯示更多的愛和良善，還有耐心以及理解。這將比你的平常工作更重要。這將是你的主要使命。」而我必須從我內心去培養這個態度。

第五天

期待一個對耶穌顯聖容的好的默觀，我發現自己乾枯了、也累了。我歸結為我過度操練，所以我選擇休息。我的注意力持續向著一些去年我遇到的可愛的、有吸引力的朋友。最後，我屈服於這情況，並總結這是耶穌藉著這些人、這些相遇向我顯示祂的榮耀、祂的美麗、祂的愛和祂的情感。在反思當中，我得到兩個結論。首先，「演出」在我的生活中逐漸變得重要，也是我聖召的一部份。那便是當我微笑時，感到情感與溫暖，並練習表達這種情感。它滋養我的神魂和滋養我的服務工作。它跟祈禱一起讓我的服務工作散發光芒，如同馬蒂尼樞機所言。服務、愛、光芒和保證是耶穌和保祿的特徵。我的服務也顯示出這些特徵嗎？以哪些方式？我能夠怎麼改善？

我想在我的媒體工作上，我確實傳達了一種服務的、包容的精神，全球性的愛與接納，社會關懷與喜悅。這是我的天賦、我的魅力。我需要改善的地方是我的私人生活。祈禱與休閒之間有好的平衡的話，對我會有益。

馬蒂尼樞機描述了耶穌在被本鄉的人所反駁時，和在面對祂的被釘十字架時，掌握的平靜。保祿的自持有時候出現在幾乎是極端、狂熱的時刻。我生活中的平衡感出現在哪裡？我發現沒有太多事情是我能絕對確定的。我能確定天主在我生活中的行動；我能與天主溝通，祂和我在一起；天主是愛，耶穌是天主在我們的歷史中可圈可點、獨特的彰顯，而這是我們能最親近的方式讓我們看見與了解天主；天主召喚我成為耶穌的門徒並效法祂和愛祂；天主引導了我藉著大眾媒體（特別是電視），在亞洲、台灣、中國實行這一切事工。

這樣的確信和對使命的清楚感知在過去的四十年，帶著我在這一個方向上，並結出了果實。最近我感到這樣的使命感、確信，有點波動。但是原因並非是我不願意再投身，而是我正在經歷精力和年輕抱負的減少。我想並不是因為我正在面臨倦怠感；但我可能是在靠近類似的情況。因為距離安息年還有幾年的時間，我必須非常的小心我的步伐。我不是超人也不是無能。只有藉著分辨能讓我知道平衡點在哪裡。

在過去，我試過在我一年的行程表當中，除了年避靜之外，另外放進四次的短休息。這很合理。這些短假期通常是三—四天。現在我覺得應該要有四－六天。在光啟社工作了二十五年，我每年應該有至少三十天的假期。今年到目前為止，我只有在農曆年期間的四天假，還有去清奈[1]的前後五—六天。其他時候就都只是像個週末——在各種工作之間的前後一－兩天休息。（泰國取景、在馬尼拉和曼谷的計畫會議、在上海一天……）。這並不足夠。難怪我覺得被光啟社和JESCOMEAO、院長、現在的牧者工作，這一切事所打倒。我很少能夠讓我的週末維持完全自由運用的狀態。

第六天

我藉著每日進行二十分鐘的禪觀，逐漸能夠回到我的*alpha*狀態。如同這些日子的默

1. 印度城市，原名馬德拉斯。

想中常有的，今天也有一次短的、情感的洗滌。再一次，對於讓我懊惱的事，我的想法是轉而去休息、放鬆、假期，而不是火熱的服務。我必須承認在這裡有一個訊息。我只是太累了。今年是我在JESCOMEAO工作上的第十年。幾乎每一年都有重要的企劃或工作；有一些做得成功，有一些則不然。我在光啟社和會院團體的工作量都增加。我對我的選擇有認證感，就是要繼續調整與簡化我的生活型態，以便有更多時間來祈禱、休閒與放鬆。我可能比我所認知到更加靠近「倦怠」，而眼下並沒有安息年的機會。如果這是個能夠帶來喜悅、神慰、心靈的平安、愛近人的良方，那我確實感覺是這樣的良方持續帶領我在休憩和放鬆的方向上。

在感恩祭快結束時，當我看到每一位去領聖體的人時，我有很深的感動和尊重，對這些我的弟兄們很有感受。一般來說我沒有這麼強的感受，甚至與他們變有距離。但是看著他們並想到他們在自己的崗位上所做的事，促使我去尊敬和欣賞他們，並且為自己是他們的一分子而高興。我們都是在一個巨大的、具挑戰的、少有回饋的使命中的一部分。不管發生什麼，我感覺我想繼續位處在這當中的一部分，和他們當中的一份子。

用禪觀的方式默想耶穌的死亡，立刻帶來前所未有的強烈感受。我對著我視線中貧乏的一杯水哭泣，那是當耶穌背負祂的十字架時，我一直試著帶給祂的一杯水。杯子被扭曲、破了、髒了；水潑灑出來。這是我的禮物。這是我。這是我的工作。很讓人灰心。這是我在自身的小小十字架重量下的感受。耶穌鼓勵我；握著我的手；幫我把杯子弄平整；那杯子似乎是祂所極度珍視的，然後我們一起背上我們的十字架。

我的思緒轉到了華視剛剛批准了我們的電視兒童節目企劃案的訊息上。這讓我感覺或許光啟社正在開始轉身。我感到喜悅和樂觀，有了新希望。

這帶給我極大的平安與神慰。晚上的時候，我能夠去面對一些未來的計劃（即將舉辦的科技會議；OCIC亞洲大會；讀書修士媒體工作坊），我的心智較為明澈，也能夠把一些想法和點子放在一起，也感到一些熱情和自信。

晚上我看著我過去三年的避靜筆記，從起始處看我的「日記」。很清楚看到兩年前，有一個改變在發生：精力和抱負的明顯減少。我至少還有兩年JESCOMEAO的工作。光啟社至少也還要那樣的時間才能穩固。所以安息年至少還要等兩－三年後。這幾年我必須穩步向前，小心地規劃我的工作……並且留意我的健康。

第七天

我坐在花園的石板凳上，情緒少有閃爍，默觀耶穌在革責瑪尼園裡的情景。馬蒂尼樞機的想法是，耶穌藉著清楚地展現祂人性上的軟弱，指出或許在天主的本質上某些部份對應到我們忍受的痛苦。如同費爾巴赫[2]提出的，某種程度來說天主也受苦。這是奧祕，而且無法完全被理解，但我感覺這個新思考是很耐人尋味的。

這一講題之後，每一個人都去了墓園拜訪我們九十九位已過世的弟兄們。我發現這很令人動容；特別是在梁德佳神父（Eduardo Landeta, S.J.）的墓前，他很善良，我在光啟社有困難的幾年當中他幫助了我；張尚德，和我一起晉鐸的一位。這兩位都是有點弱，安

2. John Fuellenbach, SVD, a theologian at the Gregorian in Rome, 若望・費倫巴赫，聖言會士，任教於羅馬額我略大學的神學家。

22 —— 滋養神魂

靜、害羞，不是很有天分，但是他們的服務真的是閃亮。他們的軟弱便是他們的力量。我也感謝我們的前省會長朱勵德神父，他在我和我弟弟松青的生命中扮演了重要角色。

在晚上的信仰分享裡，我試著去表達服務工作的弱點與個人希望的結合，但有點被打亂了，因為我感覺我聽起來太過負面而沒有講得夠清楚。但是今天早上耶穌告訴我，讓別人看見我的掙扎、軟弱、恐懼面是好的。很可能，大多數人以為我過著很輕鬆、順暢、快樂和成功的生活，而沒有看到陰暗面。

我可以感到我的力量回來了，耶穌今天早上告訴我祂知道我為祂而工作，焦急的想把祂的事做好，而我也依循著我的避靜決志，試著多一點放鬆和消遣。因此：

多點遊憩、多休息、多一些文化活動、閱讀和放鬆來滋養神魂。

對其他人表現出更良善、更多包容，特別是在談論到他人的時候。

要有耐心、平靜、堅定，面對個人的、服事上的、教會性的軟弱和危機，要沉著。

不要憂慮未來；只需等待耶穌的啟示和呼求改變。在那以前，停留在平安、堅定與專注在我的事工上。

第八天

在默觀耶穌的死亡時，我用禪的默想方式並經驗到短暫的情緒的洗滌。沒有特殊的光照或是洞察，卻感到跟在否認他朋友之後哭泣的伯多祿很親近。馬蒂尼樞機談到關於即使耶穌面臨死亡時，祂如何嘗試去安慰其他人——伯多祿、祂的母親、婦女們、甚至是比拉多。在這方面我能肖似祂嗎？特別是當遇到我自己的麻煩事的時候。

馬蒂尼樞機談到復活時，再次將他的中心點放在神慰上。耶穌告訴我們要「受安慰」，因為祂已經復起活與我們在一起。祂示範給我們看如何去安慰他人，如同祂與厄瑪烏的兩門徒一起時所做的（耐心的傾聽，震驚或帶往新的前景，詮釋-分析-解釋，之後服侍），注意到安慰他人是一個複雜的過程，並且需要很多的技巧和天賦。然後，祂給了我們一個去安慰他人的使命。

我自己受了安慰，並且有效地去安慰他人是一個相當堅實的使命。我祈求有智慧和力量去執行它。

今天下午再一次我感到在我身上有所轉變。當我接到一通從光啟社打來關於下週會議的電話，接著下週末有一個給經理人的工作坊，我感到一些挫折和煩擾。我感覺我所需要的放鬆時間，從我這邊被偷走了。或許如果我只是單純計算我被偷走的休息時間，並且在未來還給自己，我會能夠更加鎮定的應付這些情況。如果它們真的能夠幫助光啟社自己復活起來，它們就值得。

我仍舊感到我的精力和熱情落後於以前的樣子。然而我感覺基督告訴我在面對這些挑戰時要能夠平安，並等待祂來喚起改變。祂將如此而行。

23

奧祕海洋

二〇〇一年三月一—八日，菲律賓長灘島

台灣的強烈地震奪走二千四百多個生命，成了這個國家有紀錄以來最嚴重的災難。傑瑞協助其他宗教媒體促進地震後的復原。他完成了《亞洲放逐》（*Asian Exile*）移工紀錄片，並且開始了一系列早期耶穌會士在中國的第一支影片。這一次在菲律賓最迷人的島嶼之一的長灘島上的避靜，本身成了「幾乎是一個密契經驗」。

第一—二天

真的是虛脫了。已經好幾年我沒有讓自己這麼累了；但如果我得完成衛視鳳凰頻道，六百集新的英語會話節目中的大部分，似乎就別無他法。即使這樣，這地方的美景讓我運動過度、曬太多太陽，而昨晚我有些過敏反應（海鮮食物？）。不過我一月從聖地牙哥實地拍攝回來後有的鼻竇感染，差不多好了。

23 ——— 奧祕海洋

昨天我每一個可愛的、平安的默想，分別是在早餐後、午餐後、晚餐後。每一次我都被天主的大美感動到流眼淚：這些比我還老的樹，從沙地中吸收水分送到它們最外圈的枝椏上，長出令人讚嘆的美麗葉子。花朵的光采（蘭花、芙蓉和其他我不知道名字的花）都在講述天主無盡的能力、創造力和想像力。它們也對我述說祂的關懷美善，我也能感受到它是對我個人的，同時也是對著其他我周圍的來自不同地方和背景的「鄰人」。

我跟麥克和他表哥搭輕艇風帆船（canoe-sailboat）出遊，我漂在光滑翡翠綠的水面上，這是我在一九九一年初次造訪這裡以來，一直清楚記得的。他們帶我去他們的家，一個位在卡蒂克蘭海岸山坡的貧窮村落。他們為我煮咖啡，我則是和小孩子一起玩。我從我上次避靜中斷處，繼續閱讀德日進神父的《旅途飛鴻》（*Letter from a Traveler*），感到一如往常的親密和志趣相投的精神。不過是遠藤周作的短篇作品《最後的殉教者》真的打動了我。這是個意志軟弱的日本人的故事，主角無法面對恐懼和痛苦。天主如何寬赦他的叛教以及只要求他要在他能忍耐的範圍內盡可能去支持他的朋友。天主對我們所有人都是仁慈良善的。

大美的天主、關懷的天主、仁慈的天主、一切都可愛的天主。我的父親、我的護衛者、我最珍貴的朋友。

第三－四天

我的軟弱顯示了天主的光榮和大能。基督君王：大美的天主、關懷的天主。

我重讀在一九九九年以馬蒂尼樞機帶領的避靜中寫的筆記，並且發現它們有豐碩的果實。我用他第一週關於軟弱的主題。我記得他所說的「安慰人的天主」還有「服務的天主」的主題。我記起我的決志就是很單純的，不管天主在我的使命中要求什麼，我讓自己隨時待命，我知道我不需要去「開始」任何事情，只要維持和基督合一，之後祂會讓我看到我應該做什麼。我也還記得一九九八年的避靜決志是跟每一個人維持和諧的關係。

浮現的主要洞察是：

（1）堅持我在避靜中分辨的優先事項（並向省會長報告），且讓自己可以充分回應這些優先事項。還有我決意當可能的時候為自己安排短暫的休假，這似乎是非常正確該選擇的路徑。這兩件事之間必須平衡。當為中國製作另一系列節目的機會自己出現時，我有精力和動機能夠完全答覆，並且我想勇敢地甚至向高級長上要求經費，為了能確保製作出更價值導向、高品質的系列，包含一個新的網站。

這一切並非在我現階段的人生感到傾向去做的事，我已經相當疲累了：光啟社掙扎著縮小規模並重塑自我；還有透過JESCOMEAO其他（容易些）的選項可做（緬甸的訓練課程，馬尼拉的訪視）。現在看來，似乎我決定每一件事往前邁進，真的是天主的旨意。新電視劇很有成功的希望，我的身體只是勉強維持健康。

（2）昨晚當我在海灘看著月亮和海浪邊吃著燒烤海鮮晚餐，讓我震驚的是，造化之美讓人很難不相信有一位愛人的天主；另一方面這難以想像的浩瀚造化讓人很難去相信有一位這樣關心我、用個別的方式愛我的天主。耶穌基督給了這位愛人的天主一個人類臉孔，提供了與祂溝通的介面，並向我們顯示如何按照祂的設計去生活。

第五－七天

我簡短的默想耶穌的受難，當祂聽到拉匝祿死亡時的哀傷，祂的哭泣，當祂朝向祂異常痛苦的受難日子時的苦痛。我對照著我自身的痛苦，等待著將超過三周的衛視鳳凰台的新英文連續劇困難、艱辛的影帶錄製工作。雖說是困難，但不能和耶穌的受難、難民們的痛苦、戰爭中的人們等等相比。所以，我盡我所能的慷慨的付出，並感謝天主，因為這是為了我認為有意義的事在受苦。這讓我對今年的計畫行程，抱持著一種成果豐碩的看法。

第八天

回顧去年並展望未來的一年，我感到我的心境是清澈的，且靈魂也平安。我感到在這次避靜中許多天主要告訴我的事，已經傳達到到我這裡。

佛陀和耶穌都同意和倡導：喜樂地參與這世界的哀傷。這句話似乎描繪了我的聖召調性。

閱讀書籍：列出去年我讀過的一些書的部分清單和提要，讓我有種滿足感，並且確認了我立下為自己保留多一點閱讀時間的決志（是對的）。此舉已經間接的幫助了我的工作（講道、談話、演示、在電視上的表現和電視節目），讓我保持清晰狀態，能夠去講述故事。

今天早上不知道為什麼，我拾起關於一位耶穌會同班同學過世的信件和講道（稿），並開始在早餐時閱讀它們。這些文件深深感動我，並讓我進入了很棒的關於復活的默想。再一次，我肯定了我的避靜方式：自發與專注在聖神的微妙刺激。遠藤的書是我這次避靜最佳的閱讀材料。我才剛涉獵《旅途飛鴻》，雖然德日進一直在我的腦袋和心裡。

今天我極度被海洋所感動，所以當我在海灘遇到麥克和他表弟時，他提議去浮潛，我們就去了。天氣真的很適合。地點也都很棒：第一處是巴林海（Baling Hai），這裡有很綺麗的小海灘，飲料從小丘上下來，裝在籃子裡通過屋頂下來；第二處離白沙灘不遠，有很多漂亮的魚和美麗的珊瑚，可以很放鬆，冥想式的游泳。當我們從島的一端加速往另一端時，風很強、很驚險；我們下面的翠綠色光滑海面讓人著迷。幾乎是一個密契經驗。包含盯著我最喜愛的景觀之一：小丑魚在一叢活的紫色珊瑚當中享受按摩。

我感到很深的感謝、喜悅和平安。我回顧這些日子以來，可以看到天主以祂的大美、祂的認同、和慈悲，溫和的、充滿愛的引導我對應我的渺小和軟弱。我能夠看到祂如何在

23 —— 奧祕海洋

這一年裡的最佳的時刻引領我至此，並保證我會舒適、會被好好關照。由於我沒有在和什麼權威和人際關係奮鬥，我沒有感覺到需要太花時間去默想、釐清我的人際關係。並且因為光啟社的未來不是依靠我，我不感到有任何必要默想光啟社。我的主要關注是在平衡我的工作量，那便是如何不需要過度努力（嚴重損害我的健康）而保持有效率的工作。

我感到很不樂意這個避靜就要結束。我知道這是因為（未來）在光啟社工作一個多月之後，我將會死命的需要再度休息。

24

亞洲之道

二〇〇二年二月十一十九日，泰國普吉島

擔負募款與在新的電視兒童節目演出的工作，傑瑞問他自己他要怎麼做來繼續錄製英語教學節目（如果下半年還要繼續做），還需要為光啟社的數位設備募款，並且「維持我的身體健康和理性？」在長途旅行之後，他抵達這個平靜的海灘做避靜，感覺到「像是高速行駛的火車撞上了磚牆而粉碎」。

第一天

為獲得愛情的默觀。直接從法國的里昂抵達這裡，在早上八點上了火車之後，花了超過二十小時的時間，我很幸運的在海灘角落的僻靜之處有一個小屋，這是我曾待過的地方。我完全任由自己休息和恢復體力，就像我以往在精疲力盡之後來避靜時所採取的方式。這一次我花了大約五天來恢復體力。

一如往常，自然奇觀觸發了我的感受，並好幾次把我帶到接近狂喜（出神）的狀態：樹皮、樹葉、花朵、高聳搖曳的棕櫚樹、松石綠的海洋、俏皮的八哥鳥、難以置信的日落景色、用香料調味的美味食物，這一切帶來感恩的淚水和性情的高亢。這一些事物為我充填著深度的感恩與幸福；戴邁樂神父稱之為「最甜蜜的祈禱」。去年的「大美的天主」或者「藝術家天主」主題再次發生，經常在用餐期間或是餐後發生，而非在設定好的默想時間裡出現。

第二天

把我的未來交託在愛人的、關懷人的天主手中……

一如往常，當我看著我今年剩下的的行程表，我感到有些緊張和憂慮：我將如何繼續錄製ABC節目（如果今年繼續做下去）加上為光啟社的數位設備募款七十萬，還要維持我的身體健康和理性？

戴邁樂神父在他的一次演講中說：「想像如果就放手讓你的××去吧，事情會變成怎樣？」在我的情況來說，會是擔憂，以及讓我的未來由總是關照我的、帶我走過往困難、充滿挑戰與回饋的歲月的、愛人的天主來決定。天主設計了並且保全了這些樹、花朵、鳥兒、落日。

從去年避靜的重複主題：我的決志就是很單純的，不管天主在我的使命中要求什麼，我讓自己隨時待命，我知道我不需要去「開始」任何事情，只要維持和基督合一，之後祂會讓我看到我應該做什麼……一九九八年的避靜決志是跟每一個人維持和諧的關係。不去開啟任何新的事情確實是明智的。事情本身會自己開始。

第三—四天

順勢而行；亞洲的智慧和真理……

我一再地感到天主很肯定的要我將我的避靜讓祂來主理。我聆聽了我的內在聲音並試著回應。我沒有感到被召喚去做任何（避靜時）架構性的事情，或是閱讀任何材料。戴邁樂的錄音帶是最管用的。沒有動力去依循避靜注意事項。有點後悔忘了帶遠藤周作關於耶穌的小說[1]。亞洲之道繼續強力的拉住我。

第五—八天

坐在草坪上默想戴邁樂關於「靜」的演講錄音內容，我終於墜入了只有在避靜時才有的，深沉的、忘卻時間的、平安狀態。在歐洲兩週緊湊的會議之後，還有好幾週錄製ABC節目（從去年十月以來累積八十個單元），我像是高速中的火車撞上了磚牆而粉

1. 應指《耶穌的生涯》。英譯本 *A Life of Jesus*。

碎；終於我的避靜狀態來了……。

25 水下王國

二〇〇三年一月一－八日，泰國董里[1]

在整個亞洲舉辦越來越多媒體工作坊，傑瑞發現：「在團隊裡工作時跟人分享我的經驗以及教導我所知道的事情……似乎是一個健康有益的方向，並帶給我平安。」他經驗了「在天主水下王國的璀璨中與自然合為一體……與生命、大自然、人群還有天主，平安與和諧共存，這經驗或許比以往更深刻、更加浸透。」

第一天

我的旅程：並不確切知道我會找到哪個地方做避靜，一路上和人相遇，得到小小善意。一個人生的比喻。當受挫、害怕時，面對的誘惑便是閃躲和批評、抱怨和攻擊。祝福他人「新年快樂」帶來溫情和微笑。他們期待攻擊嗎？多麼美妙的過生活方式……每當我有股衝動要去傷害、攻擊或是閃躲，他們總是帶著笑容、祝福和小的善意！那是在我身上

1. Trang，位置在泰國和馬來西亞邊境附近不遠。觀光團客比較少見。

的基督正在克服我身上的野性。

我的焦點：晚上我想到在不久的未來，我估計並沒有太多大的挑戰。光啟社最大的問題似乎可以了結一陣子。我的電視劇無限期暫停，不過鳳凰衛視的節目已經放送了將近兩整年。為了數位設備的款項大致上已經是安全的，不過仍需一些後續追蹤。不管是什麼，我的主要焦點是回應天主的召叫。被召叫去做另一部電視連續劇在許多方面來說，或許是最讓人驚恐的。如果祂要我做，我能回答說我已經準備好了嗎？我怎麼能夠拒絕呢；當這是我跟其他人分享祂的真理和祂的愛的主要方式。

這似乎意味著繼續和再確認我過去兩年的避靜主題。現在並不是去尋找更多大企劃案的時機，而是小心的分辨天主召叫我在這一段，正要進入六十歲的生命期間要做什麼，並讓我自己準備好，隨時可以去答覆。

現在也是時候更加專注在成為我在上面（旅程）描述的人，而不是做更多高調的企劃案。當在亞洲各地的團隊裡工作時，跟人分享我的經驗以及教導我所知道的事情……似乎是一個健康有益的方向，並帶給我平安。

第二天

當觀賞「橋」（*The bridge*）（作者費倫巴赫，聖言會士）時，我對天主的愛有了很美的默想。我似乎能夠感受到天主溫柔的愛（母性的愛，被子宮包覆的愛）包圍著我，並在我的生命中看到這樣的愛。祂在所有的試煉中，對我的溫柔關懷。祂邀請我對於祂的貧弱者（難民、移民、身障者、病者、老者）要有慈悲心，特別是在亞洲；而那便是我美麗的聖召。湧出幸福和感恩的淚水。我很幸運不後悔我過去的人生，很少有必須感到羞愧的事，反而是在我的表層感到很棒，對我自身的弱點感到平安，對自己滿意，甚至喜愛我自己此刻存在的樣子。多麼大的恩寵！我要如何跟其他人分享這些禮物呢？

第三天

另一個美麗的默想經驗發生在對一個我已相信的主題上：在其他一切之上的王國首位，包括教會。天主用這方式或其他方式拯救所有的人。我們都被召叫來做我們自己微小的、但是獨特且不可取代的一部分，為帶著整個宇宙進入圓滿——我們稱之為（基督的）王國。

遠藤關於耶穌一生的短篇故事讓我掉淚。反思我們因為自身的恐懼和缺乏敏銳度，是如何地傷害了他人。只有聖人們可以克服這些。

第四天

維克多・索忍格神父[3]寫到，在《創世紀》裡，在這些事上看見了天主的愛：當天主給亞當和厄娃「穿上衣服」時（即使祂將他們逐出伊甸園）；當天主給加音放上一個「記號」來保護他時；當天主以彩虹為記號代表祂絕不再摧毀人類時；當天主避免毀掉那些建造巴貝爾塔來成為天主的人時；當天主與亞巴郎訂立祂的盟約時。天主一直是愛的天主。耶穌重新發現了且強調這一點。

遠藤周作的《最後的殉道者》中的故事「最後晚餐」（被迫去吃人肉的人和他們可怕的罪）還有一位叫做靜子的女人也讓我流淚。兩則故事都是很溫柔的人對其他人的關注和慈悲的故事。他那篇「六十歲男人」讓我很感激自己六十歲還算健康，且似乎沒有過分害怕變老或怕死。這是我之前沒有獲得的恩寵。天主現在給了我是有其原因的。很肯定理由是祂要我繼續服侍他人並為祂做見證。

第五天

與自然合為一體。我經驗到天主水下王國的燦爛。華麗的、紫色玫瑰花形狀的珊瑚，巨大的平台和山脈，發光的管狀珊瑚，亮綠色的鹿角枝珊瑚，還有最壯麗的——

3. Victor Salanga, S.J.，耶穌會士，舊約聖經神學家，現為菲律賓馬尼拉羅耀拉神學院院長。

在餵食麵包後被一大群黃、黑、白相間的魚圍繞、尾隨和啃噬。

我感到對於生命、大自然、人群還有天主，有平安與和諧，這經驗或許比以往更深刻、更加浸透。確實，未來還會有大的挑戰和深度的苦痛。那就是人生。但是就此刻來說，天主似乎給我一個喘息空間並告訴我，要為我過去如此豐滿的六十年感到滿足和感恩——這是祂給我的愛的禮物。

我對閱讀、寫作或跟隨任何作息表不太有觸動。更多的感動是在於盲目地順從中跟隨聖神，為任何出現的事物而歡喜。更加超然與自信，因為祂正以最好的方式帶領我。

26

論幸福的藝術

二〇〇三年，十一月廿一－卅日，泰國喀比

受達賴喇嘛的啟發，相信「幸福會臨到溫暖的、仁慈的、有慈悲心的人」，傑瑞反思要如何藉著媒體幫助世界舞台上的弱者與微末者，特別是促使地方社區電台，可以成為替代日益強大的媒體力量；大型媒體的科技彙整使他們更強而有力且有更大的主控權。達賴喇嘛強調同理心——「了解他人背景，並敞開心胸與包容」——與傑瑞自己的信念不謀而合。

第一天

我比正常情況更快速地進入避靜的氣氛。這很可能是因為在我從開普敦的長途旅行回來，和短暫的流感之後，我先在曼谷休息夠了。

在喀比機場前方的道上，看著美麗、柔和、連綿起伏的綠色喀斯特地景和夕陽，我感

到很感動，並深深地感謝天主再次把我帶到這裡。今天，我好幾次被這個相同的感激之情和這個地方的美麗所震撼……海洋、植被、我所身處的漂亮、安寧的環境。

我似乎聽到天主檢視著我今年所作完的工作清單：一百三十集新的英語節目，我花力氣讓耶穌會士一起去幫助他人，我辛苦的為新數位設備找到足夠款項，持續的光啟社重整，財務上的恐慌，以及不確定性——還有說：「謝謝你。」

我的情感很容易被這些事感動：午後波光粼粼的大海，到處都有華麗的熱帶植物，看到勤奮瘸腿的服務員，看到我遇到的人溫暖的微笑和謙虛的禮貌等等。很容易掉眼淚，我想這是一個好的記號。這是平安的記號，意謂著我在對的時機來到對的地方。確實，我在靜山做我的避靜也可以感到平安；但在這裡，我被超越思想和情感的經驗所震撼。這是另一種體驗；這是一個記號……。

第二天

沒有計畫任何事，大部分的時光是很可愛的天主對我個別的愛與關懷體驗。我可以看到祂對大自然的極大關懷——特別在樹木和植物上，它們每一個都如此精巧、優雅、獨特。更何況是對我更多……和祂所有其他的孩子。這是一個我永遠無法掌握的奧祕——如此無限尊威的天主和造物者竟能夠個別的關心我。這是我信德的基調之一，與其他同等奧祕與不能理解的一件事：愛我們的敵人和所有的人，因為天主創造了他們也愛他們。

第三一四天

我沿著海灘做我第一次的長散步，接著在喀斯特山腳下發現一條蜿蜒開來、雖短卻美麗的泥土路；爬上喀斯特山有很棒的景色還有許多蚊子；然後沿著路邊經過岔路到董藍。

我往前跳了一天左右，發現自己在默想我最大的試煉或克修：錄音、錄製影帶、長上會議、還有日常的家務。就痛苦的程度而言夠低，但足以讓我稍微辨認出基督的受難和世界的苦難。痛苦大多是由於無趣和多年做一樣的事。我最大的喜樂是能夠組織和提出企劃，而不必自己做所有的工作；像是JESCOMEAO的企劃，像是即將到來的多媒體學者工作坊，還有訓練課程和諮詢工作。我希望這股潮流夠持續下去，而我可以花更多時間思考、計畫、報告和諮詢。

我想我在這次避靜需要有點動起來；不只是坐著、睡覺和吃飯。我將試著組織些許默想式的戶外活動，多看一點大自然，這是我目前為止最大的靈感來源。

我感到被召叫去買一本書——《快樂：達賴喇嘛的人生智慧》（*The Art of Happiness*），是由美國精神科醫師霍華德．卡特勒和達賴喇嘛合著。我開始讀它，並對達賴喇嘛的教導和他的人格特質，立刻感到許多共鳴。顯然，他有一些話對我說。

第五天

跟隨著昨天的靈感，今天早上我跳上一條船，航向美麗的宏島（潟湖），享受潟湖、淘氣的獼猴還有蠻友善的巨蜥；在平靜的大自然中散步、做運動和游泳，不是很適合浮潛，但景觀很棒很有啟發性。我感到我在我腦海和靈魂裡刻錄這些影像，這讓我一年比一年更愛祂。祂創造了如此神妙的世界。祂必定是希望我們看見並從中學習。

我繼續閱讀和享受《快樂：達賴喇嘛的人生智慧》這本書。達賴喇嘛深信人性的本質基本上是溫良和仁慈的，這觀點很值得來默想，因為在今日許多人認為人性基本上是自私、暴力、侵略性的。如果我們往自己的內心深處看，或許我們會發現另一個真相。尊者相信我們的目標是發現幸福之所在，而這個幸福會臨到溫暖的、仁慈的、有慈悲心的人身上。我希望無論如何大多數時候我是這樣的人，因為我真的相信那是讓我生活真正幸福和平安的話語。

第六天

最後我感到是為JESCOMEAO做些計畫的時候了，我開始列出我們的綜合活動清單做為準備二○○三年度報告的開始。統整起來有大量的工作在培訓、協調、工作網絡、促進，還有我的製作專案。這些活動表現出什麼？未來三年我們需要調整和聚焦在哪些方面？

（1）很肯定地，在今日「和解」與「和諧」必須成為我們媒體工作的目標。但如果沒有對話和倡導，這不會成就。缺了與其他善心人士的工作網絡，就不會有真正的倡導帶來的標誌性成果，所以工作網絡是必須的。

（2）在製作業務方面，我認為那些以加強倡導為了沒有聲音的人、邊緣人、受壓迫的人發聲的節目製作，應該連同那些為了促進不同宗教與文化間的對話的節目製作，置於優先序列。

（3）在發行的領域，我認為我們需要研究更多有效的方式，來散布我們製作的節目。我們也需要促進社群媒體（廣播、網際網路），讓它們能夠替代日益強大的媒體力量；大型媒體的科技整合使它們更強而有力且有更大的主控權，甚至到了將許多弱者與微末者，排除在世界舞台外的地步。

（4）最後，我們需要在我們的訓練課程強調上述幾點，不管是製作部門、傳播技術或是媒體教育的領域。

天主在避靜的第一天如此清楚與帶著感情的對我發言之後，祂現在正幫助我聚焦在未來的任務和導向上。十二月將會是很關鍵的月份，特別是因為JESCOMEAO將和耶穌會總會長開會。

上述的議題似乎比最近的那些，似乎太強調成為傳統耶穌會士的方式的文件，對我更加有力和重要。現今沒有更被召喚要做的事嗎？依納爵要我們平心，為他人的益處，採取行動造成影響。如果我們堅持著讓自己邊緣化的姿態，或者使自己對許多人無關緊要，依納爵所要的在今天會發生嗎？我看不出如何能辦到。

第七天

像達賴喇嘛一樣，我很少甚至從未感到寂寞。但有時我確實感到不舒服，被他人的陪伴所壓迫。是因為我感到一種需要表演的壓力嗎？要有娛樂性嗎？要給人某種印象？如果我更專注在慈悲心和同理心，會不會成為一種治癒，一種幫助？

論親密關係上，達賴喇嘛相信我所相信的——它能夠在我們四周以不同等級被發現（甚至是在無生命的物件上）。我們應試著去擊出所有的水源來，而不是尋找「這一個／唯一的一個」。緊密的友誼關係如果沒有更重要的話，至少也跟浪漫的愛情關係一樣重要。

達賴喇嘛強調同理心「了解他人背景，並敞開心胸與包容」，也與我的信念不謀而合。

閱讀關於「全人類的相互依存」的部分，觸及了我很深的經驗，且讓我哭了：默想數以百計，甚至數以千計的人為了我的美麗經驗擔負責任；讓我在海邊享用了美味的一餐的經驗。我默想著與那個經驗的每個層面有關的所有人，感到很深的感謝、還有溫情以及與他們所有人連結在一起。真的，我們所有都在這當中一起。把我們連結起來的事比把我們分開的事來的多。

第八天

這些想法設定了我避靜最後一天的調性。我明白，我仍然保有舊有的強烈慾望——想成功、超越、證明自己、展現自己的人生一直以來都有意義。它並沒有像以前那般強烈，但或許在我的態度上仍然是太強、太有宰制性。終究，我正在進入我人生的最後階段。不是已經足夠去說出「我已經試著去做天主要我做的事了」，而繼續去培養更多愛和仁慈去對待那些沒有擁有希望或者沒有感到成功或生命有意義的人？

我感到我需要專注在對他人培養同理心和慈悲心。我仍發現自己的心理對他人給低評價，嘲笑他們，甚至鄙視他們，用這些來做為提升自己的自尊感的方式。這點出我是如此幼稚與如此傲慢。我感覺我在這裡有許多工作要做，在培養新的、改善的心態去對待別人。

我經常感到其他人對我（我的自由、我的健康、我成功的工作）是一個威脅，因此我傾向逃避他們、拒絕他們。然而，問題並不在他們。我必須去學習分開我的需要（隱私權、安靜、休息、自由）與他人的需要，還有他們習慣對我提出的要求。我可以小心的騰出自己的空間，並能仍然夠理解他們為什麼似乎是把自己強加在我的生活上。必須拒絕他們而產生的罪惡感讓我惱怒他們。我無法試著學習不懷罪惡感的說不嗎？或許沒有那麼多罪惡感，而是想有好表現或被讚賞的渴望吧？

最後，我對那些反對當今社會多元主義和相對主義的人感到好奇。我相信多元主義是重要的也有它的價值，主觀主義和相對主義也很重要，它們揭開了生命的細微差別和複雜性。我相信誠實地承認在自己身上的這些（向度）是很重要的，為了成為耶穌的真理和可信門徒的見證者。我相信對教會（或任何人任何事）真正的愛，意味著如果我在良心上感到某事或是某人被忽視了，或是如果我看到事情看起來有錯，即便或許我是錯的；我必須挑戰他們。威權主義、教條主義和極權主義制度，似乎對我而言絕對是負面多於正面；特別是當他們要求絕不質疑的忠誠和順從。耶穌這樣做嗎？如果你沒有明確地反對耶穌，你便是和祂一起的。因為祂與撒瑪利亞人、罪人和稅吏對話和互動，祂是相對主義者嗎？

如果我們的進路只是要捍衛它並回到依納爵的時代，那麼強調我們修道生活的好的點似乎變得無關緊要。似乎更重要的是嘗試依照當今人類的重大需求，創造性的再次詮釋這些事情。有什麼比天主兒女的福祉更加重要，我們有什麼任務比參與這個更重要？太多注意力放在那些次要的議題上，似乎不明智、自戀和卑躬屈膝。我不能夠相信依納爵希望他的跟隨者變成不會思考的機器人、奴隸、不會發問的追隨者——一個綿羊團體。而確實，在一個媒體傾向於尋找假案例作為新聞素材的時代，我們展示的（我們真實的、有依據的想法和信念）真實透明度越高越好。

27 天主的臨在，我的寶藏

二〇〇六年一月九－十八日，泰國春武里府[1]

在募款、培訓課程、還有徐光啟（即光啟社之名由來）的紀錄片的空檔，傑瑞找出時間回家去照顧他的母親，她生了重病，正在休養。聖經中的約伯如何在痛苦中找到天主，這成了這次避靜的主題：「我生命中的最大寶藏是有能力去感受、並寓居在天主的臨在當中的美妙天賦。它給我安全感與方向感。天主的臨在是我的寶藏。」

第一天

聽著CD播放《約伯傳》的前四章。這聽起來真像是莎士比亞的作品，充滿智慧與人性。約伯的智慧是天主遠超過他的了解和任何人類的理智，因而我們無法了解每一件事情。我們所能做的是謙遜的順服，試著努力根據祂的旨意正直的生活。

我也聽了華理克牧師的《標竿人生》。我明白了，雖然過去可能是雄心壯志驅動我並

1. Chonburi，華僑稱為萬佛歲府。

為我提供了動機，現在很清楚的是這已經不是過去的力量了。從前，我焦急的去證明我的人生對他人有意義。現在，我認為我最大的渴望是與天主、與我自己、與他人維持和諧的關係……甚至包括我不認識的人……並做一個有個性的人，意思是對天主、對他自己對他人真實相待的人；不管別人怎麼說他和評斷他；不管教會和修會聲稱他個人生活和存在方式的選擇為何。天主比他們所想的和說的更大，且我相信祂於我內在深處發言。我祈求在這次避靜中，我可以多一點聽到祂的聲音。

第二天

我繼續聽著《約伯傳》，並感到和他血脈相連。年紀來到六十四歲，天主正在收回祂在我年少、年輕、成熟期時給我的一些禮物。雖然我想甘願的將它們奉還給天主並說：「天主給的，天主收回；願上主的名受讚美」，我知道我不願放棄某些事情——外在的魅力、精力和體力、記憶、迅速的反應力、名聲、我較年輕時經歷過的對生活和工作的那種狂熱，還有或許比較充滿的賀爾蒙和對新體驗的驚奇。在很多方面來說，我有過拉長的青年時光，它一直很棒，但它正開始褪色。我掙扎著盡我可能的去延長它，像是透過運動、休息、身體與心靈的衛生和照護；但它仍逐漸的消退。

無意間，我聽了泰特洛神父的《勇士》，裡面他說勇士的特徵是經過磨難並保有忠誠。我被這兩個字詞「磨難」和「忠誠」感動到流淚。我的生活一直是一串磨難與掙扎，

27 —— 天主的臨在，我的寶藏

而我也試著保有忠誠。我想我最近的磨難或許是放棄在我全盛期那些我很享受其中的事，並為了我非常愛的、感恩與虧欠許多的天主和耶穌基督，成為另一種工具——勇士。

華理克牧師對我們人生目標的定義：光榮天主、天主的愛、服侍……我的服務一直很不一般；引人注目、有吸引力、戲劇性，且老實說，很有個人滿足感。也許現在是時候轉往較安靜的幕後服務形式。我一直在努力解放自己。或許在將來我可以做更多的事情，幫助其他人從人和社會彼此強加的虛偽中解放自己。我能夠幫助他們嗎？特別是為我的耶穌會弟兄們，幫助他們去發現與愛一位「更大的天主」。

我仍然滿是害怕失敗，害怕被看不起，害怕被忽視，害怕過度工作。我依舊滿是自私的念頭。這就是為何當我或多或少被迫接受一個額外的工作時，我反應如此強烈，之後為試圖減少或逃避我的責任而感到尷尬。我不想被強迫。我不想為一個行政工作而必須犧牲我的空間、時間和精力……而在某種意義上，身為中華省的社交傳播祕書，那件事是我的責任。實際上這是一個以我受過的訓練足以能夠服務的機會，而我無意識地試圖否絕它，以利有更多的個人自由、舒適和安全。

確實，我需要停止讓自己安排太多工作，但或許有其他方式，讓我可以在服務不打折的情況下解放自己。或許不需要的或不健康的活動我可以避免掉。也許我可以開始培養健康一點的實務和習慣……更符合我年齡的習慣會讓我保持健康、精神上的警覺，並且更加能夠去服務。

在許多上班日結束的時候，我真的感到極度鬆垮和精疲力盡。這是因為我的身體狀況或是不太健康的生活型態？或兩者皆是？這是我這幾天可以想一想的事。我祈求聖神光照我引導我。

我覺得感謝天主在我的聖召上讓我保持忠誠（至少盡我所能以及個人的靈感方面）還有為逃避責任懺悔。我求天主啟發我，使我明白如何才能繼續保持自己是完整、健康、活躍的人，同時更慷慨、更喜樂和更有責任感的服務。

第三天

今天我聽更多華理克牧師和泰特洛神父的錄音。碰在我心上的主題是華理克牧師的「向天主投降」……它如何的讓人痛苦且無止盡。模範人物有耶穌、諾厄、約伯、聖保祿等人。在我生命中的某個時刻，當我的期待差不多正在穩定下來並開始往下降時，投降可能會容易些……撇除當嚴厲的要求加在我身上時。我仍然絕對還有不想放棄的依戀。我能否練習在心理上放棄它們？這會減少憂心終究必須捨棄它們的恐懼嗎？

第四天

在海灘上作晨間默想：我聆聽戴邁樂神父的《靈修新徑》（*Wellsprings: A Book of Spiritual Exercises*），從我之前離開的段落開始。我非常被他對重力（作為天主無所不在的象徵）的簡短、簡單的默想感動，以及「發現」的部分，此處他問我，我的最大寶藏是什麼？立即，對我而言是如此的清楚，我生命中的最大寶藏是有能力去感受、並寓居在天主的臨在當中的美妙天賦。這真的是我所追求的，也帶給我最大的平安和對生活的熱情。它給我安全感與方向感。天主的臨在是我的寶藏。

懷著深深的感激之情，我想到了所有珍視和珍視過我的人。我鮮少想到這一點。我想我多麼傻呀；有時還嫉妒那些擁有我想擁有的東西的人。沒有什麼比寓居在信仰內，還有感到我跟天主合為一體並履行祂的旨意更有價值……意即我是祂的工具。光是這樣便足夠了。我甚至不需要永恆，只要我知道我正在履行祂的旨意，還有祂所意願的一切都是出自愛。

我猜我太被日常生活的需求所羈絆，以至於忘記了這是多麼美妙的禮物。我能不做更多的事情，來幫助他人尋找並可能發現這位良善、強有力的、慈愛的天主的禮物嗎？

第五天

我真的不知道我在神操的哪個地方。我用了華理克牧師、泰特洛神父、《約伯傳》、戴邁樂神父，還有比爾．布萊森的《萬物簡史》[2]作為輸入（默想題材），以及大量貝多芬、莫札特和巴赫慷慨揮灑的音符。我很高興自己有帶上我的小型iPod藍芽喇叭。它在我房間用起來很便利。我可以從我的床上按一個鍵，甚至在我起床前聽一段鼓舞人心的靈修

2. Bill Bryson, *A Short History of Nearly Everything*.

談話；還有可以在洗澡時、運動時聽音樂。它幫助我維持在軌道上，還有在「小退省」或用在維持避靜的氣氛也很有幫助。令我感動的是我一百二十瓦的笨重變壓器壞了，而必須買另一個：小一點的、更通用的，更適合旅行。天主未卜先知的要給祂可憐、軟弱的僕人這個小禮物嗎？

我發現凱倫·阿姆斯壯的《大轉換》[3]一書很有意思。

上午在海灘做默想，我已經聽了兩次戴邁樂的默觀錄音，但是今天我更被只有在避靜時才會出現的平安、永恆的感受所吸引。我感到昨天對於臨在和寶藏的默想滿足了我靈魂裡的某些東西，並帶給我這樣的平安。我整天都感受到這份平安。現在我單單在與天主的友誼內休息。我在海灘上認出到處都有的印度杏仁樹，還有木麻黃、棕櫚樹和椰子樹。今天，我第一次認出了一種馬尼拉羅望子，它有著捲曲的綠色豆莢和雙羽狀的葉子。我對大自然的求知慾和好奇心似乎在增長中。

第六天

我想我最大的恐懼之一是失去用來培養我和天主、和我自己、和我喜愛的人的關係，所需要的時間和空間——也是為了照顧我的靈魂、我的心智、我的內心還有我的身體。這是我持續擔心的事情之一。我知道如果我失去了那時間和空間，我就會變得效率低、容易忘事、暴躁、不理性，有時還會引起爭議、無情、不容易原諒和有攻擊性。這不是我想讓

3. Karen Armstrong, *The Great Transformation*.

自己成為的樣子。

我不知道如何才能停止憂慮這件事的解答。或許那就是我的本質。我害怕那「投降」會帶往災難，而「審慎」在這方面是比較好的路徑。或許正確的程序首先是「審慎」，之後當沒有其他出路時，才是「投降」。

我也需要一些時間安排有玩興的放鬆，但或許我要先把我的時間組織的好一點，這樣我才能夠不必那麼長時間工作，但更有效率。雖然我感覺得被某種半退休的生活模式所吸引，但也許現在還不是時候。或許我還需要在某些使命的關鍵領域推自己去做事，特別是關於中國，還有JESCOMEAO，當然還有耶穌會團體。如果我真的被召叫在這些領域付出的話，我希望我可以慷慨地答覆，「非我所願，唯願爾旨承行！」

我祈求我可以繼續聽到我的君王的召喚，那樣當需要時我能夠，接受或委身於此召喚去做困難的、卑微的、謙遜的事功，（像是錄音、訂旅館、為了實地節目製作的準備寫信給人，等等），當別無他法時。換句話說，我祈求我可以選擇基督的標準甚於我自己的，或是邪惡、自私、自我放縱、懶惰的力量，等。

我真的感到有一個領域是我被召叫去投身的，就是為了教會重塑的需要。保羅·庫提諾神父（Paul Coutinho, S.J.）認為最好的方式就是藉由「案例」。不管何時可行，讓平信徒揹起他們的責任。我還有其他可做的事嗎？或許，奉獻自己成為有大愛、容忍、慈悲的人，這便是我能做的最好的事。

第七天

我早上起來聽華理克牧師針對我們該如何回應痛苦的勸勉，特別是在當我們無法感受到天主的臨在之時。之後在海灘上我讀完整部《約伯傳》，它像一部宏大的宗教文學作品打到我的心裡，所以我需要再一次完整地讀完它。約伯變成我避靜的主題之一，也或許會變成我的生命主題，因為我持續老化，並試圖傾盡我的資源盡可能有效率地服侍天主。

事實上這些日子有一些標記出來，我希望能夠為天主的國更有效率的工作的這股渴望的熱火甦醒。我認為我仍需要嘗試推掉其他人也可以承擔的工作，或者拒絕不重要或次級重要或不需優先的任務，而以更多的熱情和效率去擁抱那些高度優先的事務（像是中國計畫、JESCOMEAO等）。

第二次感到非常感動的時刻是在早上我對人生的默想，這是被比爾．布萊森的書《萬物簡史》所引發。在書中比爾．布萊森描述三十五億年前地球生命開始的那時刻，二十個氨基酸能正確排序和組合突然出現並產生第一個蛋白質細胞DNA，是多麼令人難以相信，它分裂並產生了另一個細胞，如此行動，直到現在，創造了地球上所有的生命。它就像一道旋風吹過垃圾場後，留下了一架組裝完美的波音七〇七！這個創世的科學觀點讓天主和我和一切生命，都更加美麗、珍貴和「神奇」。那就像是天主在發生率很小的情況裡留下祂的署名，並說「看，我能成就的事物！」就如天主面對約伯時的情況。

我感覺我是對的：嘗試保留時間和空間給天主，以便滋養我的身體、我的心智和我的靈魂。無強迫症的嫌疑，我認為這是非常健康和靈性上的追求。天主給我這些天賦。我的身體、我的心智和我的靈魂，是祂給我的珍貴禮物，這也是一切我必須提供給祂和他人的。我需要試著去保護和維護好它們才是對的。但是當它們從我身上被拿走時，「非我意願，而是祢的意願要被實踐……祢給，祢拿走，願上主的名受讚美。」祂的智慧遠超過我的（和其他人的）。除了盡量以辭讓、平安和喜悅去順從和降服，別無他法。但在那時刻到來以前，我必須繼續盡一切努力保有天主給我的禮物，且記住這唯獨是為了更好的服侍祂和他人的緣故。

即使不見果實，我也能辨認出芒果樹（雄性）。泰國有一種類似台灣金合歡的日本金合歡。我正在樹藤的路徑上。

第八天

布萊森對生命起源的論點還有他一再聲明我們對生命所知是如此之少，並且還有許多跟生命相關的許多事物例如海洋、太空等。而我猜我對《約伯傳》的主題如何被布萊森的看法所加強，非常感興趣。我們確實真的對生命以及住在我們身上的，保護我們的、攻擊我們的、毀滅我們的微生物、細菌、病毒，所知甚少。我們怎麼能臆測對天主知道很多呢？折磨約伯的人是傳統主義者，他們依賴長老和祖先的口述和智慧，但就他們而言，沒有太多創造性或原創性的思考或反思。天主斥責他們，但最後還是溫柔地對待他們，在他們為約伯提供祭物獻祭，約伯為他們禱告之後，赦免了他們。

最後，我回到我的根源，依賴依納爵的分辨和我的良心，這是我擁有的最佳指引。其他的是有價值的參考。絕對性的極少。我的生活建基在信念、感覺和經驗到被天主所愛，被耶穌基督引導，祂告訴我天主是愛，而我的任務是慈悲與寬恕。確實，我沒有比慈悲與寬恕更重要的任務。並且今早在海灘的默想中，祂告訴我要在那方面關注自己。只有用這個方式我才能效法祂、反映出祂、傳達祂。其他一切，包含文字，都是額外的。

我蒙福能感知貧弱者的痛苦並對他們有慈悲之心，但在原諒那些惹惱我、有時候傷害我的耶穌會弟兄們方面，我還有很大進步空間。也許克服這種情況的唯一方法就是給自己一些空間，一些時間，讓我受創的感受癒合；之後希望並相信我更加強壯了，之後回來以我能做的最佳方式修復關係。雖然這需要很長、很長的時間，在一些情況下，這已經證明是可喜的和有益的。

我可以看出藉著閱讀過去這幾年我有多麼豐富——像是托爾斯泰的《戰爭與和平》；雷斯特・朱立爾斯的《天主的自傳》（一部以德日進發現北京人為本的小說）；詹姆士・密舍那的《夏威夷》；狄恩・巴瑞特（Dean Barrett）[4]的 *The Kingdom of Make Believe* by，所有羅勃遜・戴維斯（Robertson Davies）[5]的書和小說；還有葛拉罕・葛林[6]、卡夫卡和方約翰的驚悚小說，以及幾本關於健康、宗教、靈修等的非小說類電子書—以及我對中國歷史、自然歷史、植物學等的新興趣。這些書極度豐富我的生活也幫助我的工作，就如我先前對古典音樂和歌劇的熱愛把我帶到了一個新的舞台。雖然它們耗費了我本可以花在

4. 美國小說家，場景多設於亞洲，大多發生在中國、泰國。
5. 1913–1995。加拿大知名小說家。
6. Henry Graham Greene，1904–1991。英國小說家。兩次提名諾貝爾文學獎。作品包括《沉睡的美國人》、《愛情的盡頭》等。

JESCOMEAO或光啟社工作上的時間，但我覺得天主今天早上告訴我，它們與我的日常運動、感恩祭和默想一樣重要。這是一種持續不斷的為獲得愛的默觀，也是持續「磨劍」。

我仍不確定我日常的作息，特別是熬夜。或許我該稍微控制一下，或多運用一點節制。如果我有三十—四十五分鐘的午休，我想我至少還需要六小時的睡眠；六小時半或七小時更好。但所有這些都根據我的工作量而會有不同，並且每天都有不同的因素（身體狀況、天氣、壓力等）。

所以，一般而言我想我可以調節我的休閒時間，試著找出多一點睡眠時間，並試著在工作時間效率更高一些，同時不能忽略對我們員工的關注。

或許我可以削減一些在健身房和電腦前浪費掉的時間，這些非必要的時間或許可以被更值得的休閒形式代替。

當我年紀增長，我可能最需要限制喝酒的量，還有或許其他刺激性的東西像是咖啡。我的身體可能不像以前那樣有效地代謝這些。幸好，我的健檢沒有發現任何大問題，但是當然有一些因年紀導致某些部位和功能的弱化的指標，這些以往功能良好的部位，現在不如以往的強健和有彈性。

我必須記住生命的每一天是一個禮物。它可以在任何一天、任何時間結束。我想我過去對自己的健康太過自信，因為去年我打了流感疫苗後，一整年都很好。但後來我得了嚴重的鼻竇炎、支氣管炎和肺炎。是否天主在告訴我，不僅要放慢步調，而且不要對藥劑過於信任。我們周圍就是有太多的細菌和病毒。作為常有差旅的人，我對很多細菌和病毒可能建立起抵抗力，但我總是在風險之中。沒有絕對的防護。我必須總是準備好面對生病或是死亡。這是天主的旨意。如同約伯一樣，我沒有權力抱怨，只能對所有落在我身上的事投降並尋求意義。

我感到我的避靜已經接近尾聲。該是專注在持續「默觀」的時候了，那能夠讓我保持在愛中與天主同在。

最後的反思。兩項決志彷彿從我的避靜中浮出水面：

（1）更加尊重「敬拜（時間）」，特別是團體性的敬拜，像是感恩祭。雖然它不總是讓我感到充實或很值得，但是它是一種身體的行動為表達對天主的崇敬，並且如同在避靜中的「滋養」，它能夠讓我準備好心境，對天主以及祂所要告訴我的話語更加開放。

（2）我一早的運動絕對對我感恩祭前的準備有益，它讓我的身體和心智都醒過來，但我確實錯過多做默想，且也感到做默想的需要。我會試著回復我的默想操練，在下班後晚餐前每天至少做二十分鐘。那一定會幫助我的心智清明，靈魂平安，優化我的心情，讓我自己在分辨天主旨意的時候，能以平心與降服於天主的精神去敞開心門；還有銳化我的記憶力的益處。

28 一位溫和的先知

二〇〇九年二月十三－廿一日，泰國閣昌島[1]

傑瑞經歷了生命裡兩次很嚴重的失落——他的母親在二〇〇七年安詳離世，還有最近他很親近的朋友劉建仁神父過世；劉神父雖長期受脊髓灰質炎癱瘓之苦，卻是一位非常有活力的光啟社成員。在北京拍攝完光啟社的湯若望紀錄片之後，他在象島避靜時取得水肺潛水的證照。他雖有批判性，但同時也是仁慈的，他繼續為教會的改變扮演一位溫和先知的角色。

避靜前：開始避靜前在曼谷，我發現自己兩次為劉建仁神父的過世哀痛。就如同一個傷口等待癒合，但尚無機會。我很感激劉神父，愛他，感謝有時間為他哀傷，感恩他的受苦已經結束，敬仰他，並為我生命的新階段做準備。

觀看大德蘭DVD的第一集，並閱讀艾克哈特．托勒《當下的力量》（*The Power of Now*）開頭的幾頁，幫助我安定下來為了做避靜。我很高興結束了一些會議和工作從曼谷離開。當我一抵達特拉城下飛機時，我開始感到放鬆、開心和平安。往閣昌島的航程甚至

1. Koh Chang，泰語意為「大象之島」，因此也有象島之稱。距離泰東邊境130公里。

帶來更多平安的感受。

在我從網路上預訂到漂亮的克隆．普澇（竹溪）渡假村辦理入住之後，我沿著海灘散步，在海邊默想，我生命中的每個階段在我眼前出現；十年接著十年，一年接著一年……。所有一切都很相稱的組合在一起，看起來像是一件藝術作品；雖然還在進行當中，但隨著每一年過去變得更加美麗。而我強烈地感覺到我完全不是這件作品的創作者，而是另一位設計了它。我把它裝填起來，盡我能力所及的做好，藉由聆聽和回應，還有更常跟隨著或是盲目狀態跌撞而行向著，這位偉大的老師、這位藝術家。

（後來加上：在這次避靜的其他時間裡，我發現自己被召喚回到種種事件的輪廓，藉著這幾年我的日記裡的紀錄，並填補間隙、日期和經驗。某方面來說，它幫助我看清楚整件作品，並退後驚訝的看到天主在我身上做的事……沒有壯觀、驚天動地的事，只有一些小的、美麗的、流暢的、迷人的、合適的事，還有一些或許成為他人喜樂或靈感來源的事，因為他們也為完成他們的作品努力，當中有一些對宇宙……跟天主的王國的成長和改善有用。）

第一天

我感到好幸運，在網路上以挺好的折扣價，找到這麼一個奇妙、美麗的合適地點做我的避靜。所以我決定延長一天我在海邊的日子，為了留在這裡越久越好，之後離開這裡直

28 —— 一位溫和的先知

奔曼谷機場，在一天內飛回台灣。這裡真的是一個美麗的、寧靜的、讓人放鬆又舒適的地方。克隆・普澇渡假村是一座三星級旅館[2]，有很漂亮的花園和風景且很舒適，但不是奢華的住宿。它位在海灘上，後方有山，也剛好位在河口的地方，鄰近一處大象農場，渡假村周圍被紅樹林、木麻黃、椰子樹包圍起來，四周有美麗的植物生態。真的是選對了！

我幾乎整個第一天的時間都花在沿著長長的、美麗的克隆・普澇海灘散步，有時候對它驚人的美麗感到不知所措。海灘很靠近茂密的森林小丘。我在海邊吃了安靜的午餐，然後回去休息。我感到快樂和平安，等待指引我往：不要開啟任何新的事情；只回應我感覺是天主召喚我去做的事。

就目前而言，完成湯若望的紀錄片還有發行；在瀋陽的牧靈傳播課程；為讀書修士和終身修士和馬尼拉的EAPI學生；耶穌會加州省的大會；SIGNIS在清邁的世界代表大會；東亞和大洋洲耶穌會的會議和相關活動。在會院團體方面，意味著在劉神父離開後要重新安排的事，並嘗試在團體內成為正面的影響（藉著耐心和同理心跟互相幫助）。這為一年的工作量已經足夠了，但我肯定還會有更多……像是在地利村的一日退省，一場為德蕾莎姆姆的書發行的談話，還有一次台北總教區的系列演講。

我的主要關注應該是不斷的試著成為更好的人：更有包容力、慈悲心、耐心、愛人與原諒人的能力。不要強求（壓迫），在會院團體、光啟社和JESCOMEAO我要成為正面的影響。持續為教會的改變扮演一位溫和先知的角色，努力並祈禱在教會領導人中有皈依，朝向受苦的僕人——耶穌的開放、接納、非律法主義、無力。

當在海灘上放鬆時，我默想在我頭上的杏仁樹的樹枝和葉子（圓形和彎曲的），還有

2. 經譯者搜尋，現為四星級度假村。

棕櫚樹樹枝(筆直和細長)。兩者以不同的方式展現其造型和美感。每一種必須跟著他或她自己的道路。當我對工作和成果的興奮感還有我從前的雄心減少,我面對工作時的堅定和毅力,我內心的平安,我對人的有愛回應,應該繼續成長。

我欣賞艾克哈特・托勒切入問題的路徑,許多方面有道家、佛家還有密契色彩,與一直引導我的、在卒試之後持續在我身上成長的靈修方式相對應。

明天早上,我開始上兩天的水肺潛水課程。讓我們等著看這會帶我往哪裡去。我希望這是在天主的計畫內。我感覺它是。

第二一三天

這兩天甚至是更加平衡與深度的平安和喜悅。沒有極端的高潮或低潮,而是一種祥和、寧靜的奇妙感受。我開始看待這是最好的地方。在此有著大自然的美麗和想到天主在我生命中為我所做的一切,我聽到耶穌用安靜的聲音告訴我,祂和天父對我的愛,這仍深深的攪動著我,並引發奇妙和驚異的感受,有時讓我雙眼泛淚,它不像從前的壓倒性或零星出現,而是更平均的分布在我的日間和夜間時光。

令人訝異的,我很享受閱讀耶穌會三十五屆大會的條文,並且從中獲益匪淺。第一條的內容(耶穌會對教宗的回應)讓我深感明智。在向教宗表達所有正確的事物的同時,幾乎所有的內容都可以透過兩種方式來閱讀:表層的意義以及透過文字的審慎選擇,所傳達的更深層更具意義的內容。例如：教會的愛（不是梵蒂岡或教會訓導），順服與創造性的忠誠結合在一起，等等。

文件2：「點燃其他火焰的火苗」：這份文件對我來說很容易辨認。我（我們）生活的中心是耶穌，「這一位，天主的真正肖像」，我們的使命是藉著活出信仰和促進正義，以及與不同信仰和文化的人們，進行具同理心的對話來進行的。這份文件真實地描述了我的生活，其中包含了多年來指引我的所有元素，這些元素對我而言依然意味著一切。

像許多其他人一樣，我對傲慢、迂腐、侮辱性言辭、威權式領導還有封閉式的思想感到反感。或許艾克哈特·托勒可以給我一些提示，針對如何越來越好地處理這些問題。我的本能是避開有這些傾向的人，特別是當他們針對著我或者是對我喜歡、我愛或我欽佩的對象時。我認為他們威脅到我內心的平安、我的自信、我的自我形象等等。有時我覺得他們實際上穢汙了我與生活以及我與他人的和諧。

我感到仍然被吸引去聽和看宇宙主題的節目（《宇宙讚歌》和《萬物簡史》）。他們似乎透視了一切事物，並同時讓我了解我有多麼重要和我是多麼微小。布萊恩·斯韻（Brian Swimme）說宇宙的進化是一件正在進行中的藝術品。在這件藝術作品的發展過程裡，我們有一個角色要扮演。道德是由我們在宇宙生命發展的過程中，所扮演的積極角色所定義。三十五屆大會的條文也觸及到此，認為它是我們不斷變化的世界的面向之一：全球化、科技和環境道德。這裡絕對有（基督）君王對正確旗[3]的召叫。

實際的平心，或者隨波逐流，有著很多的神聖智慧。今天我看到椰子樹海灘渡假村（我進不去的那一家旅店）。我平靜地接受第二選項（克隆·普澇渡假村）是多麼正確，

3. 語意來源，依納爵靈修的 two Standards：兩旗。

它對做避靜而言真的是好太多了。前幾天，當顯然那天我不能開始上課時，我對潛水學校感到一頓氣。之後，我了解我獲得了免費搭車下到島嶼南部去，有機會探索這島嶼。一個偽裝成可能是詐騙的禮物。希望我繼續在這種智慧上成長，並學習將它實踐得更好。對於這樣的事托勒有很多話可說。

第四－五天

這兩天我的「避靜」很不尋常。我需要反思和處理它們。我學到了很多關於我自己、我們地球奇妙的生態系統、水下世界以及如何在水下移動以及潛水的次文化。我學到我們的空氣有八一％是氮氣，氮氣對植物有益，但對人類沒有什麼用，如果過量反而會使我們失去知覺，如果我們的組織和血液吸收太多氮，沒有給他機會分解跟從我們生理系統排出，它會導致減壓病。水下壓力和來自調節器的呼吸提供了我們需要的一九％的氧氣，但沒有讓我們消除我們吸入的所有氮氣。我們重複吸入一些留在調節管中的氣體。水下深度越大，時間越長，我們的組織吸收氮越多，我們在第二次潛水之前需要更長的水面時間來排除它。氧氣過量對生命會產生毒害（導致肉類和水果和蔬菜腐爛，金屬生鏽等）所以如果我們吸入過量氧氣會導致氧氣中毒。但如果沒有氧氣，我們會死亡。我們需要恰到好處的劑量。

結論：宇宙被得如此出色與精緻地設計出來。人類的生命是如此脆弱，依靠著如此許多元素的微妙平衡：氣體、礦物質、氣壓等。潛入水下讓我瞥見人類在適應高氧環境之前來自哪裡。

我看到海鰻從它們安全的小洞穴裡偷窺，還有一些非常大的神仙魚在桌面珊瑚、桶和罐珊瑚、鹿角珊瑚、蘑菇和靈芝或木耳珊瑚和許多其他珊瑚之間滑翔……成群的黑、黃色條紋魚、漆黑色魚和彩虹色鸚鵡魚等。海底包覆著尖尖的金眼海膽、海參和纖細的藤蔓，隨著海流的音樂優雅地伸手揮舞著。

我可以應付大氣壓力（海不深，只有六、七公尺或少於二十英呎），但我的耳朵還是有點干擾我甚至現在還有耳爆聲。另一個易碎與脆弱的經驗，同時也是天主對我們很棒的關照指標，給我們準備一條安全的生活環境窄路。確實，我們的使命是幫助人意識到他們有責任去保護這脆弱、寶貴的空間。在我們日常生活中，確實地實踐這種關照，是最好的教育方法。一個失誤就會使我們對自然的神聖性和我們對自然的責任所教導和宣講的一切失去信任。

這些日子以來我經驗到我對一些事重新產生了興趣和好奇心：對大自然（樹木、鳥類、魚類、珊瑚），泰語、自然科學和歷史（斯韻、布萊森）、音樂（伯恩斯坦、布拉姆斯、德布西、蕭邦）、文學（沒有盡頭的世界）等。這一切的美麗和精神面向似乎都在向我伸出手，並召喚我去跟隨。這一切路徑似乎都引導我朝向寧靜的平安、奇妙與愛的溫和攪動，在內心深處，為這一切的創造者還有最佳創造者的肖像……我的朋友和兄弟——耶穌基督。雖然我的情緒感受不像過去許多次那樣席捲而來，但當我第一次發現這些事情時，我內心的平安和驚奇感似乎更深，更全面。某種方面來說，我也感到在生命中這麼多的更深度的平心。

我反思去年如何成為許多「第一次」的一年。在六十五、六歲時還能夠這樣，似乎是很奇妙的事。第一次水肺潛水，第一次擔任金鐘獎評審，第一次跟 Toto[4] 騎長程自行車到烏來和八里，主辦光啟社五十週年慶。此外，也是很長一段時間以來的第一次（第一次沒有跟母親同行）去堪薩斯州和密西西比州探望親戚。第一次在家人的（我侄子尼克的）婚禮中擔任主禮神父。

第六－七天

天主讓我很容易地分辨出不要再次去潛水，雖然那是免費的，而且還可以拿到「開放水域許可證」。我感到疲倦、疼痛，而且我的耳朵仍然沒有恢復正常。我也感到需要回到不那麼活躍的模式裡，為了做默想和反思。這分辨給我平安也帶給了我更多平安。

我回到耶穌會三十五屆大會文件第三號：「今日對我們使命的挑戰」對我說話，確認了我的生命帶領我的方向，並且正持續帶領。第四號「論服從」沒那麼有趣，但我真的看到服從的需要，它能夠查核一個不守規矩、聰明和任性的耶穌會士組織中的個人主義和混亂。

在為我的水肺潛水證書訂購照片後，我往下散步到白沙灘的盡頭。我花了很長的時間看著太陽西沉，在紅樹林旁邊的椰子樹下的沙灘上，喝著非常便宜又美味的邁泰（一種雞

4. 根據丁神父在光啟社的老同事指出，Toto 是照顧劉建仁神父的外籍看護。

尾酒）[5]。這是一個很美麗的、簡單的、靈性的夜晚。

今天我讀更多托勒稱之為「痛的身體」的章節。我想它能教我一些關於處理恐懼的方法。我相信我已經解消了我大多數的憤怒，除了對教會的一些殘餘怒氣，因為我認為它對某些社會中的少數不公義，還有它在治理和給人下令時的權威式傲慢。我可能需要在自己內心深處解決這些相同的議題，以便我可以為他們的改正成為更溫和更正面的力量。

我感到高興省會長似乎已經理解了我向窮人和邊緣人伸出援手的渴望，並且對EAPI課程參與者的可愛評論感到驚訝和受到鼓勵。這更多的記號表示我走在對的方向上。雖然我不應該太依靠像這樣的回饋，但是如果我不感謝這些回饋的話，我也太不人性了，並且我感到在我執行使命的方式上被增強了。

第八－九天

我的最後一天是平安的也不特別的多事。我讀完耶穌會三十五屆大會文件論治理與合作的部分，享受我的最後一天並準備回台北。

不過，漫長的平安的愉快的回程，給了我額外的時間做反思和祈禱。在路上某處讀托勒的段落時，一個洞察時刻來了，當他論到關於薄伽梵歌（Bhagavad-Gita）的業力瑜珈教導，它要求我們從我們的工作成果抽離。我仍然對沒有「極大的渴望」，以及沒有那麼多我想我以前有的驅動熱火（雄心壯志），對此我感到有點罪惡感。然而，我感到更加平安

5. 邁泰是一種以朗姆酒、庫拉索酒、杏仁糖漿和青檸汁製成的雞尾酒，其誕生與波里尼西亞風格的環境有關。（維基百科）。

的生命階段相稱。

與超脫。現在我可以看待這不是缺乏熱火或是懶惰，而是年歲熟化的自然過程，與我此刻

不需要如此拼命地關心成敗問題。重要的是負責任地盡力做好我的工作、我的責任區塊、我的使命。還有試著不要犧牲其他人的需要，即使他們可能會打斷我為成功或效率設定的工作進度。正如耶穌會三十五屆大會文件點出的，我們經常會受到今日的文化和生活方式的感染，而讓生產力成為高過一切的價值標準。它不是。

更的精神（*Magis*：我可以為祂多做什麼？）並不意味著更多或更快；而是，意味著更高的品質。緩慢不一定是「平庸」，但可以是更有智慧、更基督徒選擇的必然結果。

這最後啟示性的洞見讓我感覺到，今年避靜的最後一塊拼圖已經落到那位置上了。這是在這次避靜祂所要對我說的話。這是我將來一年的道路和方向。感謝天主！

29

凝神深潛

二〇一〇年一月一－九日，菲律賓保和省[1]

終其一生都被海洋吸引的傑瑞，現在有了更多機會去觀察海面之下的深層奧祕。他發現他的默想式（或專注一意）潛水並不會讓他在避靜中分心。——「就如同我在森林裡散步一樣。」沉浸在美麗的海洋中，他更加對天主為他的規劃感到自信：「我只想把自己交託在那個計劃裡，隨著它流動，不想要別的，只以最輕微的動力回應它，就像浮游生物隨著海流漂動。」

第一天

昨天從塔比拉蘭市的保和機場將近兩小時的車程，抵達了安達海灘[2]。昨天下雨。這地方滿是遊客但很安靜。都是歐洲的客人，不太彼此搭話。晚餐之後不久，我便上床睡了。天氣涼爽、霧氣迷濛，不過有陽光。我沿著長長的安靜白色海灘散步，找到一個竹棚

1. 或稱薄荷島。
2. Anda Beach。

子坐到裡面，在這寂靜、平安的海洋默想。我很高興我挑了一個安靜的地方。這平房很舒適，有著一切我需要的東西，包含像是能好好的潛水作業。這樣的安靜讓人很容易進入靜止的狀態。豐富的植物景觀和海洋生態讓人振奮和充滿啟發。我感謝天主給我這個禮物。

我也感謝讀書修士參與的傳播實務工作坊，似乎結果很好。他們都表達了感謝之意。

我心裡掛念什麼事呢？我仍然不知道光啟將何去何從，搬遷計畫進行到哪個階段了？我很高興我寫了關於此事的簡短信件。我想那封信的內容是平靜客觀的，但有兩個論點：（1）我們在光啟社工作的耶穌會士應該參與關於光啟社之未來的分辨過程，並且（2）搬遷似乎意味著會省的傳播工作，將縮減到相對微不足道的地步，從而危及我們對中國的電視台的正面發展。這幾天我會讓這件事隨意漂浮，然後看看會有什麼念頭出現。

另一件事是我擔任很久的後勤傳播祕書工作，很可能快結束了。我必須說我對此工作已培養出喜愛，如果時候到了必須離開這個職位，我會想念它的。我估計我會想念在支援團隊的「身分」，不過那根本沒有意義，少了這個身分不會讓我難過。我仍然可以繼續旅行，舉辦傳播訓練課程，因為似乎邀約和機會一直在增加（例如，中國、柬埔寨、越南等）。事實上，看起來這似乎會成為我未來十年左右的一大部分工作。從積極面來看，我會有比較少的責任，並且可能可以讓我的時間表放鬆。我是否害怕這樣的空檔，讓我對有意義的工作和任務少了開放度？我也會讓這個想法在我這次的避靜裡隨意流動。

第二天

今天早上我再一次沿著海岸散步。我的指導哲學和回應天主召叫的靈修浮現在腦際。首先，我們人類天生就軟弱、無知、自私，所以我們的首要任務是去鍛鍊身體，以便能夠工作，支持我們自己能對人類群體以及宇宙有所貢獻。其次，我們需要學習為了讓智慧增長，能夠應付生活，管理生活，並且對人類群體以及宇宙有所貢獻。再其次，我們需要精進靈修，如此我們能夠用慷慨的、同理心的、有愛的能力去面對其他人和宇宙。

這一切都是按天主的時間和祂給我們的機會來完成的。我們並非都以相同的方式成長，我們也不會長成制式的樣子，但這是我們的使命，我們的首要任務；如果我們依循它，我們將以最可行的方式「幫助靈魂」。在一些我們身體上、理智上、靈性上疲弱的領域，我們就是盡己所能，並指望天主和其他人來彌補。然而，每個人都有一些獨特且特別的東西，甚至是為天主的創造（正在發展中的宇宙）有不可或缺的貢獻。如果我們竭盡所能，「一切都會好」，一切都會非常好。

用這種方式生活的重要性使「他者之所思」變得微不足道。但為了讓我了解它的微不足道，我需要默想這個真理。在等待潛水和小睡之後，我藉著感知四周環境，以及我跟前美麗的止靜、平安、寧靜和安寧做默想。它讓我的靈魂安靜下來，帶來平安。

我的兩次潛水很棒。當我們緊跟在一隻海龜後面游泳時，另一隻較小的加入我們，甚至有段時間還更靠近我們，伴隨著兩隻絲滑萊姆綠色，長得像鰻魚的魚類同步盤旋在龜殼的兩側。還看見兩隻巨大的雙頭鸚鵡魚（看起來很像拿破崙瀨魚），一條蝎子魚、一群黑色、白色條紋的幼鰻、鯰魚、幾隻看起來像半蝦半蜘蛛的異國情調的五顏六色的章魚、一些藍色和白色的裸鰓亞目、刺冠海星、石斑魚等。

一位名叫「夏天」的埃及女士是我的導遊。這一次，我沒有感到在避靜中分心——就如同我在森林裡散步一樣。也許，我正變得更習慣這種默想式的潛水——「凝神深潛」；或許禪修大師一行禪師（Thich Nhat Hanh）會如此指稱它。它在我心中留下了豐足的平安與感激之情；當我看到令人驚嘆的美麗和令人振奮的事物並想在感恩與平安中細細品味時，我感到精神上的興奮。天主，感謝你讓我經驗到你的美麗和偉大的新象限。

對讀書修士傳播學工作坊的感謝也在我內心交錯了好幾次。這一次，我較以往超脫許多，我同時是完全地投入，同時也非常的超脫。我感到很深的投入感情，且很喜歡這些參與的修士，我渴望這個經驗能夠幫助他們變成更好的、更有影響力的耶穌會使徒。

第三天

實際上，我今天沒有什麼主題；我只隨興之所至，最後以走一段長路到安達作結束。在安達坐下來，和一些漁夫分享生活情趣；喝啤酒、吃西班牙炸五花肉、還有他們選的酒類。沿著海岸走的這段長路讓我滿是平安。雖然是週日，許多地方卻很荒涼。安靜的、帶著微笑的友善的天主教家庭和漁民——漁夫是耶穌所選擇一起生活和工作的人。我試著專在我周遭和我自身。再次，我看了BBC的「藍色星球」[3]的一個單元，大衛・艾登堡（David Attenborough）做的旁白——對我來說是敬畏和驚奇的來源。我也在電視上看了電影《豔倒群雌》（*To Wong Foo–Thank you Julie Newmar*）的一部分，很意外的很受感動。另一天類似的情況，我被CNN的向瑪格莉特・莫思（Margaret Moth）[4]致敬所感動。她是一位攝影記者，在報導塞拉耶佛戰爭時受了重傷，平靜地面對罹癌的死亡，因為她「已經過了波瀾壯闊的一生」。她已經完成她必須做的事，這讓她在面對死亡時得以平安。在她的生命之路上，她遵循了「第一原則和基礎」還有「（基督）君王的召喚」。

第四天

好吧，如果說有什麼事能讓你謙遜的話，就是來個幾次深潛入海。一條巨大、美麗、優雅、黃邊的黑色蝙蝠魚在水下洞穴外懶洋洋地滑行和起伏，洞穴裡一條白鰭鯊安然入睡，這地方值得駐足。還有，成群的閃亮金色軍士魚、一條與珊瑚礁幾乎無法區分的龍魚、紅色和黑色的海螺、巨大的角蝶魚等等，都讓我的一天變得謙卑、滿是敬畏。這一天以漫長而美麗的日落而告終，這日落景觀構成了我晚上默想的背景。讓我感動的是意識到，也許我一生中從未如此自信地相信天主對我有一個計劃，不管是什麼，這都是最好的計劃，並且，不想要別的，我只想把自己交託在那個計劃裡，隨著它流動，只以最輕微的動力回應它，就像浮游生物隨著海流漂動。我確信，沒有比這更好的生活了。

3. 有關海洋生物的自然記錄片，二〇〇一年於英國首播。
4. 這位女士於二〇一〇年三月逝世。

有了這個體驗，我未來的工作、光啟社的未來，不管會成為什麼樣子，似乎是很安全的在天主的手裡。

第五十七天

這些日子以來，我決定了與其一天天跟著神操，我感覺更舒服和更平安的單純默想止靜，默想「此刻」，默想在我面前的任何事物：魚、鳥、壁虎、貓、山羊、狗、樹、花、植物……持續進行「為獲得愛情的默觀」似乎是在這個時間點上唯一的方法。我也從生命的奇妙來反思「原則與基礎」，奧祕和生命的驚嘆之處，生命之路，生命的意義，我的生命目的。

我覺得很舒服在早上做「覺察式」的步行，在傍晚落日時刻在海岸邊做默觀式的默想。這似乎帶給我平安、感恩還有跟天主凝聚的一種新的方式。有時進入狂喜和情緒高亢，但通常只是很深度的寧靜和平安。有如此多的美麗和如此多樣的的迷人受造物和經驗，以至於更多的對話式默想，對於在此刻尋找天主而言，似乎不是那樣必須的。

耶穌寓居在我的生命裡，作為我的模範老師和最親近的朋友，這是很確定的。祂對於要愛敵人的教導還有服務最需要的人，在我的生活和心理有不可動搖的位置。

由於我已經將近七十，或許我需要越來越誠實面對我的真實信仰、當他們偏離規範時，不那麼隱晦和抱歉，還有，懷著敏銳度和溫和力，分享我的經驗和信仰。

艾克哈特·托勒的《一個新世界》（*A New Earth*）似乎充滿了非常「符合要求」的洞察和真理。烏文·阿克潘（Uwem Akpan, S.J.）神父的《就說你和他們一樣》（*Say You're One of Them*）充滿了精彩、挑戰性的和真誠的描述，它描繪了這個星球上的生命是如何真實地生活的。

30

多在・少做

二〇一一年十二月二十一—二十九日，菲律賓保和島[1]

印度耶穌會戴邁樂神父的靈修智慧提供了傑瑞反思的基礎：「是時候變得被動一些，理順我生活中鬆散的目標，多專注於臨在而不是實做，多默想和反思以及少一些具體行動，多一些休憩，少點工作，為成就更多事和做對的事，以及更富有創造力。」

第一天

在邦勞島（Panglao）漂亮的Doljo白沙灘上閱讀戴邁樂神父的書*Awareness*，讓我了解到被困在不被欣賞，甚至還期待被感謝是多麼蠢的事。許多人是自私的，只尋求一己的滿足，他們當中的一些人甚至可能會嫉妒。不成熟的人用讓別人失落的方式找到他們的滿足。有時候他們只能用他們職位上的權力來做這種事，或是當他們發現弱點或是破口處的時候。然後見機會便一躍而上，很可能想都不必想，就像野獸一樣發動攻擊。我還需要期

1. 此島或譯為薄荷島，邦勞島是該島南端小島，有橋相連。

待什麼？

為什麼讓它困擾我？我不該期望被感謝或甚至被每一個人完全接納。我完成的越多，他們就嫉妒的更多……而很可能特別是來自拿我跟他們自己進行比較的同輩跟同學。

但我不是為他們或因為他們而工作，而我也不需要他們的讚美、感謝或甚至是接納。讓我試著去覺察到我正在做的事，以及為誰而做。如同戴邁樂神父說的：「我的工作就是做我的事，跳我的舞。如果你從中獲益，很好；如果你沒有，真糟！」

我更深信天主掌管我的生活。因著祂給我的許多機會，祂使我成為我現在的樣子，再加上祂給我的天賦，以及我使用這些天賦並回應這些機會的渴望。較之以往，我更不需要主動開啟新的事工；就只需覺察到透過這些事件和生命中的許多機會，祂召喚我去做什麼？這帶給我比以往更大的平安。或許大部分在我生命中想完成的事，都已經做到了；或許還有更多（如同單樞機被診斷出末期肺腺癌之後那樣）。是時候變得被動一些，理順我生活中鬆散的目標，多專注於臨在而不是實做，多默想和反思以及少一些具體行動，多一些休憩，少點工作，為成就更多事和做對的事，以及更富有創造力。

戴邁樂：我們都是自私的。慈善是被啟發的自身利益。通常，我們所做的每一件事都是為了我們自己的利益。每一件事。要稱我們的善工是無私的，此乃虛偽。（德蕾莎姆姆和Fr. Ruiz從幫助有需要的人獲得極大的喜悅和滿足，這彌補了他們願意做的犧牲奉獻。）殉道者和自殺炸彈客得到極大滿足，是因為知道他們做了英雄事蹟並且因此將會在天國獲得賞報。

有時候我們做事情是為了讓我們自己開心的樂趣；也有其他時候做事是為了娛樂他人的快感……但它總是為了開心的緣故！或者我們做事讓自己沒有負面的感受，像是罪惡感。戴邁樂說這是最糟的慈善工作。

戴邁樂指出，靈修和宗教有時候是洗腦的結果。如果不是出自我們自己的念頭，我們就不能按照已經插入我們腦海中的想法來生活，並讓它支配我們的行動。

第一個考驗是當這樣的想法被攻擊或是因為這想法而被攻擊時，我們就變得有防衛心和沮喪。一切事情都是從人的編碼系統或條件狀態的面向加以詮釋的。它與人的情緒有所連結，而情緒會干擾傾聽他人的意見。

為了「甦醒」，能真正地有覺察的態度，我們必須向新的視角、想法和觀點開放。我們必須願意聆聽且認識新的東西。這是真的，特別是對於我們許多的衝突、誤解，還有經常定型化我們與他人的關係。以這種方式看待衝突和誤解是令人欣慰的。而經常雙方都帶著溝通或情緒的、或腦力的限制。

當我在一九七四年來到光啟社，在附近只有一部複印機，要走十分鐘的路去影印。而現在我桌上就有一台。當時我們為了使用設在會院團體宿所兩端的電話，而必須在它們之間奔跑。現在我們每人都攜帶自己的電話。那時我使用老的打字機，用複寫紙製作信件跟文件的備份。現在我用電腦，檔案放在雲端硬碟，我可以在地球上任何一個地方存取。當時還生活在戒嚴令的規範裡，那時國際傳播通訊還有嚴格的限制，很多世界上的資訊並不暢通，而且當時依靠的是平面媒體。現在幾乎任何資訊都是毫無限制的，能夠即時與電子化地收取到。

台灣所有的事都經歷了劇烈的改變。從前，台灣很努力工作但沒有創意。我們模仿日本和西方的產品。最近，光啟社製作一部關於台灣創造力基因的紀錄片。現在它在創意和創新方面居於世界的領先地位。

我們在耶穌會內是否跟上變化的腳步？倪勝民總會長曾經深思於此，「如果亞里士多德擁有我們在科學、醫學、心理學、神經物理學等方面的資訊，他現在會說什麼呢？當發生變化時，規則和做事情的方法也必須改變。耶穌會是否有足夠的改變，來跟上世界與耶穌會本身的變化？」

因著世界起變化，甚至連自然律也改變了（例如，電磁力學）。但是教會常常固守傳統，害怕去觸及幾百年前所決定的事情。

為何在我們的會省一直沒有更多的創新？我們是否因害怕失敗、害怕犯錯、害怕被權威方訓斥或裁罰而退縮？我們是否更喜歡當旁觀者，而不願做大膽和有創造力的人？要做什麼事呢？

當權者的角色是去與人商議與分辨，且信任他們（至少是那些已經證明可以被信任的人），如此，他們的創意能量能夠被釋放出來，而他們也能以完全非預期的方式進行創造與創新。

31 成長與消逝

二〇一二年，十一月廿四—卅一日，泰國春武里府

準備迎接七十歲的到來，傑瑞接受了健康逐漸衰退的情況——特別是在聽力、體力還有警覺性方面。但他沒有退卻，而是決意「當機會出現的時候，獻出我自己最好的部分。」他反思他的生活和感受：「我已經完成了我被置於這裡的目的……做到了比我曾想過我要做的還更多的事，並且已經在我的使命中，找到平安、幸福和感恩。」

第一—四天

依據去年的避靜，我決定這次避靜不跟著任何計畫或行程表，而只單純地追隨我的心，每一天到來時做分辨神業。這是在這幾年運作地最好的方式。

光是安頓下來到那個我能夠進行反思的時間點上，就已經花了將近四天的時間。這就確認了我近幾年所感受到的事：該是時候必須限制我的活動數量了，讓我有更多時間做默

觀、分辨、休閒、反思和閱讀。這絕對會幫助我的服務品質，當我被要求去服務的時候。

我對今年的「服務」情況感到滿意，不僅是在一般情況（保持我的冷靜態度，不要對光啟社的發展反應過度），甚至在特別的、重發聖願典禮、郎世寧紀錄片的募款晚宴、加州省的依納爵朝聖、花蓮教區的傳播工作坊、東亞牧靈機構會議（EAPI）等，都感到滿意。

在回顧去年的避靜中，我可以再度確認到所有的方向、決定和靈修洞察，不過，一如以往，今年也有一點新的東西。當我感到我需要被動一點時，我也感到有某些領域，特別是在我的社交生活方面，我經常感到不願參與和想撤離的誘惑；我應該選擇參與其中。雖然它花力氣，而且我不應該毫無差異地接受所有的邀請；但我覺得它會有一個正面的效益。

因為我年紀變大體力遞減中，因此有退出社交活動的誘惑；然而，有些人、朋友、活動對我具有激發性，也具有意義；比如和光啟社的維持與發展相關的人、中國大陸（教會和電視活動）、老朋友、新朋友、我的會院團體等。這些都是生命洪流的一部分，即使它消失了，它還是繼續著。我想我應該優先考慮這些，並且當機會出現的時候，獻出我自己最好的部分。另外，利用我空餘的時間去休息和整合自己。

健康：我專注於四十種健康食物和抗發炎食物的新飲食計劃，似乎是有了效果。我好像擊退了兩三次感冒，而唯一一次的感冒只影響了三天。我應該堅持這一點，當我第一次感覺到感冒時，我應該更迅速地用抗發炎食品和藥物做因應；還有，在旅行前後也一樣。

同樣，要減少真的高強度的運動期程，像是階梯有氧，或在尚未休息足夠時運動；留出時間來恢復體力，似乎有幫助。

我明智地接受一次健檢。現在，我應該要持續追蹤，特別是去找專家看我的胃食道逆流，並試著讓我的體重降到維持在七十二－七十四公斤左右，等等。

維持好的健康還有充足的體力水準，將會越來越花我的時間和注意力。它給我的回報是對我的正在做的事，維持較好的專注力、注意力，跟去做服務時的體力，還有一種整體的平安和幸福感。現在我七十歲了，這是我「聖召」中比從前更大的一部分。

片刻時光：昨天傍晚看著一個人拿著天燈，等待天燈自己升上夜空的那一刻到來，天燈逐漸地變成一個微小的金色光點，飄浮在星體之間。我想到關於人生的終點。那一刻將無可避免的到來，但，急不得，也無法推遲。當那時刻到來，我們將往上升並變成光。

第五－六天

今天躺在沙灘上：陽光穿透薄薄的雲霧照射下來。它的光擴散開來，因此看起來就像一盞巨大的探照燈，亮光照在我們所有人身上，而看起來如此近。如此明亮但不到讓人眼盲的程度，如此接近而沒有燃燒起來。天主溫暖的、慈愛的臨在強力照射在我身上。

昨晚我做了幾個夢，可能顯示了尚未解消的挫折感。在兩個夢境裡，我試著在兩個案例中表達我被誤解，或被誤判了，並且無法溝通。或許這跟我對郎世寧紀錄片進度緩慢的關注（或恐懼／挫折）有關。也許我並沒有真正地接受那我宣稱相信的東西—意即事情會發生在對的時間點上；無法急於促成。或許它代表了一種恐懼，就是我們跟中國電視台的關係可能會瓦解。

第二個夢境跟光啟社有關，似乎是跟我無法跟其他在董事會裡的耶穌會士溝通有關。我感覺像是個局外人，被鄙視、誤解，是他們嫉妒和嘲弄的對象。

如果這兩個夢境再現了我的兩個主要擔憂、失望和挫折，那它們指出了我尚未完全解消這些衝突，並且我正為這些負面的心理影響所苦。雖然在許多方面，我似乎比之前更平安，但顯然我仍有些議題需要解決。或許，在面對這些挫折、恐懼跟羞辱時，「第三級謙遜」應該成為我當前的默想主題。

無論如何，經過三天的放鬆，我終於似乎是進入了避靜當中。昨天在海邊度過美麗的下午和傍晚，讓我感覺到天主的臨在。觀看阿索帕迪神父（Cecil Azzopardi, S.J.）[1]的避靜入門講解也幫助我聚焦在神操。

我對阿索帕迪神父的神操進路很有共鳴，它似乎是被東方靈修增添了豐富性。放鬆身體，放鬆理智，然後心活起來。天主總是臨在，總是讓我們充滿生氣。我們不需做任何事，而只需維持安靜、聆聽、呈現我生活中正在發生的事情。之後，藉著尊重生活規範，我的人生將以它本應開展的方式去開展出來；它會成長與發展出天主包覆在這棵種子內的潛能，這就是我的人生。這包含了我在覺察方面以及祂（我為祂而被創造）的愛中成長。我只需要讓祂塑造我，如同《耶肋米亞先知書》描述的陶工塑造黏土。我只需要藉著不意識到「它」（通過分心、工作、精疲力盡），或是藉著嘗試從它逃脫，為了避免阻擋了天主

1. Cecil Azzopardi 是耶穌會士，生於馬爾他，在印度服務逾四十餘年，敏於文化差異，使他善於陪伴個人靈修。

在我生命中的行動。

老化與死亡：再過幾天我就要七十歲了，我發現我自己相當能夠交托出去，且能夠接受這個事實。我對我的人生感到滿足，我也已經完成了我被置於這裡的目的……至少就我所能理解的。我做到了比我曾想過我要做的還更多的事，並且已經在我的使命中，找到平安、幸福和感恩。對於死亡，我不感到有形的恐懼。

我已經偵查到一些潛在的輕微焦慮，原因是某些功用和機能（這些年來曾給我帶來快樂甚至成功）的減少或消逝；例如，我的外表—還可以，但皮膚老化，肌肉鬆弛，這是未來要發生什麼事的指標。這已經讓我不那麼急欲在電視上出現。

我的歌聲——還在，但是比以前弱，伴隨著比較沒有辦法記住歌詞和彈吉他，這讓我幾乎要對這項天賦說再見；這雖然是平庸的能力，但曾是我最有用的和最著名的特色。

我的體力和敏捷度：這是今年最明顯的。我需要放棄像是階梯有氧這樣的劇烈運動，因為它們不那麼愉快，更費力，並且需要更長的時間來恢復。這影響了我的工作效率，並讓生病的風險變大。我仍然很感謝我還可以游泳、騎自行車、快跑、散步等，雖然做得比以前少。

我的聽力持續緩慢的退化，戴著助聽器和努力一些，我仍然可以聽到甚至欣賞對話、音樂等。但如果變得很嚴重難以聽到聲音，或是完全聾了，生活會變成怎樣？我想知道，當十年或更多年之後，我的身體機能甚至更加衰退時，我要如何適應？

警覺性也在退化，但我還有相當好的記憶力和清晰的口語表達。然而，我需要為這些工作保存精力。再一次，我還是想知道當更大的衰退和喪失能力發生時，生活會像怎樣？

我能夠平靜地並帶著幽默感接受嗎？我會變得沮喪，懷念過去（其實並不像我記憶中自以為的那麼偉大，只不過有一些高峰時刻）？

再度，「三級謙遜」可以變成我被召喚去做的默想題材。我需要去尋求意義、平安和喜悅，即使失去了那些天主父創造我時給我的美妙天賦；並了解到它們之所以被給了我，是為了一個目的：我的使命。它們是幫助我長成我的樣子和做我該做的事的種子。現在，就像樹、花、動物和所有的受造物，它們開始枯萎、腐爛、衰弱、回歸大地。當我接近我在地球上的最後日子時，我還能夠大笑、微笑和熱愛生活嗎？我能夠耐心地等待，直到我的那一刻到來跟我的「燈籠」切斷了它與宇宙的聯繫，之後平安地上昇進入黑暗和奧祕的身後世界嗎？

作為一個不相信我們可以對天主或死後生命知道很多的懷疑論者，這將如何影響我的信仰？我這樣相信天主愛我是祂獨特唯一的創造，這能夠在我接近生命的末刻時，充分支持我嗎？特別是萬一這是一場痛苦的掙扎。我能向我愛的創造者甘願地放棄一切嗎（包括身體的崩毀和受苦）？

第七天

我花了將近四到五天來進入避靜的狀態。如同阿索帕迪神父所說的，首先，身體需要放鬆（這需要花大約三到四天），之後頭腦醒了，需要放鬆並移動到背景中，為心騰出空間來生活、攪動並再次變得敏銳。他是一位睿智、屬靈的、口條清晰的避靜神師！

今天早上，我感到自一段很長時間以來最深刻的平安。或許是我揭開了我激動和恐懼的根源並與它們和解。阿索帕迪神父說，我們不能將任何事物或任何人排除在我們的生活之外。要跟曾經傷害我的人達到這一點，對我一直是最困難的。我需要祈求和好與寬恕的恩寵。我已經完全原諒了讓我受苦的人之中的大部分。對於其他人，我不再想這些，我覺得我可以原諒他們，同時限制他們進入我生活的某些部分，特別是我的工作和使命，他們現在無法了解，也很少有什麼幫助。我也可以原諒他們的妒意和病態，以及他們對我們的使命造成的破壞。他們的行為只是來自於無知、缺乏自我實現、一種藉著推倒別人來提升他們自己的衝動。讓我自己受這些干擾，是極浪費時間和精力的。

我為發生在我生命裡的每件事感到一種很深的謝意：我深愛和親密的體驗；事實上，這些經歷只有增強了我的使命，而絕對沒有阻礙我的使命，或是讓我改變我的軌道——因為我有做了分辨（這似乎有點神奇！），甚至在我失去我所愛的人的時刻（特別是我的父親），還有當我被反對、被挑戰和被傷害時。這些都是生命奧祕的一部分。它們試煉了我，並讓我更加堅強。一切受造物都會遭逢這些失落和打擊。這全是一個美麗而又不可知的計畫之一部分。在避靜的寂靜和平安中，所有一切似乎都是這麼恰如其分。

一如以往，我希冀可以讓這樣的寂靜與平安延續到我的一般生活中，但我知道那是不可能的。然而，我可以（我總是試著去做）尋找機會去休息和復原。我早上的靜默時間幫助我很多！盡我所能的試著去保留我的週末還有假期。有許多次超乎我能控制的，我必須持續試著當我不在台灣時，找時間休息。也許我可以考慮多休息幾天，單為休息和復原，特別是在疲憊的工作、社交活動、專案、工作坊和大型會議之後，以及在對抗和磨難的試煉期之後。即使是重要的社交活動也會讓人筋疲力盡和分心。不是要避開這些，我想我應該從中找出方法來休息和復原。我較為放鬆的工作時間表似乎有了效果。當我邁入七十大關，我將需要每一年增加休息的時間。

我應該利用我能安排的任何空閒時間，專心感謝一切我的天父所已經給了我的，以及繼續要給我的。當我感到軟弱無力、身體不適、精疲力盡時，這真的很難做到。所以，休息是重要的，對我這年紀的人也是合宜的。去把自己跟其他同年齡的人做比較，是沒有用的和弄錯方法的；其他人比較強壯比較活躍；其他人比較虛弱；其他人死了或者快死了。我是我。我必須精確的讀到我的情況，相稱地行動，持續地回顧，並分辨哪些在我生命的每個階段是合適的。

當然，我需要去學習愛我自己，並對我的生活滿意，即使年紀增長、身體弱化；並且不因我成就了什麼，而是感恩被召叫和被邀請來在天主的計畫裡扮演一個角色，並且在人們的生活裡成為一個正向的臨在。對生活和他人表現出平安、喜樂、慈悲、關懷、愛和接納，是最好的牧靈工作和耶穌會的使命，這是我能夠在我生命中的這一刻做的操練。所有剩餘的事（專案、紀錄片、培訓工作坊、光啟社的發展，等）是次要的！

阿索帕迪神父談到保持我們的心火，同時要平心與脫離過度的執念；即使我們遠離天主或使命的執著，這些是對恐懼和負面動機（憤怒、仇恨、報復、退縮等）的回應。這是我從德日進神父學到的方法（成長與消逝）。消逝、失落和受苦都會發生；不需要去尋求。當成長與增強在我生命裡發生時，我接受它並且心懷感恩。當失落和消逝在我生命中發生時，我接受它，並尋求意義，並盡我所能為它感恩，相信它是我天上之父奧祕的一部分，是永遠無法被了解的偉大計劃。

我認為在過去幾年，藉著從許多社交活動中抽離，我穿越過一段為自己的熟齡和死亡做準備的時期。為郎世寧紀錄片募款把我推回社交互動中。但有時候，我感到「火焰」變弱了。然而，天主絕不會讓它熄滅，特別是在這試煉之路上，光啟社面對著閉塞的計畫、缺乏諮詢，甚至是負面操縱的情況下，掙扎走過，努力維持和更新其使命。我沒有生氣或是覺得很苦（至少表面上如此），或是放棄或退出，我想我繼續回應這天主持續搧著風的火炬，即使是它幾乎要熄滅的時刻。

現在看起來，或許正在形成一個聯盟。光啟社似乎正在顯示新的力道，且在一個上升曲線上。下一步是在我回台灣後的第二天向董事會做報告。我會努力試著「燃起來」，有說服力且堅定，同時冷靜和平安，不管當下的成果如何。因為我這幾年學到了，「到一切結束以前，絕對不是結束。」

阿索帕迪神父提醒，與天主「相遇」是最重要的，這讓我想起當我感受到天主的臨在以及祂「注視著」我的每一刻時，我有許多次珍貴的安靜早晨相遇經驗。如阿索帕迪神父所言，這是因為我們是以朝著天主為導向被創造的，（如同一顆種子的創造是以與它所變成的樹完全一致為導向）。有時這似乎是迷信；其他時候，像是現在，是如此明顯、正確、真實、無法否認。

我會試著讓我與天主的相遇是以真誠感恩和感激開始。事實上，既然與天主相遇是如此重要，還有因為我看我自己把這視為理所當然，並期待當我準備好的時候，祂就在那裡，還有因為退省對於相遇很重要，所以我將嘗試更規律地向天主表示我的感謝：當我睡醒時，為生命與愛的服務的一天，甚至為費力、奮鬥和挑戰性的一天感謝祂；餐前餐後，默想食物帶來的禮物，營養，口味，它們注入我身體的力量，它們供給我保護和力量還有「燃料」去做天主的工作；為了差旅，為了在家裡的平安日子，還有為了家人跟朋友。

32 在祂的手中

二〇一三年十二月一～十日，泰國春武里府

為光啟描繪出更新的計畫，但遭遇到強烈的反對。當傑瑞倒向放棄整個計畫時，他在祈禱中獲得鼓舞「這個計畫也是祢的計畫，且它會成功的。」同時，他對不久前選出新任教宗方濟各、募款工作成功以及光啟社在歐洲開拍的歷史紀錄片極其喜悅跟充滿信心——主角是耶穌會傳教修士郎世寧，一位在中國皇帝宮廷工作的藝術家。

在中國（蘇州或無錫）郎世寧紀錄片的拍攝（戲劇化的片段）日期為了配合我們外籍演員的聖誕假期，我讓出一半我的避靜時間；之後，導演卻突然因為蜂窩性組織炎住院，我發現自己有了充足的時間可以做完整八天的避靜，甚至還多了一天！謝謝祢，天主！

經過兩三天的「安頓」，我有了許多祈禱、平安和愉悅的時刻，今天我終於感到「止定和寧靜」並且充滿感恩之情。我可以看出這次的避靜是對所有生命形式的默觀，以及對天主臨在於所有事物的高度覺察與感激。

32 在祂的手中

第一波打動我的時刻，是某日傍晚我在Ruan Urai餐廳晚餐時，我感到我父親的愛和存在是如此強烈。從那時起，已經七十一歲的我，我的童年和早年的生活場景持續地進入到我腦海中，我感到這樣一種愛的、感恩的、奇妙的意識。確實這是聖神在引領我，愛我，療癒我。我在旅店的花園和游泳池旁感受到了相同的感恩與平安，並且比今早在海岸邊更強烈。（一個美麗、有陽光的涼爽清晨，有著微風和翻滾的海浪。）

大自然繼續大聲對我說話：今天，因著一位保全人員的幫忙，我終於用獨特的oo-Ooo叫聲確定了我長期只聞聲音而不見身影的朋友是nok ka wao（asian koel，噪鵑），一種杜鵑科的中型黑鳥。且牠終於在窩的附近現身跳躍來回飛翔；牠的窩在一棵巨大而古老的榕樹上。

在這種高度覺察、止境、平安的狀態裡，在我周遭的每樣東西似乎都很神奇，並且好奇、欣賞、愛、感恩很強地作用著，而這就是所有我需要用來默觀和將我拉到更靠近天主的事物。

我確認了在我的聖召中要根據天主為我的計畫繼續工作，無論它可能是什麼。祂已經無數次在我的生命裡顯示，祂掌管並讓我的生活結實纍纍，即便我合作部分很差且極少。祂不斷地透過我的軟弱工作。祂每一年給我更深的平安、保證和與祂緊密相偎。事情變得容易一點；即使在衝突、不確定、危機和悲傷的時刻，把我自己放在祂的手中並真正感覺肯定的說「事情會解決的」，即便是需要求一個奇蹟！

我覺得我的心智、內心和靈魂都沒有憤怒、苦毒和恨意。有時它們抬起醜陋的頭來，但瞬間像死去的魂魄一樣消失，取而代之的是以慈悲心、理解和接納（如果不是愛的話），去應令人不快的人。而因著這樣我感到釋放與健康。在這方面過去的幾年一直不太容易。但是多多少少，大部分的時候我已經避免了對抗、卑劣、無禮和醜惡；這些人似乎出於自私和短視的財務利益（當中還帶入了一些嫉妒和負面情緒），阻礙光啟社更新計畫。雖然光啟社的土地現在很有財務價值，但同樣地（如果不是更多的話），具有相稱的使徒性價值。

當感覺似乎我是唯一一個為它奮鬥的人的時候，我有時感到要放棄整個光啟社更新計畫；但每次總會發生一點事使我們免於失敗，而每次當我誠實地注視著我的生活和我的聖召，我誠摯地感到祢不要我放棄，因為這個計畫也是祢的計畫，且它會成功。我覺得這個召叫比以往任何時候都更強而有力，因為過去一年發生的事情真的超出了我的預期，且似乎更清楚地指出了祢的旨意。所以我越來越覺得我不能捨棄這個計畫，因為它似乎是祢的計畫。這或許是我在這短短的幾年裡的使命，和對祢的服侍的最後幾件事之一。且越來越多人加入我們的團隊，這正在變得相當有意義。這也是由祢而來的強烈記號。

我必須繼續往前進，去推動這計畫的實現，包含把光啟社保留在原地，與光啟文化事業合併，興建兩棟建築，其中之一用來管理、收租或者出售來支付兩棟建築的興建費用，這會給光啟傳播帶來可觀的固定收入，讓我們可以聘僱頂級的專案經理、企劃、有創造力的人員，這能使計畫中的七個服務分項專業而有效益：

・視聽製作
・出版

．耶穌會與青年音樂服事
．青年媒體素養和影片製作培訓
．兒童與家庭、語言、生命教育數位學習中心
．靈修與媒體工作坊和避靜院
．牧靈傳播訓練節目

並將維持並最高頻率地利用計畫中的七個共享設施

．電視製作與訓練工作室
．廣播製作與訓練工作室
．多功能會議廳
．數位媒體教堂
．書籍和宗教物品商店
．媒體主題咖啡屋
．戶外表演空間

今天早上我讀著我去年的避靜重點摘要。很被今年我變得更加地平安和自信所打動，我感到更確信我正在執行天主的旨意，在我們的會省裡也比較不被其他人孤立。今年我更快地進入避靜的精神裡，並且不感到像我去年那樣，被迫專注在「三級謙遜」（雖然這個默想應該繼續做，為了準備好自己面對將來發生的任何事情）。我早上的默想用了簡短的

散步到國父紀念館周圍的公園的方式，這方式我隨著每一年越來越喜愛，並且我總是能在其中，似乎看到聽到和感受到天主慈愛的、安慰性的臨在。

我們的新教宗方濟各也是讓我信心提升的很大因素，身為天主教傳教士的喜樂與平安，因為我能夠非常認同他的傳教方法，他將愛、慈悲、對話視為優先的觀點，以此反對教條、狹隘、過時的道德教導；還有他努力觸及和連結所有的人，特別是窮人和罪人。

還有也是由於郎世寧的紀錄片終於上了軌道的事實；找到了資金，簽訂了合約，在米蘭的拍攝成功地結束。在延誤之後，中國部分的拍攝工作會在明年初，似乎有了適合的人選來扮演郎世寧，並且戲劇導演也已指派了。我今年所感到的平安、自信、喜悅的增加，有一個很大的理由是有才華的耶穌會同伴的出現和積極支持。要感恩的理由很多，特別是我能夠堅持撐過，對我來說是相當漫長而孤獨的冬天。

我也覺得，我更加習慣來自年紀增長的變化，並對於我作為一個「老人」的定位更加坦然，也越來越習慣採取適合年紀的生活方式，特別是要注意營養、休息和運動方面，而這些努力也有了回報：已經過了一年，我也還沒有生病。每次感冒一開始，我就加強我的營養措施（抗發炎，增強免疫力），並且休息，一兩天後我就好了。

昨天，偉大的尼爾森．曼德拉以九十五歲高齡過世。他在監獄中過了二十七年，被釋放時已經七十一歲（我現在的年紀），他當時說，他感覺他的人生才剛剛開始。我很確定他在監獄中的許多年，這段期間他有能力反思、研究、分辨他的人生，這也塑造他成為了和平與和解的堅定使徒。

我繼續跟隨神操進度，並試著分辨在每一件事與每個時刻，祂要我做什麼，祂要我去哪裡，分辨，等等。並意識到在我周邊和我內心發生的事，以及祂不斷的、愛的、關懷的臨在。

上午，我繼續閱讀我的日誌（二〇〇〇—二〇〇三），那段時間我一直忙著電視劇集、趕著最後截止日，還有到處的差旅行程。我很感恩我完成了我所做的事，並且相信這是依據天主為我的計畫而做。現在我覺得比較不趕了，不需要那麼拼命才能挪出時間讓自己靜下來、做默想跟反思（雖然這仍是一個挑戰，這要真正的投入和規劃，甚至是紀律）。

我的生活步調正一點點慢下來；我感謝所有我經歷過（並存活下來）的熱情澎湃和復活經驗，這一切都有賴一位非常非常愛我的天主，用安靜與溫和的方式照顧我。我知道我被召喚繼續跟隨祂，而只要求我切勿離祂過遠，或是在祂溫柔哄我回來之前，與祂分離太久；再一次，讓我意識到祂慈愛的存在。

昨晚，晚餐之前去散步，我開始回顧我在EAPI以希伯來文*Dabar*為依據，講論關於「聖言」。聖言就是天主。（「聖言與天主同在，聖言就是天主」）。聖言是有效的（「天主說要有光，就有了光」）。聖言賦予生命（耶穌說*Talitha cumi*，那個死掉的小孩就活過來了）。聖言是愛（「天主是愛」）。身為耶穌的門徒與傳教士，這總結了一切且非常重要。為了肖似耶穌，便是要去說出真理，並以我們所宣講的（真實，謙遜）去行動；並確定我們的言語和行動是賦予生命的（證實而非傷害、弱化與破壞），是源自我們心中的愛（「不是偉大的事，而是出於愛而完成的小事」）。這是我真正相信的事，且我祈求天主所栽種在我內心的生命與愛的種子，繼續成長並結果實。

33 美酒與鮮血

二〇一四年十二月一－九日，泰國春武里府

傑瑞能夠體會到郎世寧的內心掙扎和力量，還有德日進在中國時感到的孤立與遺棄感。祂感到天主對他說：「放手……讓我安排一些事情……事情會在我認為好的時刻聚在一起，在此之前不會成。在我的臂彎裡放鬆吧！當被召喚去服務時，慷慨地去做。當被召喚去玩耍享受娛樂時，感恩地去做。我聖子的生命以美酒與鮮血為標記。你的也是。」

這次我有多出幾天時間，在一整年的忙碌和挑戰之後，我需要這些時間；同時也是因為我必須用一些我自己的時間，來完成郎世寧紀錄片的翻譯。希望在我回到台北跟出發去美國和小弟一家人過聖誕節之前，可以錄製好旁白。屆時，可以在維吉尼亞美術館、喬治城大學、華府的扶輪社，播放郎世寧紀錄片二十六分鐘的簡短版本。

我的腦袋持續探索各種方法，為了推動光啟社更新計畫往前邁進。然而，因著我們有一年時間去完成商業計畫；還因著我們找到了一個主要聚焦在本地募款的方式；還有因著光啟社董事會和光啟社行政組織之間，似乎有一種「權力和人格特質的平衡」；天主在我

來到這裡的第一天告訴我：暫時「別管了」——做我被告知要做的事，然後看事態會往哪發展。

為省大會寫一封信：聚焦在「使命優先於行政」；分辨規定和規範；建基在對話與分辨天主旨意上的統御，而非工商管理，這樣或許有用。

我應該對那些反對我的人維持一種平安的、禮貌的、有幫助的關係；謙卑地吞下他們每天的批評和非難——不必反駁也不必贊同。絕對不要當面批評別人。

我避靜的前半段挺放鬆的，也挺有回饋的。必須處理懸而未決之事，像是信件、訪客、差旅請示、郎世寧紀錄片的腳本等，這些事造就了這次挺忙亂的避靜。

但是也有一些啟發、喜悅和出神的時刻：當在做郎世寧的腳本時，突然感受到在郎世寧的偉大人生裡有著內在的掙扎和力量，光明和黑暗……同時也想到德日進神父，被中國的耶穌會士所孤立，有時被遺棄……他們兩位的堅持和毅力以及對他們的使命的獻身。這啟發我去做一樣的事。

感受到天主的偉大、豐足和奧祕。看到我自己與其他數十億人與所有受造物，在祂的計畫中所扮演的部分。爾後，再一次，天主說：「放手……讓我安排一些事……事情會在我認為好的時刻聚在一起，在此之前不會成的。在我的臂彎裡放鬆吧！當被召喚去服務時，慷慨地去做。當被召喚去玩耍享受娛樂時，感恩地去做。我聖子的生命以美酒與鮮血為標記。你的也是。」

34 每件事都值得慶祝

二〇一六年一月十九－廿九日，泰國春武里府

在長頸鹿美語年會上發表演講，之後參加了馬丁．史柯西斯的電影《沉默》的演員聚會，在此之間，傑瑞發生了腦溢血。中國正在播出郎世寧紀錄片，收看的觀眾達數以百萬計，喜訊傳來，稍稍彌補了傑瑞的意外；為這件事，教宗方濟各打了通電話到光啟社祝賀，並邀請經理人到梵蒂岡參訪。傑瑞沒有被健康問題嚇到，仍繼續他在世界各地的工作坊和會議，同時主持著每週的電視劇集《Oh My God》，作為台灣回應教宗為窮人提出的社會倡議。

這是深具意義的一年，我為一切感恩。

我在元旦從聖地牙哥抵達維吉尼亞和華盛頓特區介紹郎世寧紀錄片，行程非常順利，很受歡迎。

在回到台灣之後，整個三月到五月的時間，我大概在電影《沉默》的拍攝現場支援十幾次，並且跟導演馬丁．史柯西斯、演員們和史柯西斯優秀團隊的許多其他成員，進行了

簡短但很精彩的對話。也看了主角連恩・尼遜（Liam Neeson）一些演出。就在長頸鹿美語年會的演講場合，我發生腦溢血之後，五月三日，我參加了《沉默》最後的演員和劇組人員的聚會！我們希望策畫學習指南，並在二〇一六年電影上映時發行。

在中國有兩家電視台播出我們的郎世寧紀錄片；四月份有兩次，還有另一次是在年中較晚的時候。經過這麼多年的準備工作之後，還有存亡危急的事件（光啟社的聲譽和重整的努力），這對我真的是很大的緩解。在中國播出的成果，使得教宗方濟各親自打電話到光啟社來恭喜我們。其後續效應，導致教宗與光啟社的經理們還有義大利的恩人們不久之後在梵蒂岡會面。

這一切都對光啟社有了很大的影響。它幫助確保了之後中國電視台利瑪竇紀錄片的資金募集。藉著這次與教宗會面得來的照片，在台中的募款晚餐會上，我們募到了足夠的款項來做下一季的劇集《Oh My God哈囉教宗》。並且實質上，它為進一步討論光啟社的存廢或搬遷的議題畫下句點。而事情變得很明顯，權力核心的人一直以來在意的是光啟社財務的可持續性。

這一串連鎖事件從郎世寧紀錄片播出開始，接著教宗方濟各的來電，接著在梵蒂岡會面，之後無疑的是本年度最大的奇蹟：募款非常成功。在我腦溢血之後，驗證了去年避靜的「預言」，意即是天主執掌我們的媒體事工，而現在是在祂臂彎裡休息放鬆的時刻，因為祂親自做工。

確實，還會有挑戰和挫折發生，但只有天主知道為我們準備了什麼，還有下一個大奇蹟會是什麼。我們只需要有智慧和勇氣去讀出時代訊號以及天主意願的指向，並要堅持、堅持、堅持！

腦溢血的兩個月後，七月我到墨爾本參加JESCOMEAO會議，我完成了我的Taiwan OK的報告，雖然有點困難。此時，為我搭飛機是有點難度的，而醫生堅持要我搭商務艙，並且會議前後要休息；很明智的建議，我照辦了。我的腦溢血讓我無法參加在千里達舉行的SIGNIS會議，還有在巴西聖保羅舉行的SIGNIS製作人會議；但我可以用預先錄影的方式參加製作人會議，並用Skype的方式參與提問時間。

在七月十三日，光啟社為郎世寧紀錄片的本地贊助者，舉辦了一場節選片段的試映會。它大受好評，我負責介紹的部分也很順利。因為身體的狀況，我很緊張，但是還能夠順暢地完成任務，並受到觀眾的喜愛，這增加了我（身體）正在好轉中的信心。

光啟社的兩場暑期工作坊（為弱勢兒童與教師）相當地成功，比去年更進步。我的部分處理得很好，雖然感覺這活動相當累人。

九月（剛好在澳門舉辦的SIGNIS東亞會議之前）在古邦（印尼帝汶島西部）舉辦的媒體工作坊，順利完成並同樣很受歡迎，而我在他們活動開始之前，可以先在峇里島休息幾天。能夠順利進行我的報告增強了我的信心，且相信我脆弱的、受損的大腦正逐漸康復中。

在澳門，九月和十一月分別有兩場報告（為兩千五百位天主教學校教師——論媒體文化等；SIGNIS東亞會議——論媒體與社會正義）也順利進行。

在十一月，我有了一次很棒的假期，跟我兩個弟弟以及小弟的太太，一起在台灣遊歷像是日月潭、墾丁海灘這些我好幾十年沒去的地方。我們被招待了很棒的晚餐，並且長頸鹿美語為我們提供一位司機，需要時隨時有司機服務。這是從我們慈愛的天父而來的，另一份偉大的愛的禮物。

十二月我終於去了舊金山，為了做一支關於早期耶穌會傳教士在中國的錄影訪談；之後去了紐約，在馬丁．史柯西斯的辦公室見Marianne Bower[1]，還有在America House[2]會見詹姆士．馬丁（James Martin, S.J.）神父[3]。

在這之後，一月份以一聲巨響開始：在馬來西亞為為馬來西亞、汶萊和新加坡的主教們舉行了為期一週的危機管理議程，參與者有神職人員、修女、平信徒領導人，最後還有一個為四百五十位說中文的天主教徒，舉辦創意福傳與牧靈工作活動，在一場大約有七百至八百人參與的感恩祭中講道，還有華語媒體與電視台的採訪，跟為兩百名華人舉辦一場短片製作研討會。哇！真的是筋疲力盡，但是很值得、很有意義，並且是一次很好的合作案例。我很開心我接受了這些邀約，並相信其他人互讓它成型。（沒有在過程中要了我的命）。我希望在他們經歷過最近惡劣的狀況後，這些能夠幫到馬來西亞的傳播工作者。

在二〇一六年的元旦，我們等待已久的天主教MOD頻道終於上線了，對所有人開放使用。光啟社會繼續擔任節目的主要提供者之一。如果天主願意，這會長成有線頻道和網路電視頻道。

總結一切，我感到我做得相當好，仰賴著天主的恩寵，即使五月時發生了腦溢血事件。我的視覺能力大部分很快地恢復，但是閱讀仍然對我有點問題。我最感恩的是沒有更多嚴重的或是更多退化性傷害。我覺得是天主送給我一個警訊，讓我放慢做事的步伐（無論如何這是我想要做的），因為我已經七十二、三歲了。

---

1. 美國知名製片，製作過《沉默》、《隔離島》、《華爾街之狼》等片。
2. 耶穌會雜誌 America Magazine 編輯部所在地，位於紐約市第五十六街。
3. 耶穌會士，曾為電影《沉默》擔任顧問。現任梵蒂岡傳播祕書處顧問。

我現在工作占「一半的時間」，這放鬆了許多壓力，並且讓我有較多時間可以運動、休息和康復。我的眼力正常，但顯然大腦受傷在我的視覺皮層還有影響，這給我留下了某種閱讀障礙。似乎有對焦問題或盲點，使閱讀變得困難，並且會弄亂我想閱讀的字句。文章轉音訊的應用程式幫了大忙。我想我的閱讀能力還正在進步中（很慢地），但我不知道它能否完全康復。我需要繼續嘗試各種療法來繼續刺激我的大腦，但不至於讓它過度疲憊，可望替換掉受損的腦細胞等等。這可能會變成按摩療法（有希望），針灸（存疑），或我沒有被說服的神祕的氫療法（水和吸入），但他們說有助於消除或減少血液中的自由基並保持動脈的健康。我們會看看。也許對這一切再多點研究會有所幫助。

對於一些「對手」在我的病情和康復過程中所扮演的負面角色，我仍然感到有些怨懟。我需要繼續祈求寬恕與慈悲，並控制我自己對他們的負面反應。

我的腦溢血讓我很清楚知道必須從現在起將一切交給天主，以便減少可能引發重複病況的壓力和疲累。

四月份郎世寧紀錄片在中國播放之後的驚人發展，使得倫巴底神父呼請教宗方濟各注意此事，教宗因此打電話給我們，而他隨後邀請光啟社的經理們以及此片的一些義大利恩人們到梵蒂岡會面：

這一切都顯示在募款上我不再需要單打獨鬥。下一支利瑪竇紀錄片和《哈囉教宗》的第一季，甚至未來南懷仁的紀錄片資金皆已募到。至少，我能夠（幾乎）放鬆了。

我聽到天主告訴我說：就去放鬆吧！我仍然無法輕鬆閱讀，所以盡量努力用我的 voice dream reader 和蘋果的 TTS（text-to-speech）應用程式。

我正試著「閱讀」Walter Kasper[4]的關於仁慈的書，因為他受教宗方濟各的影響，且今年是慈悲禧年，並且因為我需要對那些傷害我（以及我愛的人）的那些人，有更多寬恕與慈悲。

我需要繼續找更好的TTS科技產品，它們或許比我的視力進步的更快。所以直到現在，我從我親愛的天父和祂的愛子耶穌聽到的話是：「放輕鬆，把事情交在我手裡，放手，任何可以的時刻，就去運動和照顧你的健康，讓別人為你做更多的事，讓他們承擔你的任務與責任，你去做可以刺激恢復或是替換視覺皮層的腦細胞的活動（按摩、飲食調整，等），並準備減少活動和往後每年遞減工作。」

要銘記在心，不是我做了多少，而是我是什麼樣的人。

作為每一個人的便利商店，我偶爾感覺到沮喪，我不斷地被別人的請求淹沒，這些請求通常需要很多時間和力氣來回應，但或許這就是我的身份和我的使命的本義。

對於那些阻擋我們光啟社發展計劃，對待我的朋友和幫手很不好的人，我還是感到很痛苦；這整個事情讓我很困擾。我祈求在今年的慈悲禧年中，我能夠在他們的軟弱與有限上（這些是具體存在的……並且或許也是天主計劃的一部分），對他們更加有寬恕、包容和慈悲。

我感謝天主讓我能夠對這許多發生的好事，充滿無比的感激之情；為我能以信德和望德去等待直到這些事真的發生了；為我用有限的能力和資源，盡了全力履行祂的旨意；為我能夠接受疾病帶來的限制，並持續想辦法希望復原得更好；為了即使我的「輸入」減少了，我還能夠繼續正常的「輸出」；為了甚至還能夠在我們關於教宗主題的新電視劇集中

4. 德國羅騰堡－司徒加特主教。

幫忙和主持（我並沒有提出要求）；為了能繼續在台灣、中國辦有效能的研討會，在亞洲各地作介紹；為了這麼多其他的事：特別是健康狀況跟我的兄弟們和家庭的幸福。

但是我也知道，我必須為將來的高齡化、增加的限制以及終將來到的，在這地球上的人生最後一幕作準備。我不會說有很多要遺憾的事。天主有時候很嚴格要求很多，但祂所要求的沒有多過我最深最好的渴望，且祂的回饋、支持和奇蹟遠超過並完全補償了祂所要求於我的一切。

我愛祢，我的創造者、主、父，且我為生命中的一切非常感謝祢。我沒有任何要抱怨的事，每件事都值得慶賀。

35

回應！

二〇一七年三月三十一十三日，泰國春武里府

受邀成為台灣的公民，傑瑞揣想，這是「我一直以來所嘗試給予台灣和中國的一切的累積」，並以喜悅的心回應了在為利瑪竇紀錄片的募款餐會上獻唱的徵召。他感到（自己）就像一塊外觀不起眼的海綿，他了解到當給這塊海綿恰到好處的擠壓時，「在我生命中多年來所吸收的一切的愛傾注在我身上，讓我整個人浸透在幸福中和感受到天主的愛以及祂的臨在。」

非常感激讓我見到了許多朋友，特別是見到了拉欽斯基（Sigmund Laschenski, S.J.）神父[1]，幾乎是在臨終前還試著對我微笑。願他平順、平安地、安靜地進入永恆的生命，知道他對許多緬甸人、泰國人來說，一直以來是一個充滿愛的存在——對我亦然。

1. 拉欽斯基神父曾於緬甸服務，一九六六年被驅逐出境。其後在泰國帶領依納爵神操。他窮盡四十餘年近半生心力，致力和泰國基督新教教會合一。

第一－三天

當吃早餐的時候，我自發地掉進對消化奇蹟的默想之中：這一切顏色豐富的食物，帶著不同的味道和質地，如何以某種方式分解到我的系統中，成為我身體的一部分，塑造皮膚、器官、肌肉，有這麼多神奇的功能。天主給予祂的受造物的是多麼令人讚嘆而充滿奧祕的禮物，為使他們維持生命，有創造力、健康和傳遞生命！多麼值得我們感謝、讚美、朝拜和愛！感謝祢，我在天之父與創造者！請幫助我善用這些天賦為我的身體、心智以及為了你所有美妙和可愛的受造物謀求益處的精神

傍晚日落：一次對過去生活的默想。圖像：我的生命肖似一塊外觀不起眼的海綿，只要被放在對的環境和對的地方，當被擠壓時，在我生命中多年來所吸收的一切的愛傾注在我身上，讓我整個人浸透在幸福中和感受到天主的愛以及祂的臨在。這為我可能是最好的祈禱／避靜，因為這樣的經驗已經被轉換成更勤奮地服侍天主與祂的使命的渴望，以及更把我自己奉獻給祂的創造還有祂的受造物。

第四天

散步、游泳、音樂和落日默想。我感到自己開始慢下來，並且進入*alpha*狀態；但有

點和以往不同。我似乎對自己在台灣的和在光啟社的生活，以及進入一個新階段的感覺更加依戀：對台灣有更大的歸屬感（可能是因為被邀請成為台灣公民以及我自己逐漸、非常緩慢地和國際性的活動分離）。

每天，我只問天主祂向我要求我什麼，祂要我做什麼，並試著時時刻刻跟隨著。我感受到祂正引導著我，感動著我的心，讓我雙眼充滿淚水，摟著我，愛我……

我發現自己越來越默想著我孩提時的生活（天真、無知、不安全、脆弱、害怕未來……）還有默想我現在的生活，面對高齡和最終的死亡，並將啟程進入未知的世界。今天晚上我感覺天主告訴著我，在我走之前或許還有更多驚奇之事……我一直以來所嘗試給予台灣和中國的一切的累積。因著光啟社的變化，以及對為教會而做的節目的新的關注，這種累積／凝聚似乎正在教會團體中發生。

第五天

走一段很長的路到海岸的北邊，吃了午餐；回來之後游泳三十分鐘；落日時刻默想；海濱吃海鮮。重複地默想「人類之美善」。每天默想這個主題應該會使一個人在愛、包容、憐憫、慈悲、寬恕、和解、建立和平等方面成長。我將在我的生活中好好地更常默想這個主題。每天我要對天主那大父般的保護、滋養、恩惠、愛，有一種經常的（為避靜）充沛的感激之情。

第六天

散步，購物，在房間用午餐。在早上，我感到平安，並且感覺我二〇一六年避靜（連同同年八月的工作避靜）完整結束了。之後看了影片《月光》，這是一個感動的經驗，並把我拋回避靜的狀態。這部電影引發了我對自己從童年到青少年時期，直到今天，這一大段過去的生活，做長時間並帶情感的默想和回顧。深感敬畏：天主如何地用各種非預期的，有時甚至是不想要有的經驗來滋養我的生命，讓我成為祂要我成為的樣子……或近似的樣子。

許多重要的、有影響力的友誼在我眼前跑過：這些人幫助我從一個孤獨、不安、不快樂的小孩成長為挺相反的人。或許還有一些不安，但因為有著很深的天主臨在、並在我生命中行動的感受，讓我能夠應對不安。「天主的愛催促我向前。」

第七天

我起床時感覺到被鼓勵和安慰，因為有人請我在利瑪竇紀錄片的募款晚宴上唱歌。我感到喜悅因為光啟社正在變得更加整合，進入台灣教會的福傳、牧靈、社會工作中，也繼續做它在台灣和中國的文化工作。

35 —— 回應！

當一部分的我希望逐漸地退居幕後，養護我老化身體的各種毛病；另一部分的我（有正向精神的？）說著：「回應！」像這樣的召喚——只要你還能做。

「我，祢的司鐸，
要把整個地球作為我的祭台，
在其上向祢獻上世界的勞動和苦難。」

《在世界祭台上的彌撒》
德日進神父
一九二三年寫於內蒙古鄂爾多斯沙漠

編輯後記

最後一幕

二〇一七年三月，傑瑞做完避靜之後回到台北，做了一個精密的血管成形術，在四條阻塞的冠狀動脈裝置支架。在復原期那幾天，傑瑞住在靠近台北市區的淡水聖本篤修道院，往年他有好幾次在那兒做年度避靜。在那兒，他撰寫了一封感謝信函給為他動心臟手術的醫護人員，回顧了他手術前和手術中的歷程：

「我運動的時候感覺心臟的位置不太舒服，懷疑可能有狀況。醫院檢查之後發現我的動脈有幾處嚴重阻塞，醫生建議至少安裝兩個支架。但是當我進了手術室，醫生發現我的狀況比他預期的更糟。我的動脈鈣化嚴重，得裝四個支架而不是兩個。並且風險會比原先的預後評估更高。」

當他躺在手術台上，醫生告知他手術成功機率甚低，傑瑞以他獨特的風格，請醫生繼續手術，加上一句：「如果我死了，告訴大家我愛他們。」

傑瑞的信上繼續寫到：「諮詢過醫生之後，我請醫生裝置支架，部分是因為我覺得我有運動的習慣，血管也許會比較有彈性，還有，以我的年紀（七十四歲）我算是相當健康。最主要的原因是我對醫生和他專業的團隊很有信心。他們每件事都解釋給我聽懂，然後讓我做決定。三十年前，我做過幾次冠狀動脈手術（血管成形術），那時候醫療科技未能如當今的發展。醫生願意坦誠相告，和他的名聲一樣，讓我有很好的印象。

「我血管的某處太狹窄了，醫生試了兩次才成功安裝支架。其他一切都非常順利，在加護病房待了兩晚，我就回家了。現在的感覺是比過去幾年都要好很多。我很感謝我在你們令人讚佩的醫院得到溫暖、充滿愛心和專業的照顧。

把我自己交託在天主、醫生和他的團隊手裡，使我非常寧靜、平安。我在手術台上的兩個小時就像是兩小時的避靜。」

稍後，傑瑞提到，手術進行時，他在神視中看到了聖母。他說，聖母就站在他前面，以母親的口吻說，「別擔憂，你會沒事的。」

這封信的結尾說到：「主任、認真工作和用心的護理師及助理們、牧靈團隊給我的照顧，讓我在住院時心情愉快、舒適，我相信，這些都使得我加速康復，的確我恢復得很快。」

四十三年前他被指派到光啟社服務之後的第一次避靜，傑瑞聽到基督召叫他走入獨處的沙漠，那兒是在他靈魂的深處，儘管外面世界的活動繁多，仍可以清晰地聽到天主要對他說的話。現在，在天堂與天主面對面相遇的前奏下，他聽到基督再次召叫他進入沙漠，但這次是要到中國北方一個真正的沙漠。

在他心臟動手術兩個月前，傑瑞出差，去到內蒙古寸草不生的鄂爾多斯沙漠，協助美國耶穌會的羅耀拉製片（Loyola Productions）拍攝德日進神父的紀錄片。德日進神父是耶穌會士、科學家、密契者（mystic），他發現了「北京猿人」，並在該區域做考古挖掘多年。儘管這個專案困難度極高，傑瑞卻對循著他極尊敬的德日進神父的腳蹤這個機會躍躍欲試。在他最後一封電子郵件裡寫著：「這次出差非常緊湊，有幾趟去的地點極為偏僻，道路長又顛簸。但是我學到了很多，我想我對團隊有點幫助。這是我對德日進神父的致敬。」

從中國回來之後，頒發台灣國民身分證的典禮前一天（預定在光啟社一樓錄影棚舉行），傑瑞被發現獨自在光啟社四樓他房間內因心臟病發去世。他的身體是跪在床邊的姿勢，他的雙手呈現似乎是要逃跑的姿勢。之前，他曾寫下：「如果我的時候到了，我希望，天主願意的話，從這好得不可思議的人生平安且欣然離開。」看來這些願望已蒙應允。

頒發身分證給傑瑞的儀式倉促的變成追思會。一樓的攝影棚是傑瑞多年來耗費無數小時錄製節目的地方，擠滿了政府官員、記者，當然還有傑瑞耶穌會的弟兄和同事，朋友無分遠近，接獲通知就趕到花海遍布的攝影棚。他的弟弟丁松青神父，也是在台灣服務的耶穌會士，他代表哥哥，在典禮上接受台灣身分證以及其他公民殊榮。

在傑瑞追思／獲頒公民典禮上，教宗方濟各剛獲悉他逝世的消息，發出一個訊息：「我們感謝天主給了我們傑瑞神父或在台灣、中國和亞洲更多人認識他的名字：傑瑞叔叔。我們感謝傑瑞，致力於帶來寧靜和兄弟之情的價值觀。這是給許多人的大禮，鼓勵我們繼續這個對話和和平的使命。」

---

1. 台灣教務部頒給丁松筠神父社會教育貢獻獎，首度增設終身奉獻獎，向丁神父致敬。

傑瑞的葬禮二〇一七年六月十七日於台北市聖家堂舉行，四十四年前他正是在那個教堂被祝聖為司鐸。傑瑞留下手寫的指示，希望他自己的葬禮「短、沒有冗長的演講或儀式，簡單但喜樂，不要哀傷、節奏緩慢的聖歌或哀傷的旋律，拜託了。我希望那兒會有微笑的問好、笑聲、幽默、擁抱和喜樂的音樂……高聲唱出希望和我們最終會在天國團聚的許諾。」

他最後的願望只完成了一部分。傑瑞的逾越聖祭是台北歷來最大規模的天主教葬禮之一，長達兩個半小時。可是傑瑞要求的喜樂氛圍顯然洋溢全場。根據他在電視節目演出製作的人形立牌在教堂的停車場處處可見，參禮者熱切的和這些人形立牌自拍。聖歌的確非常喜樂，傑瑞對他關懷的人們的愛——和人們對他的愛滿滿都是。

葬禮過後，多輛巴士形成的車隊開往中台灣的彰化。過去他在靜山避靜院，做過許多次的避靜，他下葬在後頭的墓園。在他逝世之後數月內，許多殊榮追贈給他，為表彰他對台灣的貢獻，包括教育部頒獎給他表彰他做老師傑出的表現[1]，金鐘獎（類似美國的艾美獎）頒給他終身成就獎。

幾年前傑瑞在光啟社的同事鮑立德神父殯葬彌撒上證道，關於死亡，他寫下這些日後感覺很有先見之明的話，感覺就像是他為自己「終極的避靜」做了準備：

「死亡總是來得太快，我們還沒準備好便到訪，使我們懷著遺憾和悲傷。死亡卻也是個提醒，提醒我們在這地球上生活的時間很短，每一天，時間又更短了。天主把我們借給人類群體幾十年——一段固定的時間——在那段時間裡，祂希望我們完成此生的目的；做祂為我們設計去做的事，祂要我們增進人類大家庭的成長和世界甚至全宇宙的發展——去為一個巨大且神祕的計畫做我們微小的貢獻。

我們每個人的貢獻都很小——在這廣大的宇宙和歷史的長河當中真的好微小，但是每個貢獻都是獨一無二、舉足輕重的，因為那是只有我們才能做到的貢獻。」

傑瑞的避靜筆記文集在廣大的宇宙是另一個微小的貢獻，可是它有機會成為很多人的禮物，而且是傑瑞神父才能給的禮物。

國家圖書館出版品預行編目（CIP）資料

孤獨的喜樂：丁松筠神父的靈修筆記／丁松筠著；
丁松青編；陳衍志譯.
-- 初版. -- 臺北市：星火文化有限公司, 2022.12
240 面；17 × 23 公分. --（Search；15）
譯自：Joy in Solitude : The Retreat Journals of
Fr.Jerry Martinson, S.J.
ISBN 978-986-98715-9-4（平裝）

1. CST：天主教　2. CST：靈修

244.93　　111016636

Search 015

孤獨的喜樂：丁松筠神父的靈修筆記

作　　者／丁松筠神父 Rev. Jerry Martinson, S.J.
編　　者／丁松青神父 Fr. Barry Martinson, S.J.
譯　　者／陳衍志
審　　閱／吳伯仁神父 S.J.
總 編 輯／徐仲秋

出 版 者／星火文化
臺北市 100 衡陽路路 7 號 8 樓
營運統籌／大是文化有限公司
業務企畫／業務經理：林裕安　業務專員：馬絮盈　業務助理：李秀蕙
行銷企畫：徐千晴　美術編輯：林彥君
讀者服務專線：（02）23757911　分機 122
24 小時讀者服務傳真：（02）23756999

法律顧問／永然聯合法律事務所
香港發行／豐達出版發行有限公司
Rich Publishing & Distribution Ltd
香港柴灣永泰道 70 號柴灣工業城第 2 期 1805 室
Unit 1805, Ph. 2, Chai Wan Ind City, 70 Wing Tai Rd, Chai Wan, Hong Kong
電話：21726513　傳真：21724355
E-mail：cary@subseasy.com.hk

封面設計／林雯瑛
內頁排版／黃淑華
印　　刷／韋懋實業有限公司

■ 2022 年 11 月 29 日　初版
ISBN／978-986-98715-9-4
電子書 ISBN／9786269684304（PDF）
9786269684311（EPUB）

Printed in Taiwan
定價400元
（缺頁或裝訂錯誤的書，請寄回更換）

Joy in Solitude: The Retreat Journals of Fr. Jerry Martinson, S.J.

Front cover photo of Fr. Jerry praying at the "Teilhard Tree" in the Ordos Desert, Inner Mongolia, China, by Edward Siebert, S.J. ©Loyola Productions
Back cover photo of Fr. Jerry with his guitar in front of the Kuangchi Building, Taipei, Taiwan, by Han-Shun Wang ©Yuan-Liou Publishing Co., Ltd.